Die Außenpolitik der deutschen
Länder im Kaiserreich

Die Außenpolitik der deutschen Länder im Kaiserreich

Geschichte, Akteure und archivische
Überlieferung (1871–1918)

Beiträge des wissenschaftlichen Kolloquiums zum
90. Gründungstag des Politischen Archivs des
Auswärtigen Amts am 3. August 2010

Herausgegeben vom Auswärtigen Amt

Redaktion: Holger Berwinkel und Martin Kröger
unter Mitarbeit von Janne Preuß

Oldenbourg Verlag München 2012

Die Deutsche Nationalbibliothek verzeichnet diese Publikation in der
Deutschen Nationalbibliografie; detaillierte bibliografische Daten sind im Internet über
http://dnb.d-nb.de abrufbar.

© 2012 Oldenbourg Wissenschaftsverlag GmbH, München
Rosenheimer Straße 145, D-81671 München
Internet: oldenbourg.de

Umschlagbild: 1884/85 verhandelte eine Konferenz in Berlin über die kolonialen Verhältnisse am Kongo. Die Ergebnisse wurden in einer Generalakte (PA AA, Mult R 51) zusammengefasst. Zur Rechtskraft bedurfte diese der Ratifikation durch die teilnehmenden Staaten.
Das Umschlagbild zeigt die erste Seite der deutschen Ratifikationsurkunde vom 8. April 1885. Die graphische Einbeziehung der Bundesstaaten versinnbildlicht das Spannungsfeld, in dem die deutsche Außenpolitik stand.

Umschlaggestaltung: hauser lacour, www.hauserlacour.de
Gedruckt auf säurefreiem, alterungsbeständigem Papier (chlorfrei gebleicht).

Satz: le-tex publishing services GmbH, Leipzig
Druck/Bindung: Memminger Mediencentrum, Memmingen

ISBN 978-3-486-71637-5
E-ISBN 978-3-486-71687-0

Inhaltsverzeichnis

Vorwort

Am 3. August 1920 nahm im Auswärtigen Amt ein „Hauptarchiv" die Arbeit auf. 1924 erhielt es den Namen „Politisches Archiv". In den 1920er-Jahren sollte noch mit und aus den Akten heraus Politik gemacht werden. Der Name ist geblieben. Politik betreibt im Auswärtigen Amt mit den Akten aber niemand mehr. Das Politische Archiv ist heute ein modernes Forschungs- und Dienstleistungsarchiv, dessen Bestände nach den Vorschriften des Bundesarchivgesetzes jedermann offen stehen.

Unter den deutschen staatlichen Archiven nimmt das Politische Archiv des Auswärtigen Amts eine Sonderstellung ein. Es verwahrt die Akten nur eines einzigen Ministeriums. Der Grund für diesen Umstand liegt in der Tatsache, dass Außenpolitik ein langfristiger Prozess ist und das Auswärtige Amt für aktuelle politische Entscheidungen in seiner Alltagsarbeit immer wieder rasch auf seine Altakten zurückgreifen muss. Die Aufgaben des Politischen Archivs sind im Gesetz über den Auswärtigen Dienst der Bundesrepublik Deutschland vom 30. August 1990 gesetzlich verankert. Innerhalb des Auswärtigen Amts ist das Archiv Teil der Zentralabteilung. In der Organisationsstruktur des Hauses trägt das Referat 117 heute die Bezeichnung „Politisches Archiv und Historischer Dienst".

Das Politische Archiv ist das „Gedächtnis" des Auswärtigen Amts. Hier wird das Schriftgut aus fast eineinhalb Jahrhunderten deutscher Außenpolitik gesichert, aufbereitet und der wissenschaftlichen Forschung zugänglich gemacht. Es handelt sich dabei um das diplomatische Schriftgut des Auswärtigen Amts und der deutschen Auslandsvertretungen aus der Zeit von 1867 bis zur Gegenwart. Seit 1990 ist auch das Archiv des ehemaligen Ministeriums für Auswärtige Angelegenheiten der DDR Teil der Bestände. Insgesamt lagern in den unterirdischen Magazinen des Archivs aktuell rund 26 Regalkilometer Akten. Das sind weit mehr als eine halbe Million Akten mit mehr als 20 Millionen Blättern.

Wesentliches „Standbein" des Politischen Archivs ist die Sammlung völkerrechtlicher Verträge. Hier werden die völkerrechtlichen Vereinbarungen der Bundesrepublik Deutschland, der Deutschen Demokratischen Republik und des Deutschen Reiches verwahrt. Insgesamt handelt es sich um mehr als 32 000 Verträge der unterschiedlichsten Art. Viele davon bilden die Rechtsgrundlagen für die äußeren Grenzen Deutschlands, seine Souveränität nach innen und außen, seine internationalen Beziehungen auf politischem, kulturellem und wirtschaftlichem Gebiet.

Viele hier dokumentierte Vorgänge kennen nur wenige Fachleute, anderes kennt auch der historische Laie, z. B. den Berliner Vertrag von 1878, den

„Kongo-Vertrag" von 1885, den „Rückversicherungsvertrag" von 1887, die Verträge von Rapallo und Locarno, das Reichskonkordat, das Münchner Abkommen von 1938 oder die deutsch-sowjetischen Verträge von August und September 1939 („Hitler-Stalin-Pakt"). Aus der Zeit nach 1945 liegen hier u. a. der Vertrag über die Montanunion von 1951, die Ostverträge und die KSZE-Schlussakte aus den 1970er-Jahren, der Einigungsvertrag und nicht zuletzt der Zwei-Plus-Vier-Vertrag von 1990, dessen historische Bedeutung für die Herstellung der Einheit Deutschlands jüngst auch von der Unesco durch die Aufnahme in das Weltdokumentenerbe unterstrichen wurde.

Es erreichen das Archiv bis zu 6000 Anfragen pro Jahr, etwa zwei Drittel davon kommen aus dem Auswärtigen Amt selbst oder von anderen Bundesressorts, ein Drittel stammt von Wissenschaftlern, Journalisten und anderen Benutzern. Im gleichen Zeitraum wird der Lesesaal des Archivs von über 900 Benutzern in Anspruch genommen, von denen etwa ein Drittel Ausländer sind. Im Durchschnitt werden im Jahr rund 48 000 Archivalieneinheiten an die Benutzer im Lesesaal und an Arbeitseinheiten des Auswärtigen Amts ausgeliehen.

Viele Jahre kam das Politische Archiv seinen Aufgaben in Bonn nach, im Herbst 2000 folgte es dem Auswärtigen Amt nach Berlin. Heute befinden sich seine Magazine in den Kellern der ehemaligen Reichsbank, vor allem in drei je 1800 m² großen ehemaligen Tresoren. Die drei Tresorebenen sind – wie es sich für ein richtiges Bankgebäude gehört – durch gepanzerte Türen geschützt. Doch haben diese schweren Türen heute nur noch ihren Denkmalwert, symbolisch für den Umgang des Auswärtigen Amts mit seiner Vergangenheit stehen sie nicht. Hier wird nichts verborgen oder den Augen der Öffentlichkeit entzogen. Das Politische Archiv ist vielmehr eine wissenschaftliche Forschungseinrichtung, in der historisch Interessierte im Rahmen gesetzlicher Vorgaben ihre Studien betreiben können. Zugleich verstehen sich die Archivarinnen und Archivare als Dienstleister für die Zentrale des Auswärtigen Amts und die deutschen Auslandsvertretungen, die sich mit ihren Fragen zu historischen Themen in großer Zahl an Referat 117 wenden.

Am 3. August 2010 feierte das Politische Archiv bei guter Beteiligung vieler Fachleute des In- und Auslandes seinen 90. Geburtstag. Die damals gehaltenen Vorträge sind in diesem Sammelband abgedruckt. Sie lenken das Augenmerk auf eher versteckte Aspekte deutscher Auswärtiger Politik und sind deshalb von besonderem Reiz. Sie wollen auch die umfangreiche Literatur zur Geschichte der deutschen Außenpolitik ergänzen. Nicht zuletzt deshalb wünsche ich dem Buch wohlwollende Beachtung und eine geneigte, sachkundige Leserschaft!

Dr. Harald Braun
Staatssekretär des Auswärtigen Amts

Gregor Schöllgen
Gefangen im Erfolg.
Deutsche Außenpolitik 1871–1918

Es war ein beispielloser Erfolg. Jedenfalls aus deutscher Sicht. Was in den zurückliegenden Jahrzehnten wiederholt an äußeren und nicht zuletzt an inneren Widerständen gescheitert war, gelang während der 1860er-Jahre beinahe im Handstreich. Heute wissen wir, was die Deutschen danach vielleicht ahnen, keinesfalls aber wahrhaben konnten: Das 1871 gegründete Deutsche Reich und das Gleichgewicht der Kräfte in Europa und der Welt waren nicht kompatibel. Der „höchste Triumph Bismarcks", so hat es Sebastian Haffner auf den Punkt gebracht, enthielt „schon die Wurzeln seines Scheiterns […] und die Gründung des Deutschen Reiches schon den Keim seines Untergangs"[1].

Tatsächlich war ja Deutschland mit seinem gewichtigen preußischen Zentrum – innerhalb weniger Jahre und über den Weg dreier schnell und erfolgreich geführter Kriege – in den Rang einer europäischen Großmacht katapultiert worden. Als sich die Nachbarn danach verwundert die Augen rieben und sich fragten, was sie da erlebt und zugelassen hatten, kamen nicht wenige zu dem Ergebnis, Zeuge einer Revolution, „der deutschen Revolution" gewesen zu sein. Und nicht nur der Oppositionsführer in Großbritannien, der Konservative Benjamin Disraeli, hielt diese für „ein größeres Ereignis als die französische Revolution des vergangenen Jahrhunderts"[2].

Denn dieses Deutsche Reich war nicht nur dank seiner schieren territorialen Größe und seiner Bevölkerungszahl der in dieser Hinsicht nach Russland gewichtigste Staat Europas. Es war auch die militärisch schlagkräftigste und wirtschaftlich bald in fast allen Belangen führende Nation des Kontinents. Als Deutschland dann Mitte der achtziger Jahre auch noch den Schritt zur Kolonial- beziehungsweise Weltmacht tat, zog es endgültig den Argwohn und wohl auch den Neid der Nachbarn auf sich. Mit Erfolg macht man sich eben keine Freunde, schon gar nicht in der Politik. Theobald von Bethmann Hollweg, wahrlich kein Hardliner, aber doch der Nachfolger Bismarcks, unter dessen Leitung das Land schließlich in den großen Krieg zog, zeigte sich im Sommer 1912 überzeugt, dass die anderen Mächte dieses Deutsche Reich nicht „liebten": „Dafür", so schrieb er an den Grafen Pourtalès, einen der Nachfolger Bismarcks

---

[1] Sebastian Haffner, Von Bismarck zu Hitler. Ein Rückblick, München 1987, S. 47.
[2] Parliamentary Debates. Third Series, Bd. 204, S. 81, 9. Februar 1871.

Abbildung 1: Friedrich Graf von Pourtalès (1853–1928): „… zu sehr Parvenü und überhaupt zu eklig"

auf dem wichtigen Botschafterposten in St. Petersburg, „sind wir zu stark, zu sehr Parvenü und überhaupt zu eklig"[3].

Will man es auf den Punkt bringen, dann hatte das Deutsche Reich eben diesen Geburtsfehler seiner Gründung: Von Anfang an befand es sich in einer Lage, die von Ludwig Dehio wenige Jahre nach dem Untergang des Reiches als „halbhegemonial" bezeichnet worden ist[4] – zu stark, als dass es von den anderen ignoriert oder gar übersehen werden konnte; zu schwach, um aus eigener Kraft die Hegemonie über den Kontinent zu errichten.

Dass die Deutschen seit dem Aufstieg Preußens, also seit der zweiten Hälfte des 18. Jahrhunderts, immer wieder einmal mit dem Gedanken einer hegemonialen Stellung in Europa spielten, dass sie namentlich und mit unterschiedlichen Mitteln und Methoden versucht haben, der geostrategischen Falle durch die Flucht nach vorn zu entkommen, überrascht nicht. Am Ende war diese Vorstellung nicht nur den Deutschen, sondern auch ihren Nachbarn derart vertraut,

---

[3] PA AA, Nachlass Pourtalès, Nr. 1, Bethmann Hollweg an Pourtalès, 30. Juli 1912.
[4] Ludwig Dehio, Deutschland und die Epoche der Weltkriege, in: Historische Zeitschrift 173 (1952), S. 77–94, hier S. 80.

dass noch Hitler sie sich zunutze machen konnte, um hinter ihrer Deckung ganz andere Ziele ins Auge zu fassen.

So gesehen war Bismarcks große Tat ein zweifelhaftes Geschenk an die Deutschen. In der Logik seiner Zeit war der Reichsgründer eigentlich auf halber Strecke stehen geblieben. Um der Nation dauerhaft das Gefühl der Sicherheit vor ihren zahlreichen, zum Teil sehr starken, zusehends auch missgünstigen Nachbarn zu geben, hätte er tun müssen, was er in den sechziger Jahren nicht tun wollte und danach, wenn er es denn gewollt hätte, nicht mehr tun konnte: Deutschland zur nicht mehr anfechtbaren Macht in Europa zu befördern. So aber war der erste Reichskanzler voll und ganz damit beschäftigt, das Deutsche Reich vor „den bedrohlichen Folgen seiner Gründung zu bewahren", wie Andreas Hillgruber – Anfang der siebziger Jahre und ganz auf der Linie Dehios – den Kern dieser Außenpolitik auf den Punkt gebracht hat[5].

Dass der Versuch schließlich gescheitert ist, dass sich das Reich gut vier Jahrzehnte nach seiner Gründung in einem Krieg zunächst europäischer, dann globaler Dimension wiederfand, von dem es sich nie mehr erholt hat, ist nicht nur den Nachfolgern Bismarcks anzulasten. Vielmehr ist es so, dass der Gründungskanzler, als er im März 1890 das Amt räumen musste, jedenfalls außenpolitisch mit seinem Latein am Ende war und seinen Nachfolgern ein Erbe hinterließ, das sich sehr bald als schwere Hypothek entpuppte. Das gilt für die Bündnispolitik, es gilt für die Orient- und Kolonialpolitik, und es gilt nicht zuletzt für das entscheidende Verhältnis zu Großbritannien.

Wohl muss man davon ausgehen, dass Bismarck nicht vorhersehen konnte, wie unverträglich eine deutsche Großmacht mit dem Gleichgewicht der Kräfte in Europa war. Zudem konnte er zwar die deutsche Außenpolitik, nicht aber die inneren und äußeren Verhältnisse der Nachbarn und deren Rückwirkungen auf die auswärtigen Beziehungen des Reiches entscheidend beeinflussen oder gar gestalten, auch nicht die der Partner. Stellt man diese Unwägbarkeiten in Rechnung, hält man Bismarck zudem zugute, dass eben auch er mit den kaum vorhersehbaren Folgen seiner eigenen Großtat umzugehen hatte, wird man ihm ein hohes Maß an diplomatischem Geschick attestieren müssen – gepaart mit einem über Jahrzehnte gereiften Machtinstinkt und einer ordentlichen Portion Zynismus.

Was nun die Bündnisse angeht, mit denen Bismarck Russland, Österreich-Ungarn, in gewisser Weise auch Italien und indirekt selbst Großbritannien an Deutschland gebunden hat, so wusste er natürlich sehr wohl, dass solche Bindungen nur unter einer Bedingung zu haben waren: Das Reich musste den Partnern dort entgegenkommen, wo es um deren Interessen ging und wo deren

---

[5] Andreas Hillgruber, Bismarcks Außenpolitik, Freiburg/Br. 1972, S. 131.

Sicherheit auf dem Spiel stand. Wusste der Kanzler oder ahnte er auch nur, dass die Entscheidung über Krieg und Frieden damit im Zweifelsfall bei den Partnern liegen konnte?

Sicher ist, dass er mit diesem Netz von Bündnissen die deutsche Außenpolitik auf zum Teil sehr weitreichende Verbindlichkeiten und Verpflichtungen festlegte. Zum Beispiel über den so genannten Dreibund, den Deutschland im Mai 1882 mit Italien und Österreich-Ungarn schloss. Er zwang die Deutschen, sich bei jeder Vertragsverlängerung auf die speziellen Forderungen und Wünsche ihrer Partner einzulassen. Im Falle Roms musste sich Berlin schrittweise auf die imperialistischen Ambitionen der Italiener, vor allem in Nordafrika, einlassen, was die Gestaltung der seit 1871 schwer belasteten Beziehungen zu Frankreich nicht gerade erleichterte. Im Falle Wiens bezogen sich die Forderungen in aller Regel auf den Balkan, hatten damit zwangsläufig eine antirussische Spitze und trugen so das Ihre dazu bei, dass der Anfang Oktober 1879 geschlossene Zweibund mit Österreich-Ungarn – im Laufe der Zeit und gewissermaßen unter der Hand – seinen Charakter änderte.

Dass sich manche der Vereinbarungen, die Bismarck unterzeichnet hatte, wenn nicht dem Wortlaut, so doch dem Geiste nach widersprachen, kam erschwerend hinzu. Hier lag einer der Gründe, warum die Nachfolger zum Beispiel den später so genannten Rückversicherungsvertrag mit Russland vom Frühjahr 1887 nicht verlängern mochten. Zwar war das Reich dank dieses Neutralitätsvertrages mit dem Zarenreich gegen einen Zweifrontenkrieg gesichert – soweit das überhaupt möglich war. Allerdings musste man zur Not Österreich fallen- und den Russen den Balkan überlassen. Das war der Preis, den Bismarck seit Mitte der achtziger Jahre zu zahlen bereit war, den aber seine Nachfolger nicht mehr zahlen mochten.

Dafür hatten sie durchaus gute Gründe, so die Absicht, sich nicht durch die russische Meerengen- und Balkanpolitik in die konfliktträchtige orientalische Frage hineinziehen zu lassen. Allerdings hatte auch diese Entscheidung ihren Preis. Zeigte man Russland die kalte Schulter, gab es keine Alternative zu einer engen und einseitigen Anlehnung an Österreich-Ungarn, und auch die führte das Reich – über kurz oder lang und gleichsam von der anderen Seite her – in das „Minenfeld"[6] der orientalischen Frage. Diese war im Kern nichts anderes als die Suche nach einer Antwort darauf, wer die Räume besetzen und kontrollieren sollte, welche die Türken nach und nach freigeben mussten, seit sie 1683 ein zweites Mal vor Wien gescheitert waren.

---

[6] Ders., Südosteuropa in Bismarcks Außenpolitik 1875–1879, in: Ralph Melville/Hans-Jürgen Schröder (Hrsg.), Der Berliner Kongreß von 1878. Die Politik der Großmächte und Probleme der Modernisierung in Südosteuropa in der 2. Hälfte des 19. Jahrhunderts, Wiesbaden 1982, S. 179–188, hier S. 187.

Abbildung 2: Aktendeckel des
Rückversicherungsvertrages:
„Abgelaufen"

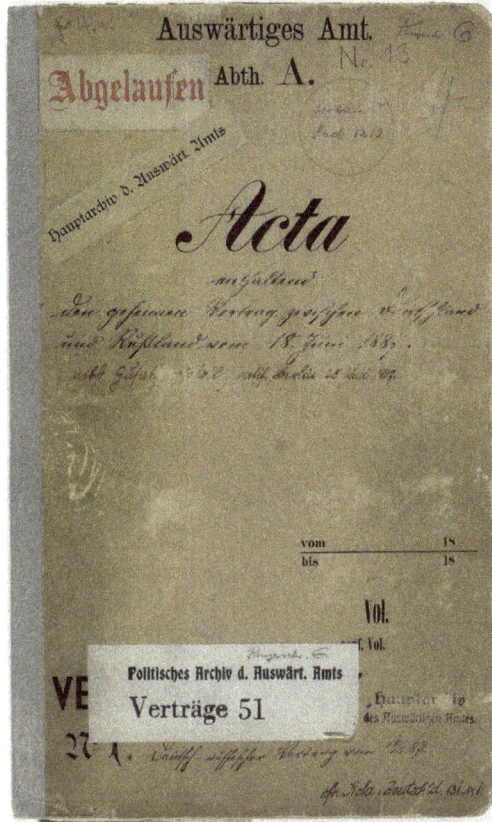

Außer Frage steht, dass schon Bismarck der deutschen Außenpolitik den Weg in dieses Minenfeld gewiesen hatte. Zu der engen Bindung an Österreich, an Russland oder auch – wie in den so genannten Dreikaiservereinbarungen der Jahre 1873 und 1881 – an beide gab es wegen des Dauerkonflikts mit Frankreich auch keine Alternative. Und diese Bindung dokumentiert, wie eng der Handlungsspielraum der deutschen Außenpolitik schon seit und infolge der Reichsgründung war. Aber es gab ihn noch. Dass Bismarck diesen Spielraum während der achtziger Jahre nutzte, um seine während der siebziger Jahre formulierten Maximen zu den Akten zu legen, muss festgehalten werden, weil er damit den diplomatischen Manövrierraum der Nachfolger weiter einengte.

Bismarcks vor dem Hintergrund der aufziehenden Balkankrise Anfang Dezember 1876 abgegebene Erklärung, dass er zu „irgend welcher aktiven Betheiligung Deutschlands an diesen Dingen nicht rathen" werde, solange er

„in dem Ganzen für Deutschland kein Interesse sehe, welches auch nur … die gesunden Knochen eines einzigen pommerschen Musketiers werth wäre"[7], behielt jedenfalls nur bezogen auf ein direktes militärisches Eingreifen Gültigkeit. Im Übrigen aber war die deutsche Außenpolitik am Ende dieser Kanzlerschaft handfest im Orient engagiert, und das nicht nur indirekt über die Verträge namentlich mit Österreich-Ungarn oder auch über den in Berlin vermittelten Frieden im russisch-türkischen Krieg der Jahre 1877/78.

Vielmehr hatte Bismarck auch der Entsendung ziviler Berater für türkische Behörden, einer deutsche Militärmission zur Instruktion der osmanischen Armee und nicht zuletzt einer folgenreichen wirtschaftlichen Betätigung deutscher Banken und Firmen östlich von Bosporus und Dardanellen zugestimmt. Zwar hatte der Kanzler im September 1888 die Direktoren der Deutschen Bank einerseits auf das Risiko eines Engagements in der Türkei hingewiesen und eine „amtliche Förderung" ausdrücklich ausgeschlossen, andererseits aber die Herren auch wissen lassen, dass „politische Bedenken gegen die Bewerbung um eine Konzession für kleinasiatische Eisenbahnbauten nicht" bestünden[8], und damit den Weg für die Gründung der Anatolischen Eisenbahngesellschaft im März des folgenden Jahres frei gemacht.

Aber nicht nur hier, also in der brisanten orientalischen Frage, verabschiedete sich Bismarck gegen Ende seiner Amtszeit von früher formulierten Prinzipien. Auch in der Frage des „Ländererwerbs", dem er Mitte 1877 in seinem so genannten Kissinger Diktat eine ziemlich deutliche Absage erteilt hatte, trug der Reichskanzler den Umständen Rechnung[9]. Denn um nichts anderes als Ländererwerb ging es in den Jahren 1884/85, als die Reichsregierung die Schutzherrschaft über Deutsch-Südwestafrika, Togo, Kamerun und das spätere Deutsch-Ostafrika teils anerkannte, teils aktiv förderte sowie Nordost-Neuguinea und die Inselgruppe Nova Britannia zu Schutzgebieten des Reiches erklärte.

Die Gründe, Anlässe und Motive für diesen folgenreichen Schritt waren vielfältig. Zu ihnen zählten neben wirtschafts-, handels- und bevölkerungspolitischen sicher auch innenpolitische im engeren Sinne. Nicht zuletzt aber war dieser Eintritt in die Gefilde der Weltpolitik insofern auch eine unabweisbare Konsequenz aus der Reichsgründung, als sich im Zeitalter des Imperialismus eine Großmacht, die das Deutsche Reich seit 1871 nun einmal war, nicht abseits des Wettlaufs um die noch nicht vergebenen Teile der Erde halten konnte.

---

[7] Stenographische Berichte über die Verhandlungen des Deutschen Reichstags, Bd. 41, S. 585, 5. Dezember 1876,

[8] Zitiert nach Friedrich Seidenzahl, 100 Jahre Deutsche Bank 1870–1970, Frankfurt/M. 1970, S. 67.

[9] GP 2, Nr. 294.

So gesehen war die Suche der Deutschen nach einem eigenen Kolonialreich, für sich genommen, weder außergewöhnlich noch gefährlich, zumal ihr Ergebnis nicht wenigen Deutschen, jedenfalls in der bilanzierenden Rücksicht des Ersten Weltkriegs, „lächerlich bescheiden" vorkam[10]. Gefährlich war, dass sich dieser Wunsch für Bismarck nur über den Weg der politischen Konfrontation mit potentiellen Konkurrenten realisieren ließ, ja dass der Kanzler in diesem Zusammenhang namentlich Großbritannien sogar gezielt provozieren wollte, wie die Korrespondenz mit den deutschen Botschaftern in London erkennen lässt. Dass Bismarck im Frühjahr 1884 nicht zu sehen vermochte, „weshalb das Recht zu kolonisieren, welches England im weitesten Maße ausübt, uns versagt sein sollte"[11], war eine Sache. Dass er die schwierige Lage der Briten in Afghanistan sowie vor allem im Sudan ausnutzte, um sie in der Kolonialfrage unter Druck zu setzen, war eine andere.

Das geschah zum einen – und gewissermaßen vor den Augen der Weltöffentlichkeit – auf der so genannten Kongo-Konferenz, die um die Jahreswende 1884/85 mehr als drei Monate lang in Berlin tagte. Und es geschah zum anderen – und nicht minder wirkungsvoll – hinter den Kulissen. Zweimal, im Januar 1885 sowie erneut im März und April 1886, ließ der Kanzler der britischen Regierung über den Grafen Georg Herbert zu Münster beziehungsweise seinen Nachfolger Paul Graf von Hatzfeldt signalisieren, welche Folgen ihre renitente Haltung in der Kolonialfrage zeitigen könnte – nämlich einen entsprechenden „Handel" mit Frankreich oder auch mit Russland, „wenn England uns nicht befriedige"[12].

Gewiss, kurzfristig schien diese Politik erfolgreich zu sein, brachte sie doch Deutschland sowohl in den Besitz eines eigenen Kolonialreiches als auch eine indirekte Annäherung Großbritanniens an den Dreibund. Tatsächlich hinterließ sie einen Scherbenhaufen. Nicht nur war Bismarcks 1877 formulierte Taktik hinfällig geworden, den anderen Mächten durch strikte Abstinenz an der Peripherie des europäischen Geschehens diese Räume für konfliktträchtige Aktivitäten zu überlassen und deren Aufmerksamkeit so von Mitteleuropa im Allgemeinen, von den deutschen Grenzen im Besonderen abzulenken.

Noch schwerer wog, dass fortan das Verhältnis zu England, der wichtigsten europäischen Großmacht, nachhaltig irritiert war. So haben Bismarcks Nachfolger schon 1893 erneut, dieses Mal jedoch ohne Erfolg versucht, der Regierung in London durch Druck in den ägyptischen Angelegenheiten die Pistole auf die

---

[10] Max Weber, Deutschland unter den europäischen Weltmächten, in: Ders., Gesammelte Politische Schriften, hrsg. von Johannes Winckelmann, Tübingen ³1971, S. 157–177, hier S. 160.
[11] GP 4, Nr. 743.
[12] GP 4, Nr. 757.

Abbildung 3: Georg Graf zu Münster (1820–1902), zwölf Jahre deutscher Botschafter in London

Brust zu setzen, und auch hinter der wenig später aufgenommenen Flottenpolitik wird dieser Ansatz erkennbar. Kein Wunder, dass Sir Eyre Crowe, Senior Clerk im Western Department des Foreign Office, Anfang 1907 in einem zu Recht berühmt gewordenen Memorandum die Anfänge des inzwischen handfesten englisch-deutschen Konflikts in der Kolonialpolitik der Jahre 1884/85 ausmachte[13].

Vor allem aber ist es danach niemandem mehr gelungen, die Geister zu bändigen, welche der Imperialismus nach Deutschland gerufen hatte – Bismarck nicht, und seinen Nachfolgern schon gar nicht. Welche Lawine er da losgetreten hatte, ahnte der Reichsgründer wohl selbst, als er Anfang 1885 in einem Schreiben an den Grafen Münster über die große Bedeutung auch des „kleinste[n] Zipfel[s] von Neu-Guinea oder Westafrika" reflektierte, „wenn derselbe objektiv auch ganz wertlos sein" mochte. Aber inzwischen legte die öffentliche

---

[13] George Peabody Gooch/Harold Temperly (Hrsg.), Die Britischen Amtlichen Dokumente über den Ursprung des Weltkrieges 1898–1914. Vom Britischen Auswärtigen Amt autorisierte einzige deutsche Ausgabe, hrsg. v. Hermann Lutz, 10 Bde., Berlin 1926–1938, hier Bd. 3, Anhang A, S. 645–685.

Abbildung 4: Friedrich von Holstein (1837–1909): „operierte wirkungsvoll im Hintergrund"

Meinung in Deutschland „ein so starkes Gewicht auf die Kolonialpolitik", dass sogar die „Stellung der Regierung im Innern" von deren „Gelingen" abhing[14].

Ein schönes Vermächtnis, das Bismarck seinen Nachfolgern da hinterließ. Zu keinem Zeitpunkt haben sie sich von ihm zu lösen vermocht – weil auch sie in dem 1871 geschaffenen Rahmen operieren mussten, weil der Eintritt in die Orient- und Kolonialpolitik schon aus innenpolitischen Gründen nicht mehr rückgängig zu machen war, und weil die Nachfolger überzeugt waren, dass ihre Politik die richtige und angemessene Konsequenz aus den durch Bismarck gemachten Vorgaben gewesen ist. Das gilt für die seit den neunziger Jahren so genannte „Weltpolitik", und es gilt für die gleichzeitig aufgelegte Flottenpolitik.

Zu ihren Protagonisten zählten allen voran Wilhelm II., von 1888 bis zum bitteren Ende König von Preußen und Deutscher Kaiser, aber auch wirkungsvoll im Hintergrund operierende Figuren wie Friedrich von Holstein, der vor allem vom Rücktritt Bismarcks bis zu seinem eigenen im Frühjahr 1906 einer der Drahtzieher im Auswärtigen Amt gewesen ist. Und dann standen seit 1897 mit Alfred von Tirpitz und Bernhard von Bülow zwei ebenso einflussreiche wie umtriebige Staatssekretäre an der Spitze des Reichsmarine- und des Auswärtigen Amtes. Ende 1924, also sechs Jahre, nachdem das Kaiserreich untergegangen

---

[14] GP 4, Nr. 758.

und das Deutsche Reich auf damals nicht absehbare Zeit seine Stellung als voll-
gültige Großmacht verloren hatte, schrieb der Politiker, der 1900 ins Amt des
Reichskanzlers gewechselt war, an den Admiral: „Ich bin auch heute der Ueber-
zeugung, die uns beide erfüllte, als wir vor 27 Jahren gleichzeitig Staatssekretäre
wurden [...], dass unser Volk nach seiner Tüchtigkeit, seiner Kultur (im besten
Sinne des Wortes) und seiner Vergangenheit ein Recht auf die Stellung hätte,
den ich damals den Platz an der Sonne nannte, d. h. das Recht auf Gleichbe-
rechtigung mit anderen grossen Nationen."[15]

Was ist nicht alles über diese Reichstagsrede Bülows vom 6. Dezember 1897
gesagt, vor allem von folgenden Generationen in sie hineingelegt worden. Dabei
tat Deutschland lediglich das, was andere in seiner Situation auch taten beziehungsweise tun zu müssen glaubten: den Schritt von der Groß- zur Weltmacht.
Es gibt keine Großmacht der Zeit – die außereuropäischen, also Japan und die
USA, eingeschlossen – die darauf hätte verzichten können oder wollen. Und
doch lag der deutsche Fall anders. Denn zum einen machte sich die ohnehin
in fast allen Belangen stärkste europäische Großmacht auf den Weg zur Weltmacht, zum anderen suchte sie diesen Status ausgerechnet in Weltgegenden zu
festigen, die wie der Orient zu den sensibelsten und gefährlichsten zählten, und
schließlich schlugen ihre Repräsentanten dabei Töne an, die jenseits der deutschen Grenzen aufhorchen lassen mussten.

Gewiss hätte man die Äußerungen des Kaisers, für sich genommen, als Ent-
gleisungen oder als impulsive, in gewisser Weise naive Bekundungen eines ex-
zentrischen Monarchen abtun können. Das gilt für das Telegramm, mit dem
Wilhelm II. Anfang 1896 den Präsidenten von Transvaal für seinen Erfolg über
die von Großbritannien gestützten Eindringlinge beglückwünschte[16], es gilt für
seine Rede in Damaskus, in der er knapp zwei Jahre darauf die „300 Millionen
Mohammedaner" seiner Freundschaft versicherte[17], und es gilt für die Worte,
mit denen er im Sommer 1900 das deutsche Kontingent verabschiedete, das im
Rahmen einer internationalen Expedition in Peking belagerte Ausländer befrei-
en und dabei so vorgehen sollte, „dass niemals wieder ein Chinese es wagt, einen
Deutschen auch nur scheel anzusehen"[18].

Aber es war nun einmal der Repräsentant der stärksten europäischen Großmacht, der so sprach, und das zu einer Zeit, in der sich Deutschland anzu-
schicken schien, den Worten auch Taten folgen zu lassen. So im Orient. Zwar
griffen Bismarcks Nachfolger hier einerseits lediglich den schon von diesem

---

[15] Bundesarchiv/Militärarchiv, Freiburg, N 253, Nachlass Tirpitz, Bd. 173.
[16] GP 11, Nr. 2610.
[17] GP 12/II, Nr. 3345, Anmerkung der Hrsg.
[18] Michael Behnen (Hrsg.), Quellen zur deutschen Außenpolitik im Zeitalter des Imperialismus 1890–1911, Darmstadt 1977, S. 277.

angewobenen Faden auf, gaben aber andererseits einem ursprünglich rein wirtschaftlichen Vorhaben eine brisante politische Note. Mit den von einem Konsortium unter Führung der Deutschen Bank unterzeichneten Verträgen, die im Dezember 1899 zur Erteilung der vorläufigen, im März 1903 zur Vergabe der endgültigen Konzession und im April des gleichen Jahres zur Gründung der Bagdadeisenbahngesellschaft führten, drängte Deutschland wie schon auf dem Balkan auch hier in eine traditionelle Krisenregion der Weltpolitik. Weil das den Verantwortlichen bewusst war, griffen sie in die Trickkiste, unterzogen Bismarcks Maxime einer bezeichnenden Interpretation und dokumentierten so eindrücklich, wie sehr sie sich in den von diesem eingeschlagenen Bahnen bewegten: „Nicht in Balkan-, in Orientfragen überhaupt Stellung zu nehmen, hat Fürst Bismarck widerraten, sondern vorzeitig Stellung zu nehmen oder die Führung an sich zu nehmen."[19] Das sagte Bülow Ende März 1909, also zu einem Zeitpunkt vor dem Reichstag, als man bereits wiederholt die „Führung" übernommen hatte – in diesem Fall, während der bosnischen Annexionskrise, zwar hinter den Kulissen, aber gleichwohl wirkungsvoll und folgenreich.

Das Brisante daran war, dass sich Deutschland mit seiner Orientpolitik zwischen die traditionell rivalisierenden Großmächte schob, dass es auf dem Balkan zwischen Österreich-Ungarn und Russland, in Mesopotamien zwischen Russland und Großbritannien Platz nahm und damit gewissermaßen als Blitzableiter für deren jeweiligen Spannungen fungierte. Einen vergleichbaren Effekt hatte der Entschluss zum Bau einer Schlachtflotte, trug er doch einiges dazu bei, dass es nach 1910 zu einer russisch-französischen, ja selbst zu einer britisch-russischen maritimen Kooperation kommen sollte.

Dabei war die Flotte, die der Reichstag im April 1898 und im Juni 1900 mit zwei Gesetzen auf den Weg brachte, eigentlich kein militärisches, sondern ein politisches Instrument. Wohl wissend, dass sie der britischen niemals gewachsen oder gar überlegen sein konnte, sollte die deutsche „Risikoflotte" immerhin so schlagkräftig sein, dass sie im Kriegsfall die englische entscheidend zu schwächen vermochte: Die Aussicht vor Augen, die Doppelaufgabe – die Sicherung der britischen Inseln und des Kolonialreiches – nicht mehr wahrnehmen zu können, würde sich London beizeiten auf das von Berlin angestrebte Bündnis einlassen, und zwar zu den von Deutschland formulierten Konditionen. So das Kalkül.

Auch hier gilt, dass die deutsche Außenpolitik, soweit sie die Inselmacht durch unverhohlenes Drohen zu Konzessionen bewegen wollte, durchaus auf der durch Bismarck eröffneten Traditionslinie operierte. Und wie damals, Mitte der achtziger Jahre, schien sie auch jetzt damit Erfolg zu haben. Denn

---

[19] Stenographische Berichte, Bd. 236, S. 7801, 29. März 1909.

Abbildung 5: Paul von Hatzfeldt (1831–1901), sechzehn Jahre deutscher Botschafter in London

England war angegriffen, stand an allen Enden und Ecken der Welt unter erheblichem Druck, der zwar nicht in erster Linie, aber eben zusehends auch von Deutschland ausgeübt wurde. In China kam er von den Russen, im Sudan drohten die Spannungen mit Frankreich eine gefährliche Wendung hin zu einem Seekrieg in europäischen Gewässern zu nehmen, und im südlichen Afrika war die offene Auseinandersetzung mit den Buren wohl nur eine Frage der Zeit. Vor diesem Hintergrund erläuterte Ende März 1898 der britische Kolonialminister Joseph Chamberlain dem deutschen Botschafter – das war immer noch Hatzfeldt – „ganz vertraulich", dass England seine „bisherige Politik der Isolierung" aufgeben und eine „bindende Abmachung" mit dem Dreibund eingehen wolle[20].

---

[20] GP 14/I, Nr. 3782.

Im Lichte der jüngeren Geschichte war das zweifellos eine erstaunliche Wendung, die sich nur mit der britischen Zwangslage erklären ließ. Das wusste man natürlich auch in Berlin und lehnte das Angebot dankend ab. Wie schon einige Jahre zuvor, als man sich gegen eine Verlängerung des Rückversicherungsvertrages mit Russland entschied, hatte man auch jetzt durchaus einige gute Gründe, so die keineswegs abwegige Vermutung, dass die Briten in Deutschland lediglich einen Partner für ein begrenztes Zusammengehen gegen Russland in China suchten. Hinzu kam, dass man sich in Berlin durch die Anfrage aus London in seinem politischen Kurs gerade bestätigt sah: „Heutzutage", brachte Holstein zum Jahresende 1901 die Lage auf den Punkt, „bedeutet Deutschland mit seiner ungeheueren Stärke zu Lande und zu Wasser einen Faktor, den keine Macht, die einen großen Schlag führen will, in ihrem Rücken stehen lassen darf, ohne sich vorher mit ihm verständigt zu haben"[21].

Große Worte. Was steckte dahinter? Größenwahn? Übermut? Allenfalls im Ansatz. Bülow, Holstein und die anderen, auch der Kaiser, die breite Öffentlichkeit sowieso, waren vom Gewicht des Landes überzeugt. Nicht nur gab es vorweisbare kolonialpolitische Erfolge in China, im Pazifik und im Orient, auch die Konjunktur fasste nach einer langen Zeit der so genannten Großen Depression wieder Tritt. Und war das Reich nicht ein umworbener, gesuchter Partner selbst der britischen Weltmacht? Also lehnte man die Offerte Londons in der sicheren Erwartung ab, dass ein Bündnis zu besseren Konditionen jederzeit zu haben sei, verlegte sich auf eine „Politik der freien Hand" – und manövrierte sich so, zunächst fast unbemerkt, in eine Situation weitgehender Isolierung.

Als man sie bemerkte, als man zur Kenntnis nehmen musste, dass Briten und Franzosen, dass Engländer und Russen ihre zum Teil Jahrhunderte alten Gegensätze – anders als erwartet und offenkundig als Reaktion auf die neue deutsche Herausforderung – doch überwinden konnten, war es zu spät. Als London und St. Petersburg im Sommer 1907 mit einer Konvention über Persien, Afghanistan und Tibet auf die Provokation durch die deutsche Orientpolitik reagierten, schlossen sie auch einen Kreis, der 1892/94 mit der russisch-französischen Militärallianz eröffnet und im Frühjahr 1904 durch die britisch-französische Entente Cordiale erweitert worden war. Fortan war das Reich „eingekreist", wie es jetzt in Berlin hieß. Eine missliche Situation, in der es nur zwei Optionen gab: Entweder man fügte sich in sein Schicksal oder man sprengte den Ring. Gegen die erste Option sprach das Selbstverständnis einer nach außen selbstbewusst auftretenden, nach innen aber zusehends an sich zweifelnden Großmacht; für die zweite fehlte die Kraft.

Was folgte, war der hilflos wirkende Versuch, durch Demonstrationen der Stärke und Entschlossenheit einer Degradierung oder gar Schlimmerem vor-

---

[21] GP 18/II, Nr. 5844.

zubeugen. Zum Beispiel in Marokko, dessen Unabhängigkeit von Frankreich in Frage gestellt wurde. Die Aktion, mit der die deutsche Außenpolitik auf den Bruch bestehender Verträge reagierte, war für sich genommen wenig spektakulär: Am 31. März 1905 landete Wilhelm II. in Tanger, gab einen Empfang für die Angehörigen des diplomatischen Corps, nahm eine Truppenparade ab und schiffte sich dann wieder ein.

Dass die Reaktionen im benachbarten Ausland gleichwohl heftig ausfielen, lag daran, dass man jenseits der deutschen Grenzen ahnte, welches Motiv eigentlich hinter dem kaiserlichen Ausflug steckte, und das brachte der bayerische Gesandte in Berlin am 13. Oktober, also mit einigem zeitlichen Abstand, so auf den Punkt: „Wenn ich die Interessen Deutschlands richtig verstehe", schrieb Hugo Graf von Lerchenfeld nach München, „so hat es sich in der ganzen Marokko-Sache weniger um die Stellung des Reiches in diesem afrikanischen Staate, als um die deutsche Weltstellung gehandelt. Man hatte versucht, uns im Konzert der Mächte zu isolieren und lahm zu legen. Gegen diesen Versuch wurde mit Fug und Recht die Marokko-Aktion eröffnet und mit Erfolg durchgeführt. Deutschland hat bewiesen, daß man es nicht ungestraft übersehen kann."[22]

Es war nicht der letzte Versuch dieser Art, und je öfter Deutschland den Beweis antrat, wie zum Beispiel im Sommer 1911 mit dem so genannten Panthersprung nach Agadir, um so eindeutiger fielen die Reaktionen der anderen und mit ihr die Erkenntnis der Berliner Akteure aus, wie isoliert sie inzwischen doch waren. Dieser einen Erkenntnis folgte eine zweite fast zwangsläufig auf dem Fuße: Je isolierter Deutschland war, umso enger band es sich an die Partner, auf die man sich noch verlassen konnte. Schließlich war es nur noch einer. Während der großen internationalen Krise, die auf die überraschende Annexion Bosniens und der Herzegowina durch Österreich-Ungarn im Oktober 1908 folgte, ließ die deutsche Politik daher keinen Zweifel an ihrer beinahe bedingungslosen Loyalität zur Donaumonarchie. Dies schloss ihre Bereitschaft ein, auch dann an deren Seite zu stehen, wenn Russland auf Seiten Serbiens, Wiens eigentlichem Gegner in diesem Konflikt, in ihn eingreifen sollte.

Dabei blieb es, auch während der beiden Balkankriege der Jahre 1912/13 und der Krise des Sommers 1914, die in jenen dritten Balkankrieg führte, der von Anfang an ein europäischer und seit Frühjahr 1917 endgültig ein Weltkrieg war. Während man diese Ausweitung zum globalen Krieg im Sommer 1914 weder geahnt noch gar gewollt hat, wurde die Möglichkeit eines europäischen Krieges spätestens seit 1912 billigend in Kauf genommen, wenn auch als letzter Ausweg aus einer inzwischen völlig verfahrenen Situation.

Dass sich der Handlungsspielraum der deutschen Außenpolitik inzwischen derart eingeengt hatte, geht gewiss auch auf das Konto der mal unbeholfen,

---

[22] BayHStA, München, MA 2683, Lerchenfeld aus Berlin, 13. Oktober 1905.

mal fahrlässig agierenden, nicht selten auch überforderten Akteure jener nach Wilhelm II. benannten Ära. Aber solche Fehler und Unzulänglichkeiten allein erklären nicht die verheerende Entscheidung zur Flucht nach vorn, die sie im Sommer 1914 antraten. Vielmehr ist es so, dass schon Bismarck mit seiner Orient- und Kolonial-, aber auch mit seiner Bündnis- und nicht zuletzt seiner Englandpolitik Vorgaben gemacht hatte, die sich durch seine Nachfolger schwerlich revidieren ließen. Und dann hatten natürlich die Nachbarn Konsequenzen aus der „deutschen Revolution" gezogen, die sich für die Deutschen auf den Nenner bringen ließen, dass „ein im Haß verbündete[s] Europa" sie „nicht dulden" wollte, wie Thomas Mann im September 1914 formulierte[23].

So gesehen stand das Deutsche Reich im Sommer 1914 da, wo es sich schon bei seiner Gründung befunden hatte. Wenn man Bismarcks Tat nicht rückgängig machen beziehungsweise von anderen rückgängig machen lassen wollte, musste man sie korrigieren, musste man die halbhegemoniale Stellung in eine hegemoniale überführen. Wenn sich auch die besonneneren Zeitgenossen scheuten, das Kind beim Namen zu nennen, wussten sie doch sehr wohl, wie Hans Delbrück im Frühjahr 1915 über „Bismarcks Erbe" schrieb, dass dieses Vermächtnis „die Anlage [gibt], die durch ihre eigenen inneren Konsequenzen über sich selbst hinausgetrieben wird"[24].

Daher hatte die deutsche Außenpolitik nach Kriegsausbruch nur noch eine Option und damit so gut wie keinen Handlungsspielraum mehr. Was das hieß, lässt sich zum einen in einer im Auftrag des Reichskanzlers verfassten Denkschrift vom 9. September 1914, die als „Septemberprogramm" in die Geschichte eingegangen ist, und zum anderen in jenem Friedensvertrag nachlesen, den Deutschland am 3. März 1918 Sowjetrussland aufoktroyierte. Eben weil die „Sicherung des Deutschen Reiches nach West und Ost auf erdenkliche Zeit" das erklärte Ziel der deutschen Politik und Kriegsführung jedenfalls im September 1914 war[25], dokumentieren auch noch die Planungen jener Jahre die Unvereinbarkeit einer deutschen Großmacht diesen Zuschnitts und des Gleichgewichts der Kräfte in Europa. Wer weiß, was dem Kontinent erspart geblieben wäre, hätten die Nachbarn nicht erst im Mai und Juni 1945 die Konsequenz aus dieser Erkenntnis gezogen.

---

[23] Thomas Mann, Gedanken im Kriege, in: Ders., Friedrich und die große Koalition, Berlin 1915, S. 7–32, hier S. 16.
[24] Hans Delbrück, Bismarcks Erbe, Berlin/Wien 1915, S. 10.
[25] Zitiert nach Egmont Zechlin, Friedensbewegungen und Revolutionsversuche, in: Aus Politik und Zeitgeschichte B 20/1963, Anhang Nr. 22, S. 3–54, hier S. 42.

Gerhard Hetzer
Außenpolitik als deutscher Bundesstaat: Das Königreich Bayern 1871–1918

Für den Abend des 11. November 1908 hatte der Sozialdemokratische Verein München zu einer öffentlichen Versammlung in den „Münchner Kindl-Keller" an der Rosenheimer Straße eingeladen. Kurz zuvor war der bayerische Staatsminister des königlichen Hauses und des Äußern, Graf Podewils, nach Berlin abgereist. Am folgenden Tage sollte dort der Bundesratsausschuss für die auswärtigen Angelegenheiten eine Stellungnahme des Reichskanzlers von Bülow zu der Lage entgegennehmen, die nach der Wiedergabe von Äußerungen Kaiser Wilhelms II. im „Daily Telegraph" entstanden war, und zugleich die Lehren erörtern, die sich für die Außenpolitik des Reiches hieraus ergäben[1].

In zwei Sälen und in den Nebenräumen drängten sich über 6000 Besucher. Nach einer Ansprache des Landtagsabgeordneten und Chefredakteurs der „Münchener Post", Adolf Müller, stimmte die Versammlung einer Resolution zu. Diese forderte das Recht des Reichstages auf Wahl und Abwahl des Reichskanzlers und die Verantwortlichkeit der Minister gegenüber dem Parlament ein, als erstes aber die Ausschaltung des Einflusses des Kaisers in Fragen der auswärtigen Politik. Denn, so Müller, viel zu lange hätten die Bundesstaaten dem zugesehen, und die bayerische Regierung habe dabei besondere Schuld auf sich geladen: Ihrer mit dem Vorsitz im zuständigen Ausschuss des Bundesrates verbundenen Aufgabe sei man letztmals bei „jenem düsteren Chinaabenteuer" nachgekommen. Der damalige bayerische Außenminister freilich sei ein ergebener Diener Preußens gewesen[2]. Immerhin scheine es bei der jetzigen Affäre doch ein wenig anders zu liegen. Den greisen bayerischen Prinzregenten, dessen „Zurückhaltung und [...] politischen Takt" die Sozialdemokraten wiederholt anerkannt hätten, stellte der Hauptredner unter Beifall hier als Gegenbild zum Kaiser hin[3]. In den nächsten Tagen setzte außerhalb Münchens eine sozialdemokratische Versammlungswelle „gegen das persönliche Regiment" ein. Adolf Müller standen noch Lebensstationen als Kontaktmann und Kundschafter mit Schutzpass der kaiserlichen Gesandtschaft in Den Haag

---

[1] Peter Winzen, Das Kaiserreich am Abgrund. Die Daily-Telegraph-Affäre und das Hale-Interview von 1908, Stuttgart 2002.

[2] Gemeint war Krafft Graf von Crailsheim, Staatsminister bis Februar 1903.

[3] Presseberichte zu der Versammlung in: Augsburger Postzeitung, 263, vom 14. November 1908, Münchener Neueste Nachrichten, 532, vom 13. November 1908, und Münchener Post, Nrr. 259 und 260, vom 13. November 1908 und 14. November 1908.

während des Ersten Weltkrieges bevor sowie als Leiter der Gesandtschaft des republikanischen Deutschland in Bern von 1919 bis 1933[4].

Bereits vier Tage vor der SPD-Veranstaltung hatte an gleicher Stelle eine recht stattliche Versammlung des Demokratischen Vereins München mit dem Landtagsabgeordneten Dr. Ludwig Quidde stattgefunden. Auch hier war eine Resolution verabschiedet worden. Diese hatte nicht nur als Ausdruck angestauten Ärgers gegen einige in dem Kaiser-Interview enthaltene Aussagen zum deutsch-englischen Verhältnis protestiert, sondern ebenfalls mehr Rechte für den Reichstag, zumal bei der Entscheidung über Krieg und Frieden, gefordert. Und auch hier war nach einem Lebenszeichen des einschlägigen Bundesratsausschusses gefragt worden. Quidde war bereits ein Veteran im Streit um Parlamentarisierung und gegen „Militarismus". Im kommenden Kriege sollte er sich als einer der Verbindungsleute der internationalen Pazifistenbewegung betätigen, 1927 dann den Friedensnobelpreis erhalten.

Mit seinem Hinweis auf die letzte Zusammenkunft des Bundesratsausschusses hatte Adolf Müller zwar geirrt, denn diese hatte nicht anlässlich des Boxeraufstandes vom Jahre 1900, sondern 1905 auf dem Höhepunkt der Ersten Marokkokrise stattgefunden. Allerdings hatten im Gefolge der Einberufung des Ausschusses – nach nahezu 21 Jahren Pause – vom Juli 1900 Erörterungen in der Presse wie in der bayerischen und der württembergischen Abgeordnetenkammer über Sinn und Zweck dieses Gremiums stattgefunden. Der Vorsitzende der bayerischen Sozialdemokraten, Georg von Vollmar, hatte in Zusammenhang mit der Entsendung des Expeditionskorps nach Ostasien ohne vorherige Beratung im Reichstag für den diplomatischen Ausschuss lediglich die Aufgabe gesehen, im Sinne „der Willfährigkeit [der bayerischen Staatsregierung] gegen Berlin" als „Dekoration [...] die begangene Ungesetzlichkeit [...] zu decken"[5]. Der Begriff der „Dekoration" mit Bezug auf die Einrichtungen bayerischer Außenpolitik war inzwischen offenbar über die politischen Lager hinweg vererbt worden. Bereits im Frühjahr 1868 hatte mit Joseph Edmund Jörg ein Wortführer der bayerischen Patriotenpartei – der Vorläuferin der Zentrumspartei in Bayern – im Landtag die Aufhebung der außerdeutschen Gesandtschaften des Königreiches gefordert, die „nichts als eine unwesentliche Dekoration" seien, „deren restirender Geschäftskreis ein intelligenter und an-

---

[4] Karl Heinrich Pohl, Adolf Müller. Geheimagent und Gesandter in Kaiserreich und Weimarer Republik, Köln 1995. Maria Keipert/Peter Grupp (Hrsg.), Biographisches Handbuch des deutschen Auswärtigen Dienstes, Bd. 3, Paderborn u. a. 2008, S. 302.
[5] Verhandlungen der Kammer der Abgeordneten, 1901–1902, Stenographische Berichte, Bd. 6, S. 483 (öffentliche Sitzung vom 4. November 1901); siehe auch Ernst Deuerlein, Der Bundesratsausschuss für die auswärtigen Angelegenheiten 1870–1918, Regensburg 1955, S. 122–125.

gesehener Kaufmann oder Banquier als Consul oder Generalconsul gerade so gut [...] behandeln" könne[6].

Verbriefte Rechte und politische Wirklichkeiten

Das aktive und passive Gesandtschaftsrecht gehörte allerdings zu der von der Reichsverfassung von 1871 respektierten Eigenschaft der Bundesstaaten als Subjekte des Völkerrechts, die auch in Bereichen, in denen keine Kompetenzen des Reiches bestanden, international vertragsfähig geblieben waren. Die Versailler Bündnisverträge vom November 1870 hatten diese Rechte für Bayern und in Konsequenz auch für die übrigen Bundesstaaten bestätigt[7].

Nun, 1908, berichteten die weiterhin bestehenden diplomatischen Vertretungen des Königreiches über das Echo auf den „Daily Telegraph"-Artikel: Sie schilderten den ungünstigen, zum Teil mit Schadenfreude unterlegten Tenor im Rauschen des ausländischen Blätterwaldes und die Bestürzung bei Freunden und Verbündeten über handwerkliche Fehler im Auswärtigen Amt. Der Gesandte in Wien, dem besondere fachliche Qualitäten zugeschrieben wurden, vermerkte zum Besuch Wilhelms II. in Österreich in diesen Tagen: „Den Augenzeugen ist die heitere Stimmung des deutschen Kaisers und jenen Personen, welche das Urteil des Monarchen über die [...] Vorgänge [...] zu hören Gelegenheit hatten, der Umstand bemerkenswert erschienen, dass der Kaiser in der kritischen Haltung der deutschen Presse und öffentlichen Meinung ausschliesslich die unverbesserliche Verkennung Seiner guten Absichten erblickt."[8] Der bayerische Gesandte in Bern wurde von dem „sonst wenig mitteilsame[n]" kaiserlichen Gesandten in der Schweiz beiseite genommen und mit Erklärungen zum Verhalten des amtierenden Reichskanzlers – seines Bruders – und der beteiligten Beamten in Reichskanzlei und Auswärtigem Amt versorgt. Bülow, der ohnehin mit seiner baldigen Ablösung als Reichskanzler rechne, erkenne „stets rückhaltlos [...] die Bedeutung Bayerns, das an Umfang so viele Länder übertreffe und so viele Kulturaufgaben mit Glück und Erfolg erfülle, als eines zur selbständigen Existenz berechtigten Staates"[9] an.

---

6 Verhandlungen der Kammer der Abgeordneten, 1866–1868, Stenographische Berichte, Bd. 3, S. 503 (öffentliche Sitzung vom 4. April 1868).

7 Ernst Rudolf Huber, Deutsche Verfassungsgeschichte seit 1789, Bd. 3: Bismarck und das Reich, Stuttgart 1963, S. 931–934, hier S. 933; Erläuterung in der zeitgenössischen bayerischen Staatslehre bei: Max von Seydel, Bayerisches Staatsrecht. Neubearb. von Josef von Graßmann und Robert Piloty, Bd. 2, Tübingen 1913, S. 627–629.

8 BayHStA, MA 2476, Bericht der Gesandtschaft Wien, 8. November 1908.

9 BayHStA, MA 2969, Bericht der Gesandtschaft Bern, 12. November 1908.

Diese der Suche nach Verbündeten angemessenen Freundlichkeiten bezeich-
neten einen wesentlichen Bereich der auswärtigen Politik, der den Bundesstaaten als zu bestellender Acker verblieben war, nämlich die Pflege von Beziehungen im Rahmen der Kulturhoheit.

Auf internationaler Ebene ermöglichte das Gespräch mit einem bundesstaatlichen Gesandten das Aussenden von Signalen, die weniger gravierend waren,
als wenn sie an den Vertreter des Kaiserreiches gerichtet worden wären. Bundesstaaten konnten sich unterhalb der Regierungsebene verständigen. Im Falle des
Vatikans, wo es keinen kaiserlichen, wohl aber seit 1882 wieder einen preußischen Vertreter gab, war der Gang über den bayerischen Gesandten zumindest
gleichwertig. Immerhin spricht der Anteil der aus bayerischem diplomatischem
Geschäftsverkehr stammenden Schriftstücke in den Dokumentensammlungen
verschiedener Provenienz zum Kriegsausbruch 1914[10] gegen eine Marginalisie-
rung dieses Kerngeschäfts der Informationsbeschaffung, das um so ausgepräg-
ter sein konnte, je weniger eine Gesandtschaft sich mit Rechtsangelegenheiten
eigener Staatsangehöriger, mit Visa und Legitimationen oder mit wirtschaftlichen Fragen zu beschäftigen hatte, also etwa in St. Petersburg oder eben beim
Heiligen Stuhl.

Das Besser-Informiert-Sein der bayerischen Diplomatie, das gelegentlich in
das Feld geführt wurde, war natürlich personenabhängig und bewegte sich in
dem breiten Spektrum von Wunsch und Wirklichkeit. Der bayerische leitende
Minister zu Zeiten der „Daily Telegraph"-Affäre, Graf Podewils, hatte auf seinen
früheren diplomatischen Posten in Rom – beim Quirinal – und Wien als gut un-
terrichtet gegolten. In der Ausschuss-Sitzung vom 12. November 1908 richtete
er an den Reichskanzler die Bitte, „er möge seinen ganzen Einfluß [...] gegen
die Möglichkeit der Wiederkehr solcher Störungen [der Einheitlichkeit und Ste-
tigkeit der auswärtigen Politik] aufbieten, und er möge namentlich auch dafür
Sorge tragen, dass es an Allerhöchster Stelle an vollständiger und [...] richtiger
Information über die Stimmung der Nation und insbesondere auch über die
Stimmung der Bundesregierungen [...] nicht fehle"[11].

---

[10] Max Montgelas/Walter Schücking (Hrsg.), Die deutschen Dokumente zum Kriegsausbruch, Berlin 1919, Anhang IV bzw. IV a; P[ius] Dirr (Bearb.), Bayerische Dokumente zum
Kriegsausbruch und zum Versailler Schuldspruch, München 1922, unter Aufführung der
von dem revolutionären Ministerpräsidenten Kurt Eisner am 23. November 1918 in der
„Korrespondenz Hoffmann" veröffentlichten Quellenauszüge. Für weitere Bundesstaaten:
August Bach (Hrsg.), Deutsche Gesandtschaftsberichte zum Kriegsausbruch 1914. Berichte und Telegramme der badischen, sächsischen und württembergischen Gesandtschaften
in Berlin aus dem Juli und August 1914, Berlin 1937.

[11] BayHStA, MA 95455, Aufzeichnung von Podewils zu seinen Ausführungen am 12.
November 1908, mit Korrespondenzen und Presseecho rund um die Sitzung; Tagungs-
unterlagen zu den Ausschuss-Sitzungen von 1871 bis 1918 befinden sich im Bayerischen

Der württembergische Staatsminister Karl Freiherr von Weizsäcker wies darauf hin, dass der seinerzeitige Verzicht der Krone Württemberg auf eine unmittelbare Wahrnehmung ihrer internationalen Interessen zugunsten einer einheitlichen Außenpolitik des Reiches geschehen sei, die nun aber auch eingefordert werden müsse.

Allerdings wünschte der württembergische Staatsminister kein zu kräftiges Auftreten der Bundesfürsten, um nicht Bayern die Gelegenheit zu geben, die Lage für eigene Zwecke zu nutzen[12]. Dies deutete auf das Misstrauen zwischen den süddeutschen Bundesstaaten, das bis in die Tage der napoleonischen Territorialneuordnung und Würdenverteilung zurückreichte und durch die Versailler Beitrittsverhandlungen nicht geringer geworden war. Dies schloss eine stets erregbare Eifersucht auf bayerische Vorrechte ein, mochten diese auch von geringerer praktischer Bedeutung sein. Dem bayerischen Gesandten in Stuttgart gegenüber fand der württembergische König freilich warme Worte der Anerkennung für das bestimmte Auftreten von Podewils im Ausschuss, der doch öfter zusammentreten solle. Gleichzeitig widmete er dem Innenstaatssekretär Bethmann Hollweg seine positive Aufmerksamkeit[13].

Den Vorsitz in diesem VIII. Ausschuss des Bundesrates hatte Bayern in Versailles ebenso ausgehandelt, wie den stellvertretenden Vorsitz im Bundesrat selbst – eines von den Zugeständnissen Bismarcks, die die Hemmungen vor Vertragsabschluss in den Münchener Regierungskreisen minderten, freilich in der politischen Realität wenig zum Tragen kommen sollten[14]. Der Verdacht, offen – wie bereits 1874 von Heinrich von Treitschke geäußert – oder häufiger unausgesprochen im Raume stehend, es würden damit in den Hauptstädten der Mittelstaaten Wege der Einflussnahme und der Ausspähung durch fremde Mächte eröffnet, konnte nicht günstig auf die Entfaltung des Ausschusses wirken. Bismarck hatte die persönliche Unterrichtung von Monarchen und Staatsmännern vorgezogen, zu Zeitpunkten, die er für notwendig gehalten hatte. Von der regelmäßigen Unterrichtung eines Gremiums hatte er wenig wissen wollen. So hatte er sich auch im Jahre 1875 gegenüber Bemühungen

---

Hauptstaatsarchiv auch unter den Signaturen MA 95454 und 95456 (früher DR, Abg. 1936, 454–456), die Sitzungsprotokolle für die Jahre 1915 bis 1918 hingegen, die im „Politischen Archiv" des Ministeriums aufbewahrt wurden, unter MA 966.

[12] Ingeborg Koch, Die Bundesfürsten und die Reichspolitik in der Zeit Wilhelms II., phil. Diss. München 1961, S. 121, mit Bezug auf die gleiche Quelle etwas abweichend zu Theodor Eschenburg, Das Kaiserreich am Scheideweg. Bassermann, Bülow und der Block, Berlin 1929, S. 153 f.

[13] BayHStA, MA 3066, Bericht der Gesandtschaft Stuttgart, 15. November 1908.

[14] Hierzu die abschließende Wertung bei Deuerlein, Bundesratsausschuss, S. 207–230, die sich in ihrer sachlichen Gedankenführung von manchen verkürzten Urteilen der folgenden Jahrzehnte abhebt.

des bayerischen Außenministers von Pfretzschner, die Tätigkeit des bereits
seit längerem ruhenden Ausschusses deutlicher zu fundieren, harsch ablehnend verhalten, wobei die anwesenden württembergischen und sächsischen
Staatsminister es vorgezogen hatten, sich zurückzuhalten[15]. Die zeitgenössische Ausgabe des „Meyer", des in vielen bürgerlichen Haushalten und in
Amtsbüchereien vorrätigen Nachschlagewerks, enthielt zu den Aufgaben des
Ausschusses die Aussage, er sei „dazu bestimmt, vom Kaiser Mitteilungen über
den Stand der auswärtigen Angelegenheiten zu empfangen"[16], was die Angaben früherer Auflagen nur fortschrieb. Dies gab auch die Wahrnehmung in der
Öffentlichkeit wieder, wobei eine positive Zweckbestimmung als „Kommunikationsmittel der Einzelstaaten", wie sie Paul Laband sah, oder als Forum der
Vorverständigung vor Konflikten freilich nicht ausgeschlossen war.

AllerdingsDie Sitzung des Ausschusses vom November 1908 mit dem Konsens ihrer Teilnehmer konnte nun als Annahme einer über das Rezeptive
hinausgehenden Rolle angesehen werden. Der sächsische Staatsminister Graf
Hohenthal drängte auf einen häufigeren Zusammentritt, Podewils trug dies an
den seinerzeitigen Staatssekretär im Auswärtigen Amt Wilhelm von Schoen
heran. Bülow gab im Dezember 1908 sein Einverständnis zu einem künftigen
regelmäßigen Zusammentreten vor der Reichstagseröffnung, also einmal im
Herbst jeden Jahres, was zwar Hohenthal nicht genügte[17], womit er sich aber
für die nächsten Jahre zufrieden geben musste. Schoen, nachmals letzter Gesandter des preußischen Königs in München, nahm künftig ein Mitverdienst
beim „Wiederaufleben" des Ausschusses in Anspruch. In seinen Erinnerungen
sah er sich eines Sinnes mit dem Reichskanzler darin, „dass die Besorgnisse
vor störenden Einflüssen gegenstandslos würden, wenn die Gewissheit bestand, dass der Ausschuß nur informatorischen Zwecken dienen sollte." Auf
dieser Grundlage sei jener dann „zu einer lebendigen und wertvollen Einrichtung" geworden[18]. Für Weizsäcker diente die häufigere Zusammenkunft
der bundesstaatlichen Minister mit den Verantwortlichen der Reichspolitik im

---

[15] Theodor Korselt, Die völkerrechtliche Handlungsfähigkeit der deutschen Einzelstaaten
    in Vergangenheit und Gegenwart. Ein Beitrag zur Untersuchung der staats- und rechtstheoretischen Grundlagen der deutschen Verfassung, Leipzig 1917, S. 172; Deuerlein,
    Bundesratsausschuss, S. 79–91.
[16] Meyers Großes Konversations-Lexikon, Bd. 3, [6]Leipzig/Wien 1904, Stichwort „Bundesrat",
    S. 603. Unter „Auswärtige Angelegenheiten" findet sich ebd., Bd. 2, S. 182, die Formulierung: „Im Bundesrat besteht ein besonderer Ausschuß für a[uswärtige] A[ngelegenheiten],
    der jedoch nur Mitteilungen des Kaisers über den Stand dieser Angelegenheiten entgegenzunehmen hat."
[17] Siehe den Vorgang in BayHStA, Gesandtschaft Dresden 966.
[18] [Wilhelm] Freiherr von Schoen, Erlebtes. Beiträge zur politischen Geschichte der neuesten
    Zeit, Stuttgart/Berlin 1921, S. 108.

Ausschuss – „unter Bismarck [...] ein totgeborenes Kind"[19] – dazu, im Sinne einer Unterstützung der auswärtigen Politik, nicht durch Gegenarbeit tätig zu werden. Diese Aufgabe sei während des Weltkrieges auch erfüllt worden[20]. Immerhin ist neben der eindeutigen Haltung des preußischen Staatsministeriums den Stellungnahmen im Ausschuss[21] ein wesentlicher Anteil daran beigemessen worden, dass Bülow am 17. November 1908 beim Kaiser gestärkt in Richtung auf eine öffentliche Erklärung zur Wahrung der verfassungsmäßigen Verantwortlichkeiten und zur Billigung dessen, was der Reichskanzler im Reichstag zur Daily-Telegraph-Affäre vorgetragen hatte, verhandeln konnte[22].

Zurück nach Bayern: In die nach der China-Expedition geführte Debatte um den auswärtigen Ausschuss hatte mit Georg von Orterer auch der Präsident der bayerischen Abgeordnetenkammer eingegriffen. Nun, am Tage der „Daily Telegraph"-Sitzung, betonte Orterer auf einer Versammlung des Zentrumsvereins im Münchener Katholischen Casino den verfassungsmäßigen Rang der im Bundesrat vertretenen deutschen Fürsten und weckte damit Hoffnungen auf eine Wende durch deren Initiative[23]. Orterer hatte staatsmännisch und maßvoll gesprochen, in der bayerischen Innenpolitik war dem Zentrum als Trägerin der Landtagsmehrheit eine mitregierende Rolle zugewachsen. Dafür brachte ein Redner vor der Versammlung des Jungliberalen Vereins in Würzburg zwei Tage später mehr Schärfe in die Sache. Allerdings sei es Sache der Bundesfürsten, sich die im Reichstag und in der Presse geforderten Garantien geben zu lassen, dass Derartiges, wie das Interview, nicht mehr vorkomme, statt nur zu „jammern [...], wenn ein ungeschicktes Wort fällt, das sie als Vasallen bezeichnet oder wenn eine Briefmarke anders angestrichen werden soll"[24]. Damit spielte

---

[19] Karl von Weizsäcker, Württembergische Erinnerungen, in: Deutsche Revue 44 (1919), Bd. 3, S. 98. Zu einer entsprechendenn Stellungnahme Weizäckers vor der Abgeordnetenkammer in Stuttgart 1913 Kurt H. Wahl, Die deutschen Länder in der Außenpolitik. Untersuchungen zu dem Staatsvertrags-, Konkordats- und Gesandtschaftsrecht der Einzelstaaten und ihrem Einfluß auf die auswärtige Verwaltung des Reiches, Stuttgart 1930, S. 41f.

[20] Siehe auch Karl Graf von Hertling, Ein Jahr in der Reichskanzlei. Erinnerungen an die Kanzlerschaft meines Vaters, Freiburg i. Brsg. 1919, S. 110: „Für den Reichskanzler war [der Ausschuss] wichtig zur Beurteilung der in den Bundesstaaten herrschenden Stimmung."

[21] Niederschrift des sächsischen Gesandten in Berlin über die Sitzung vom 12. November 1908 sowie Auszüge aus den Berichten des bayerischen Gesandten bei Winzen, Kaiserreich am Abgrund, S. 229–233.

[22] Margarete Schlegelmilch, Die Stellung der Parteien des Deutschen Reichstages zur sogenannten Daily-Telegraph-Affäre und ihre innerpolitische Nachwirkung, Halle (Saale) 1936, S. 44, 47.

[23] Der Verfasser des Kommentars „Krisis und kein Ende" in der Augsburger Postzeitung, 265, vom 17. November 1908: „Wenn der Bundesrat so vorgeht, muß sich der Kaiser fügen."

[24] Zitiert nach dem Bericht in der Augsburger Postzeitung, 264, vom 15. November 1908.

der Vortragende, ein Rechtsanwalt aus München, dann ab 1912 liberaler Land-
tagsabgeordneter, außer auf die bayerischen Reservatrechte auf den so genannten Moskauer Vorfall vom Juni 1896 an, als der zu den Krönungsfeiern des
Zaren entsandte Prinz Ludwig, Sohn des Prinzregenten, öffentlich bekundet
hatte, dass die deutschen Fürsten keine Vasallen, sondern Verbündete des deutschen Kaisers seien[25].

Mehrmals hatten die Beratungen über den Etat des Staatsministeriums
des königlichen Hauses und des Äußern im bayerischen Landtag Anlass zu
grundsätzlichen Debatten über die Aufrechterhaltung der diplomatischen
Vertretungen gegeben. In Versailles war die teilweise Finanzierung der bayerischen Vertretungen aus Reichsmitteln vereinbart worden. Dies wurde gegen
pekuniäre Argumente in das Feld geführt, die auch in den Parlamenten anderer
Bundesstaaten vorgetragen wurden. In der Münchener Abgeordnetenkammer
hatte es von verschiedenen Seiten immer wieder Anträge auf eine Reduzierung der Gesandtschaftsposten gegeben, und zwar schon bald nach der
Reichsgründung[26]. Schließlich sollte noch im Spätherbst 1915 Adolf Müller als Abgeordneter für einen Wahlkreis im westlichen und südwestlichen
Erweiterungsbereich der Großstadt München im Finanzausschuss die Aufhebung der Gesandtschaften außerhalb des Deutschen Reiches – mit Ausnahme
der Vertretung beim Vatikan – fordern, übrigens vergeblich. Er rügte eine
mangelhafte Unterrichtung der Staatsregierung vor Kriegsausbruch und vor
dem Kriegseintritt Italiens durch die bayerischen Vertreter in Wien und beim
Quirinal. Im Übrigen wies er darauf hin, dass diplomatische Vertretungen „in
mittleren und kleineren Residenzen" – offenbar allgemein gesehen – wahre
„Spionagenester" seien und versäumte nicht, hier auf die k. u. k. Gesandtschaft
in München anzuspielen. Bei der anschließenden Debatte über den Sinn und
Zweck eines parallel neben dem Deutschen Reich laufenden Gesandtschaftswesens und der Konsulatsposten wurde von dem Vorsitzenden im Ministerrat
und nachmaligen Reichskanzler, Graf Hertling, und weiteren Rednern außer
auf die Wahrung eigenstaatlicher Rechte wiederholt auf die Vertretung wirt-
schaftspolitischer Interessen Bayerns im Ausland abgehoben[27]. Allerdings gab

---

[25] Hierzu Karl Möckl, Die Prinzregentenzeit. Gesellschaft und Politik während der Ära des
Prinzregenten Luitpold in Bayern, München/Wien 1972, S. 393-397.

[26] Verhandlungen der Kammer der Abgeordneten, 1872, Stenographische Berichte, Bd. 2,
S. 564–578 (öffentliche Sitzung vom 15. April 1872).

[27] Verhandlungen der Kammer der Abgeordneten, 1915–1916, Beilagen Bd. 11, S. 585-
590 (Bericht des Ausschusses für Gegenstände der Finanzen und Staatsschuld vom 12.
November 1915). Zu den Redebeiträgen während der Debatten von 1870, 1872, 1874,
1876, 1877, 1893, 1906, 1908 und 1915 in der Kammer der Reichsräte und in der Abgeordnetenkammer ausführlicher: Konrad Reiser, Bayerische Gesandte bei deutschen und
ausländischen Regierungen 1871-1918. Ein Beitrag zur Geschichte der Teilsouveränität

diese Debatte dem Ministerium mit Anlass, im folgenden Jahr eine eingehende Befragung bei den verbliebenen Gesandten zur Einschätzung ihrer Tätigkeit und zum Verhältnis zu den kaiserlichen Kollegen durchzuführen[28].

Das Ministerium und die Gesandtschaften

Bis April 1933 sollte Bayern über ein Staatsministerium des Äußern verfügen, das in den letzten Jahren der Weimarer Republik mit der Angliederung von Abteilungen für Wirtschaft und Arbeit Zuständigkeiten von ehemals selbständigen Ministerien übernommen hatte, die der Sparpolitik zum Opfer gefallen waren. Völlig neu waren einige dieser Aufgabenbereiche unter dem Dach des freistaatlichen Ministeriums freilich nicht, denn sein Vorläufer zu Zeiten des Königreiches hatte bereits von 1904 bis 1918/19 Kompetenzen in Bereichen der Wirtschafts- und Sozialpolitik besessen.

Dieses Staatsministerium des königlichen Hauses und des Äußern war aus einer grundlegenden Reform der kurbayerischen Spitzenbehörden von 1799 hervorgegangen und hatte auch vor dem Eintritt Bayerns in das Deutsche Reich mehrere Veränderungen in seinem Aufgabenspektrum erfahren[29]. Hierzu gehörten Schlüsselfunktionen bei der Eingliederung oder Abtretung von Landesteilen im Zuge der territorialen Verschiebungen zwischen 1802 und 1816. So unterstanden die zum Maßnahmenvollzug vor Ort tätigen Hofkommissionen dem Außenministerium. 1801 bereits übernahm das seinerzeitige Ministerialdepartement die Aufsicht über die zentralen staatlichen Archive, wobei das Geheime Staatsarchiv und das Geheime Hausarchiv auf Dauer in seinem Ressort blieben. Ihnen oblag die Verwahrung der Archivalien mit Bezug auf die Reichsverfassung und die äußeren staatsrechtlichen und politischen Angelegenheiten bzw. auf die persönlichen Verhältnisse der Angehörigen des regierenden Hauses und deren gegenseitige Familiensachen. 1808 wurde dem Ministerium auch das Reichsheroldenamt als eine für die Dokumentierung von Rang und Stand des Adels im neuen Königreich wichtige Einrichtung zugewiesen. Über lange Phasen gehörte das Postwesen als Teil der auswärtigen Beziehungen zum Ressort, schließlich für einige Jahre auch die Eisenbahnen.

---

im Bismarckreich, München 1968, S. 118–130. Zu den zur Information im Landtag erfolgten Erhebungen des Ministeriums bei verschiedenen Gesandtschaften vom August 1907 über den dortigen Geschäftsanfall und die Öffnungszeiten siehe BayHStA, MA 94510.

[28] Die Antworten der Gesandtschaften auf die Umfrage vom September 1916 in: BayHStA, MA 94522.

[29] Überblick bei Wilhelm Volkert (Hrsg.), Handbuch der bayerischen Ämter, Gemeinden und Gerichte 1799–1980, München 1983, S. 23–25.

Abbildung 1: Das Dienstgebäude des bayerischen Staatsministeriums des kgl. Hauses und des Äußern (München, Promenadeplatz 22, ehemaliges Palais Montgelas) im Festschmuck anlässlich des 80. Geburtstages des Prinzregenten Luitpold, März 1901

Nach Unterbrechungen befanden sich Post-, Bahn- und Telegrafenverwaltung, zu einer Generaldirektion der Verkehrsanstalten vereinigt, ab 1872 (bis 1904) wieder im Bereich des Ministeriums.

Wie in Bayern, so war auch in den anderen deutschen Bundesstaaten der für die auswärtigen Beziehungen verantwortliche Minister in der Regel auch für die Familienverträge und das Privatfürstenrecht des jeweiligen regierenden Hauses zuständig. Der Sturz der Monarchie im Jahre 1918 und die Neujustierung der Länderrechte im Rahmen der Weimarer Verfassung ließen dann die Kernbereiche des Ressorts, nämlich die mit den Angelegenheiten der Dynastie und des Adels verbundenen Sachen und die als Signatur der Eigenstaatlichkeit empfundenen diplomatischen Beziehungen, entfallen oder veränderten diese grundlegend. Allerdings wahrte in Bayern auch die so genannte Bamberger Verfassung vom August 1919 noch den Anspruch auf Außenbeziehungen[30].

---

[30] § 61, Ziffer 3: „Das Gesamtministerium vertritt Bayern gegenüber dem Reich und anderen Staaten, soweit diese Geschäfte nicht einem besonderen Ministerium übertragen sind." (Gesetz- und Verordnungs-Blatt für den Freistaat Bayern, S. 531.)

Mit Ausnahme des Zeitabschnittes von 1880 bis 1890 war der jeweilige Chef dieses Ministeriums als *primus inter pares* auch der Vorsitzende des bayerischen Ministerrates. Der Begriff des „Ministerpräsidenten" für den Vorsitzenden des Ministerrates erhielt zwar erst 1919 verfassungsmäßigen Ausdruck, spätestens mit den Kammerverhandlungen vom Januar 1850 über ein neues Vereins- und Versammlungsgesetz hatte er jedoch in die politische Praxis Einzug gehalten.

Zwischen 1871 und 1918 amtierten sieben Minister: Otto Graf von Bray-Steinburg (1870–1871), Friedrich Freiherr von Hegnenberg-Dux (1871–1872), Adolph von Pfretzschner (1872–1880), Friedrich Krafft Graf von Crailsheim (1880–1903), Clemens Graf von Podewils-Dürniz (1903–1912), Georg Friedrich Graf von Hertling (1912–1917) und schließlich Otto Ritter von Dandl (1917–1918)[31]. Nur zu einem von ihnen, nämlich für Krafft von Crailsheim[32], gibt es bislang eine umgreifendere Biographie. Georg von Hertling hat allerdings als Gelehrter, Wissenschaftsorganisator, Zentrumspolitiker und schließlich Reichskanzler ein breit gestreutes literarisches Interesse auf sich gezogen[33], mehr noch als Chlodwig von Hohenlohe-Schillingsfürst als einer seiner Vorgänger vor 1871 in bayerischen Diensten und in der Reichskanzlei. Nicht hinreichend erforscht sind hingegen Person und politische Beweggründe des Ministers von Pfretzschner, der in der späteren Wahrnehmung der Kulturkampfzeiten der 1870er-Jahre im Schatten des Kultusministers von Lutz stand, aber auch von Hertlings unmittelbarem Vorgänger von Podewils, dem Vorsitzenden des letzten der ohne Parteienmehrheit in der Abgeordnetenkammer amtierenden Beamtenkabinette der konstitutionellen Monarchie.

Die Gesandtschaft am preußischen Hof hatte sich seit 1871 zum wichtigsten Posten der bayerischen Außenbeziehungen entwickelt. Markantester und einflussreichster Vertreter des Königreiches dort wurde Hugo Graf Lerchenfeld-

---

[31] Martin Ott, Staatsministerium des Äußern, in: Historisches Lexikon Bayerns, URL: http://www.historisches-lexikon-bayerns.de/artikel/artikel_44438. Biogramme zu Hegnenberg-Dux in: ADB 11, S. 285–288, zu Bray-Steinburg, Crailsheim, Podewils und Hertling in: NDB 2, S. 564, 3, S. 387 f., 20, S. 557 f., und 8, S. 702–704; zu Pfretzschner und Dandl in: Große Bayerische Biographische Enzyklopädie, München 2005, S. 329 f. und 1494.

[32] Uwe Schaper, Krafft Graf von Crailsheim. Das Leben und Wirken des bayerischen Ministerpräsidenten, Nürnberg 1991.

[33] An neueren Monographien seien die Arbeiten von Winfried Becker, Georg von Hertling, 1843–1919, Bd. 1: Selbstfindung zwischen Romantik und Kulturkampf, Mainz 1981, und Georg von Hertling, 1843–1919, Paderborn u. a. 1993, sowie Markus Arnold, Georg von Hertling – „Für Wahrheit, Freiheit und Recht". Sein Beitrag zur Entstehung und bleibenden Gestalt der Katholischen Soziallehre, Bonn 2009, genannt. Für unsere Themenstellung bedeutsam: Ernst Deuerlein (Hrsg.), Briefwechsel Hertling–Lerchenfeld 1912–1917. Dienstliche Privatkorrespondenz zwischen dem bayerischen Ministerpräsidenten Georg Graf von Hertling und dem bayerischen Gesandten in Berlin Hugo Graf von und zu Lerchenfeld, 2 Teilbde., Boppard 1973.

Köfering, der sich nicht nur auf dem politischen Parkett Berlins gut zurechtfand, sondern auch beim internationalen diplomatischen Personal Anerkennung erwarb. Er war von 1880 bis 1918, mithin 38 Jahre lang, als Gesandter und Bevollmächtigter beim Bundesrat tätig, und seine Erinnerungen gehören zu der noch heute mit Gewinn zu lesenden Memoirenliteratur[34]. Daneben sind seine tausende von Berichten, zum Teil auch diejenigen seiner Vertreter, eine wichtige Quelle. Aus ihnen wird die Stellung des Bundesrates in Regierungspraxis und Gesetzgebung des Kaiserreiches deutlich und der Anteil Bayerns daran, samt dem Einschnitt, den die Ablösung Bismarcks schließlich für das weitere Funktionieren des Getriebes bedeutete[35]. Gleiches gilt für die gesamtpolitische Lage, zumal während der Kriegszeit, wofür Lerchenfelds halb-private Korrespondenz mit Hertling eine wesentliche Erweiterung darstellt[36].

Während über den diplomatischen Apparat des Königreiches Bayern verschiedene Arbeiten vorliegen, die einzelne Gesandtschaften in das Blickfeld nehmen oder auch gruppenbiographische Merkmale enthalten[37], ist die Institution des Ministeriums selbst wenig erforscht, vor allem, was dessen inneren Dienstbetrieb und die Wege der Entscheidungsfindung betrifft. Hier seien lediglich einige Beobachtungen aufgeführt.

Insgesamt handelte es sich hier wie bei den anderen bayerischen Ministerien auch um eine überschaubare Dienststelle: 24 Beamte (ohne Botenpersonal) 1853, davon sieben Ministerial- und Legationsräte, 22 im Jahre 1870, 31 dann 1914, jeweils einschließlich der Archivare des Haus- und des Staatsarchivs, und nunmehr auch mit den Fachbeamten der Gewerbeaufsicht. Ebenfalls gewachsen war übrigens der diplomatische Kernbereich, zweifellos wegen der Beziehungen zu den Institutionen des Reiches, für die es zu Zeiten des Deutschen Bundes nichts direkt Vergleichbares gegeben hatte.

Die Zuständigkeit für Reichsangelegenheiten bedeutete, dass alle Verlautbarungen der Staatsregierung gegenüber Reichsbehörden und umgekehrt über das Ministerium des Äußeren zu laufen hatten. Von dort wurden auch die bayerischen Bevollmächtigten und stellvertretenden Bevollmächtigten beim Bundesrat instruiert, wobei diese Instruktion, vor allem für die Stimmabgabe, per Erlass des Ministeriums an die Gesandtschaft in Berlin erfolgte. Es

---

[34] Hugo Graf Lerchenfeld-Koefering, Erinnerungen und Denkwürdigkeiten 1843–1925, Berlin 1935. Zu Lerchenfeld NDB 14, S. 313 f.
[35] Hans-Otto Binder, Reich und Einzelstaaten während der Kanzlerschaft Bismarcks 1871–1890, Tübingen 1971; Manfred Rauh, Föderalismus und Parlamentarismus im Wilhelminischen Reich, Düsseldorf 1973.
[36] Deuerlein (Hrsg.), Briefwechsel, mit wichtigem Einleitungstext, S. 1–80.
[37] Walter Schärl, Die Zusammensetzung der bayerischen Beamtenschaft von 1806 bis 1918, München 1955, S. 307–346; Jochen Rudschies, Die bayerischen Gesandten 1799–1871, München 1993.

Abbildung 2: Hugo Graf Lerchen-
feld-Köfering (1843–1925), von
1880 bis 1918 bayerischer Ge-
sandter in Berlin

wurde höchstens geduldet, dass beteiligte bayerische Fachministerien zeitlich parallel per Abdruck die von ihnen delegierten stellvertretenden Bevollmächtigten in Kenntnis setzten. Erst während des Ersten Weltkrieges gerieten diese Grundsätze ins Wanken, der unmittelbare Schriftverkehr etwa zwischen dem bayerischen Innenministerium oder dem Kriegsministerium und Berliner Zentralstellen nahm nun stark zu.

Die Geschäftsverteilung innerhalb des Ministeriums mit ihren seit 1817 eingetretenen Wandlungen umschrieb die Aufgabengebiete, die den einzelnen Ministerialräten zugewiesen waren oder aber diejenigen, die sich die Minister vorbehalten hatten bzw. unter ihrer unmittelbaren Leitung erledigt wissen wollten[38]. Bis auf eine Unterbrechung in den Jahren 1830 bis 1847 fungierte ein leitender Ministerialbeamter als Generalsekretär, der neben der Aufsicht über Expeditoren, Kanzlisten und Registratoren auch ressortgebundene Sachaufgaben wahrnahm. Gleiches galt für den Staatsarchivar, der sich etwa um die Angelegenheiten der Mediatisierten, um Thronlehen und auch um Rechtsfra-

---

[38] Vorgänge in BayHStA, MA 70641, 70642, 94061.

gen in Zusammenhang mit dem Hause Wittelsbach zu kümmern hatte. Die Zahl der Referate schwankte von den 1840er bis zu den 1870er Jahren zwischen acht und elf, außerhalb des vom Minister selbst bearbeiteten direkt politischen Bereichs. Staatsminister Ludwig Freiherr von der Pfordten, im Amt von 1849 bis 1859 und von 1864 bis 1866, der vor allem als Verfechter der Trias-Idee, des „dritten" Deutschland zwischen den Antipoden Preußen und Österreich, in die Geschichte eingegangen ist, führte einige organisatorische Reformen durch, die der in den 1840er-Jahren eingetretenen sachlichen Zersplitterung in den Aufgabengebieten entgegenwirken sollten. Seit 1853 ist das für Übersetzungen zuständige „französische Büro" als Arbeitseinheit greifbar, es gehörte unterschiedlichen Referaten an. Beim Generalsekretariat war der geheime Chiffreur angesiedelt, dort wurden außer der eigentlichen Ministerialregistratur meist auch „die Verwahrung und Evidenthaltung des politischen Archivs" verantwortet[39].

Das „Politische Archiv" war neben der regulären Registratur seit den letzten Jahrzehnten des 18. Jahrhunderts aus der getrennten Ablage besonders vertraulicher Verhandlungen und Korrespondenzen durch die jeweiligen Minister erwachsen, zu dem auch die Berichte der bayerischen Gesandtschaften gehörten. Diese Sonderregistratur blieb ein Kontinuum und überdauerte die Umwandlung des Ministeriums zur Bayerischen Staatskanzlei im Frühjahr 1933.

1880 wurde das Ministerium in zwei Abteilungen geteilt, nämlich I als so genannte Politische Abteilung, die in neun Referaten im Wesentlichen die Aufgabengebiete umfasste, die das Ministerium bis Ende 1871 bearbeitet hatte, und II als Verkehrsabteilung für die seinerzeit neu hinzugekommenen Gebiete des Post-, Eisenbahn- und Telegrafenwesens sowie der Schifffahrt. Es gab nunmehr auch getrennte „Geheime Registraturen" I und II. Die Gliederung des Ministeriums in zwei Abteilungen wiederholte sich 1907, und zwar entlang der 1904 bei Herauslösung des Verkehrsbereiches neu zugeteilten Bereiche für Handel, Industrie, Gewerbe und Bergwesen. Geleitet wurden die beiden Abteilungen von Ministerialdirektoren, wobei der Leiter der politischen Abteilung als Staatsrat im ordentlichen Dienst zugleich ständiger Vertreter des Ministers war. Der Aufgabenzuschnitt der Referate orientierte sich dabei in bemerkenswerter Weise an der bereits seit einer Zuständigkeitsänderung wenige Jahre zuvor praktizierten Geschäftsbehandlung in den Geheimen Registraturen[40]. Als 1918 die Revolution ausbrach, hatte der Krieg auch die Binnenstruktur des Ministeriums nochmals verändert: Die Abteilung I zählte nun 16, die Abteilung II 17 Referate, und die Registratur war zum Weglegeverfahren mit zum Teil kurzen Aufbewahrungsfristen übergegangen.

---

[39] Organigramm von ca. 1856 in BayHStA, MA 70642.
[40] BayHStA, MA 93746, Ordonnanz des Staatsministers, 30. September 1907.

Die Akten des Ministeriums waren seit 1854 in fünf Registratursparten eingeteilt, nämlich in Innere Verhältnisse, Äußere Verhältnisse, Auswärtige Staaten, Königliches Haus und Deutscher Bund[41] bzw. nach 1871 Deutsches Reich, wobei eine grundsätzliche Aufteilung in „innere" und „äußere Verhältnisse" bereits in den 1830er Jahren angelegt war. Das Spektrum der Fragen, die dabei zu behandeln waren, zeigt bereits einen Querschnittcharakter gegenüber den anderen Ressorts, der den Weg zur späteren Staatskanzlei als Dienststelle des Ministerpräsidenten andeutet. Die Registratursparte „Deutsches Reich" gliederte sich in der Vorkriegszeit in 13 Titel – von den Beziehungen zum Kaiser und zu den Verfassungsorganen sowie den sonstigen Einrichtungen des Reiches bis zum Kriegswesen –, die 1914/15 um weitere Titel vermehrt wurden, und zwar zum Weltkrieg und zu Elsass-Lothringen, dem besondere Bemühungen der bayerischen Politik galten. Erste größere Abgaben aus den Ministerialregistraturen an die Archive erfolgten 1845 und im Zusammenhang mit Baumaßnahmen im Ministerialgebäude vor allem 1864, wobei auch Unterlagen aus dem „Politischen Archiv" oder „Geheim-Archiv" einbezogen wurden[42]. In den folgenden Jahrzehnten war eine Reihe kleinerer und größerer Extraditionen zu verzeichnen, besonders umfangreich aus allen Registratursparten dann im Jahre 1921. Aus dem „Politischen Archiv" kamen nun Akten zur Reichsgründung von 1870/71 und zum Verhältnis Bayern und Reich in den darauf folgenden Jahrzehnten zur Abgabe. 1943 wurden Aktenstücke zum Kriegsausbruch 1914, zur Außenpolitik während des Krieges und zur Revolution von 1918/19 an das nunmehrige Bayerische Hauptstaatsarchiv abgegeben. Dort wurde die sachgerechte Erschließung der aus zahlreichen Abgaben admassierten Bestände des Ministeriums zu einem langwierigen Prozess. Dabei ist die Überlieferung selbst relativ gut. Größere Lücken durch Kassationen sowie durch Kriegsverluste sind allerdings zum einen bei den zahlreichen Einzelfallakten zur Verleihung des Indigenats, zu Ein- und Auswanderungen oder bei Erkundigungen und Rechtshandlungen zugunsten eigener und fremder Staatsangehöriger eingetreten[43], zum anderen bei den Akten der Registratursparte „Königliches Haus", die seit dem 19. Jahrhundert und vor allem 1921 an das Geheime Hausarchiv abgegeben worden waren, und zum größten Teil im April 1944 beim Luftangriff auf die Münchener Residenz vernichtet wurden.

In seinen Anfängen bis in das 16. Jahrhundert zurückreichend, hatte sich das bayerische Gesandtschaftswesen im späten 17. und im 18. Jahrhundert wie

---

[41] Zu den entsprechenden Ordnungsarbeiten BayHStA, MA 70865, Bericht des Registrators Schürmer, 4. September 1854.

[42] Vorgänge in BayHStA, MA 70883.

[43] Siehe die Vorbemerkungen von Karl-Otto Tröger von 2002 und 2003 zu den Repertorien MA B 8 und B 27 des Bayerischen Hauptstaatsarchivs.

überall im europäischen Kräftekonzert zur ständigen Einrichtung verstetigt. Seinen Höchststand an Zahl und Rang der diplomatischen Vertretungen hatte es in den ersten Jahrzehnten nach dem Wiener Kongress erreicht, als das Königreich zeitweilig in zwei Dutzend Staaten Missionen unterhalten hatte. Mit einem im Wesentlichen unveränderten Beziehungsgeflecht, in dem noch Interessenlagen des höfischen Europa durchschienen, war Bayern in das neue Reich eingetreten. Noch im Juni 1869 waren neue Vorschriften für den Zugang zum diplomatischen Dienst erlassen worden[44], nachdem 1833 die unter dem dirigierenden Staatsminister von Montgelas seit 1799 bestandene diplomatische Pflanzschule mit entsprechenden Ausbildungskriterien wiederbelebt worden war. Die Gesandtschaft in Athen hatte 1863 in Zusammenhang mit dem Sturz des wittelsbachischen Königtums in Griechenland ihre Tätigkeit beendet. 1866 waren die Vertretungen in den von Preußen annektierten Bundesstaaten erloschen. 1869 hatte man die mit Unterbrechungen bis in das 17. Jahrhundert zurückreichende Gesandtschaft am spanischen Hof nach Abberufung eines außerordentlichen Gesandten nicht mehr besetzt. Hingegen bestanden mit dem Königreich Italien seit 1865 neue Beziehungen, nachdem die Verbindungen zu Sardinien 1860 unterbrochen worden waren. Die Gesandtschaft in Den Haag war 1869 nochmals vorübergehend besetzt worden, nachdem der Gesandte in Brüssel lange Jahre auch für die Niederlande beglaubigt gewesen war. Das Jahr 1871 brachte dann etliche Veränderungen: Für Baden war nun der Gesandte in der Schweiz mit zuständig und für Hessen-Darmstadt der Gesandte am württembergischen Hof. Der Geschäftsträger in Paris vertrat von nun an auch die bayerischen Interessen in Belgien, und die Vertretung in London wurde aufgehoben. Bis 1877 war der Gesandte in St. Petersburg auch am Hof in Stockholm beglaubigt.

Anders als in Sachsen, Württemberg und den anderen Bundesstaaten, die sich alsbald von einem Großteil ihrer Vertretungen trennten[45] – Preußen behielt vor allem seine innerdeutschen Gesandtschaften –, blieben Herrscher und Ministerium in Bayern diesen Zeichen der Souveränität stärker verhaftet. Ebenso legte man auf einen breiten Fächer im diplomatischen Korps der Hauptstadt Wert und bemühte sich in den 1880er-Jahren mit Erfolg, die russische Gesandtschaft in München zu halten[46]. Insgesamt blieben die wichtigen Posten, vor

---

[44] Regierungs-Blatt für das Königreich Bayern, Sp. 1281.

[45] Zur Reduzierung der Gesandtschaften der Bundesstaaten im Reich Zahlen und eine Übersicht bei Hans-Joachim Schreckenbach, Innerdeutsche Gesandtschaften 1867–1945, in: Archivar und Historiker. Studien zur Archiv- und Geschichtswissenschaft, zum 65. Geburtstag von Heinrich Otto Meisner, Berlin 1956, S. 404–428, hier S. 405, 425–428.

[46] Hans Philippi, Studien zur Geschichte der Beziehungen Bayerns zum Deutschen Reich 1871–1914. Bismarck und die außenpolitische Vertretung Bayerns 1875–1882, in: Zeitschrift für bayerische Landesgeschichte 26 (1963), S. 323–369, hier S. 353–368.

allem in Wien, Paris und St. Petersburg, bis 1919/20 offiziell bestehen, die Vertretung beim Heiligen Stuhl wurde sogar bis 1934 weitergeführt. Für die innerdeutschen Gesandtschaften, nämlich in Stuttgart, wo der bayerische Vertreter eben seit 1871 auch für Darmstadt und dann seit 1887 auch für Karlsruhe beglaubigt war, und Berlin, von wo aus seit 1921 Dresden versehen wurde, kam 1933 bzw. 1934 das Aus.

Bei Kriegsausbruch 1914 hatten in München noch außerordentliche Gesandte und bevollmächtigte Minister von Baden, Österreich-Ungarn, Preußen, Sachsen und Württemberg sowie von Italien und Russland ihren Sitz, während sich Großbritannien und Frankreich durch Ministerresidenten vertreten ließen. Der Franzose war erst als Ergebnis zäher, seit 1871 mit Unterbrechungen erfolgter Bemühungen der französischen Bayern-Politik, in München mit einem Gesandten vertreten zu sein, 1911 vom Status eines Geschäftsträgers aufgerückt[47]. Dies entsprach allerdings dem Grundsatz der Reziprozität, denn den unmittelbaren Anlass hierzu hatte der bayerische Geschäftsträger in Paris gegeben, der seit seinem Dienstantritt im Jahre 1909 – er war nach rund 14 Jahren auf Posten des Auswärtigen Amts in bayerische Dienste zurückgekehrt – bewegte Klage über seinen inferioren Status und die Missachtung durch kaiserliche Diplomaten geführt hatte. Dynastische Gepflogenheiten bahnten nun den Weg zur Rangerhöhung: Nachdem der belgische König eine bayerische Prinzessin geheiratet hatte, wurde der bayerische Vertreter in Brüssel als Ministerresident beim belgischen Hof und in Konsequenz beim Präsidenten der französischen Republik beglaubigt. Das bayerische Ministerium handelte in diesen wie in ähnlichen Fällen in Absprache mit dem Reichskanzler und dem Auswärtigen Amt. Im März 1896 hatte das russische Außenministerium in München vertraulich anfragen lassen, ob die Beigabe eines Militärattachés bei der Gesandtschaft des Zarenreiches in der bayerischen Hauptstadt genehm sei. Man wolle damit ein Zeichen des Respekts vor der bayerischen Militärhoheit geben. Auch hier hatte man nach Bedenken des Reichskanzlers und des Staatssekretärs abgewunken, zum einen, um durch diese Neuerung nicht weiteren Mächten Anlass zu ähnlichen Entsendungen zu geben, von denen man militärische Späherdienste erwartete. Andererseits wurde die Linie der Berliner Politik deutlich, „die diplomatische Vertretung bei den Einzelstaaten auf dem status quo zu halten. Man respektiert das Bestehende, möchte aber nicht gern eine Weiterentwicklung"[48]. Man wollte nicht der Versuchung nachgeben, fremde Mächte die Karte der bayerischen Souveränität spielen zu lassen,

---

[47] Hierzu Reiser, Bayerische Gesandte, S. 8–18. Zu den vergeblichen französischen Avancen in Stuttgart und Karlsruhe Koch, Bundesfürsten, S. 12, mit Belegen aus dem Nachlass Weizsäcker.

[48] BayHStA, MA 92047, Lerchenfeld an Crailsheim, 29. März 1896.

vor allem nicht Frankreich, das dann im Juli 1920 einen „envoyé extraordinaire et ministre plénipotentiaire" nach München entsenden sollte[49].

Andere Staaten hatten ihre in Berlin residierenden Vertreter auch für München akkreditieren lassen. Eine Sonderstellung hatte die päpstliche Vertretung in München. Sie war die einzige Nuntiatur im Deutschen Reich und sollte auch in der Vorbereitung der Friedensresolution des Papstes vom August 1917 eine Rolle spielen.

Bei der Verteidigung des Gesandtschaftswesens in den nach 1871 geführten Haushaltsdebatten hatte das Ministerium auch die konsularischen Aufgaben, die von den Gesandten wahrgenommen würden, in das Feld geführt. Anders als bei den Gesandtschaften hatte nämlich die Reichsverfassung in das Netz der bundesstaatlichen Konsulate eingeschnitten, nachdem durch ihren Artikel 56 das Konsulatswesen im Ausland zur Angelegenheit des Reiches erklärt worden war. Die verhältnismäßig zahlreichen bayerischen Konsulate, die vor allem in Europa und in Nord- und Südamerika zu finden waren, aber auch in Australien und in Niederländisch-Indien – 1870 insgesamt 67 –, wurden auf die Vertretungen im Reichsgebiet beschränkt, die dann ebenfalls zum Teil bis 1933 amtierten[50].

Die archivische Überlieferung der bayerischen Gesandtschaften, deren Registraturen in der Regel sorgfältig geführt waren, ist insgesamt günstig, wobei vor allem die Tätigkeit der Vertretungen beim Heiligen Stuhl, in Paris und Wien durch eine bis in das 17. Jahrhundert zurückreichende und breite Überlieferung belegt ist. Verluste sind hingegen bei den bis auf Ausnahmen lediglich auf Honorarbasis besetzten bayerischen Konsulaten eingetreten. Jeweils eine eigene Registratur, die dann auch eigene, von der Forschung gerne übersehene Archivbestände generiert hat, unterhielten der Gesandte am preußischen Hof in seiner Funktion als stimmführender Bundesratsbevollmächtigter sowie der bayerische Militärbevollmächtigte in Berlin. Sie führten zwei der sechs Bundesratsstimmen des Königreiches, wobei der bayerische Kriegsminister seit 1911 die Vertretung im Bundesrat selbst übernahm und dem Militärbevollmächtigten die dortige Stellvertretung überließ[51].

---

[49] Zu den Vorbereitungen für die Wiedereröffnung einer französischen Gesandtschaft seit Sommer 1919 Andrea M. Müller, Die französischen Gesandtschaft in München in den Jahren der Weimarer Republik. Französische Politik im Spiegel der diplomatischen Berichterstattung, München 2010, S. 36–40.

[50] Gerhard Hetzer, Die bayerischen Konsulate und ihre archivische Überlieferung, in: Archivalische Zeitschrift 80 (1997), S. 139–155.

[51] Sabine Schlögl, Die bayerische Gesandtschaft in Berlin im 20. Jahrhundert, in: Hermann Rumschöttel/Walter Ziegler (Hrsg.), Franz Sperr und der Widerstand gegen den Nationalsozialismus in Bayern, München 2001, S. 223–265, hier S. 227.

Das Nebeneinander mit kaiserlichen Diplomaten an den Dienstorten verlief zwar nicht konfliktfrei, war aber in der Regel vom Willen zur Zusammenarbeit gekennzeichnet, wenngleich manchmal nicht frei von Herablassung oder auch Misstrauen seitens der Vertreter des Reiches. Es gab auch etliche Differenzen mit dem Auswärtigen Amt, in denen die bayerischen Diplomaten in der Regel ungünstige Karten hatten. Die in Artikel VII des Versailler Schlussprotokolls vorgesehene Vertretung der Reichsgesandten durch vor Ort akkreditierte bayerische Diplomaten trat nur einmal ein, und zwar im Februar 1871 für rund ein Jahr bei der Gesandtschaft am Heiligen Stuhl, ein für alle Beteiligten unglückliches Intermezzo, über dem bereits die Gewitter des Kulturkampfes standen[52]. Gegen den bayerischen Gesandten in Berlin seit 1868, Max Joseph Freiherr Pergler von Perglas, machte Bismarck Vorbehalte hinsichtlich der erforderlichen Diskretion deutlich[53], ein Verdacht, der offenbar in dessen kritischer Haltung zur Reichgründung samt einer frankophilen Grundstimmung begründet war. Er drängte daher 1877 mit Erfolg auf eine Abberufung von Perglas.

„Es war für den bayerischen Gesandten die Gefahr viel größer, in Berlin anzustoßen, als bei der Regierung, bei der er beglaubigt war", bekannte nicht ohne Bitterkeit Carl Graf Moy, Gesandter in St. Petersburg und Stuttgart, in seinen Erinnerungen[54]. Dieses Urteil stammte von einem Berufsdiplomaten, der die Hauptaufgabe auf seinen Posten nicht in der Verfolgung bayerischer Sonderinteressen, vielmehr in der Zusammenarbeit mit den Vertretungen des Kaiserreiches unter Nutzung der am Entsendeort gepflogenen Verbindungen gesehen hatte. Moy bezog sich hier vor allem auf die von ihm aktiv erlebte Ära nach Bismarck, trotz dessen Konflikten mit bundesstaatlichen und nicht zuletzt bayerischen Gesandten, darunter auch mit Moys Vater. Bismarck hatte es sehr wohl verstanden, die diplomatischen Beziehungen der Einzelstaaten gelegentlich für seine Zielvorstellungen zu nutzen und auch die Eitelkeit der Fürsten zu bedienen[55]. Er hatte übrigens 1879 eine Sitzung des auswärtigen Ausschusses, von Pfretzschner zur Information über die bereits weit gediehenen Bündnisverhandlungen mit Österreich-Ungarn angeregt, gerne in Anspruch genommen, um seinen Kaiser in die gewünschte Richtung zu bewegen.

---

[52] Zu dieser Vertretung durch den bayerischen Gesandten von Tauffkirchen 1871/72 siehe Susanne Betz, Die bayerische Gesandtschaft beim Heiligen Stuhl. Vom Vorabend des I. Vatikanischen Konzils bis zu den Anfängen des Kulturkampfes, Frankfurt/M. u. a. 1988, S. 249–268. Siehe auch die Vorgänge in BayHStA, MA 95297.

[53] Franz Herre, Der bayerische Gesandte in Berlin, Freiherr Pergler von Perglas, und die Bismarkische Regierung, in: Historisches Jahrbuch 74 (1954), S. 532–545, hier S. 544; Binder, Reich und Einzelstaaten, S. 164–173, insbesondere S. 167 f.

[54] Carl Graf Moy, Als Diplomat am Zarenhof, München 1971, S. 228.

[55] Beispiele bei Korselt, Die völkerrechtliche Handlungsfähigkeit, S. 166 f.

Der Weltkrieg – Zeit zum Abbau oder zur Ausweitung?

Am frühen Nachmittag des 1. August 1914 stimmte das Plenum des Bundes-rates nach Ausführungen des Reichskanzlers zum Verlauf der internationalen Krise einstimmig den bei Ablauf der Ultimaten an Russland und Frankreich seitens der Reichsregierung vorgesehenen Schritten zu. Damit waren die nach Artikel 11 der Reichsverfassung notwendigen Voraussetzungen erfüllt, um am gleichen und am übernächsten Tag in St. Petersburg und in Paris Kriegser-klärungen übergeben zu können. Eine Sitzung des auswärtigen Ausschusses hatte zuvor nicht stattgefunden. Die Nichteinberufung des Ausschusses sollte 1919 Gegenstand von Recherchen des von der Weimarer Nationalversamm-lung eingesetzten Untersuchungsausschusses zur Klärung von Schuldfragen in Zusammenhang mit dem Weltkrieg werden. Eine bayerische Initiative für ein Zusammentreten war nach Aktenlage wie nach den Aussagen der seinerzeit Befragten nicht festzustellen, wenn auch eine sachte Sondierung durch den zwischenzeitlich verstorbenen Hertling nicht völlig auszuschließen war. Dessen seinerzeitiger Stellvertreter sah kein Versäumnis Bayerns. Er argumentierte hier ganz im Sinne einer einheitlichen Außenpolitik, die „ausschließlich Sache der Reichsleitung [gewesen sei], und die bayerische Regierung hat sich von jeher zurückgehalten, bei Fragen der auswärtigen Politik mit Ratschlägen hervor-zutreten [...]. Die Natur der Sache erfordert, dass die auswärtige Politik an einer Stelle gemacht wird, wie es ja auch praktisch unmöglich ist, gerade bei Abwicklung gefährlicher politischer Situationen, [...] die einzelnen bundes-staatlichen Regierungen über alle rasch aufeinanderfolgenden Schritte auf dem laufenden zu halten, geschweige denn zu jedem Schritt erst die Zustimmung der einzelnen Regierungen einzuholen. Die Reichsverfassung hat mit Recht die Leitung der auswärtigen Politik der Reichsregierung allein übertragen, die daher auch allein die Verantwortung dafür trägt."[56]

Der württembergische Staatsminister von Weizsäcker, der sich gegenüber den parlamentarischen Untersuchern nur mündlich äußern wollte, hatte nahe-zu gleichzeitig in einem Zeitschriftenbeitrag für sich in Anspruch genommen, bereits im Juni 1914 den Zusammentritt des auswärtigen Ausschusses angeregt zu haben, was aber eine „dilatorische" Behandlung erfahren habe[57]. Auch für

---

[56] Erklärung des Staatsrates Sigmund von Lössl für den Unterausschuss „Zur Vorgeschichte des Krieges" bei Deuerlein, Bundesratsausschuss, S. 181–183. Siehe auch Karl Schwend, Bayern zwischen Monarchie und Diktatur. Beiträge zur bayerischen Frage in der Zeit von 1918 bis 1933, München 1954, S. 46–48.

[57] Weizsäcker, Erinnerungen, S. 209. Lerchenfeld als Hertlings wichtigster Kontaktmann zu Reichskanzler und Auswärtigem Amt befand sich seit der ersten Juli-Woche in Urlaub. Er wurde bei der Untersuchung von 1919 nicht befragt. Der Ministerialdirektor im Reichs-

seinen und den seines badischen Kollegen Ende Juli in Berlin vorgetragenen Wunsch, mit der Anwesenheit der Staatsminister bei einer eventuell entscheidenden Bundesratssitzung ein Zeichen bundesstaatlicher Einheit und deutscher Geschlossenheit gegenüber dem Ausland zu setzen, unterblieb die Ausführung: Hertling sah seinen Posten vor allem in München und wurde darin von Lerchenfeld bestärkt, der sich offenbar auch von einer Sitzung des auswärtigen Ausschusses keinen Nutzen mehr versprach, und der Stellvertreter des Reichskanzlers, Clemens von Delbrück, gab am 29. Juli noch beruhigende Nachrichten[58].

In den erbitterten Auseinandersetzungen um die Kriegsschuldfrage bereits vor und dann vor allem nach den Versailler Vertragsverhandlungen von 1919 haben einzelne Dokumente bayerischer Gesandtschaften eine bemerkenswerte Rolle gespielt, sowohl, was Form und Umfang ihrer Veröffentlichung betraf, als auch hinsichtlich ihrer inhaltlichen Interpretation. Es war dies zum einen der Bericht des Legationsrates Hans von Schoen als Vertretung Lerchenfelds in der Berliner Gesandtschaft an Hertling vom 18. Juli 1914 über Äußerungen von Angehörigen des Auswärtigen Amtes zum österreichisch-serbischen Konflikt samt der Ankündigung des Ultimatums an Belgrad. Dass Hertling vom österreichischen Ultimatum vor der Überreichung in Belgrad Kenntnis gehabt habe, war bereits Ende 1914 durch das französische „Gelbbuch" verbreitet worden[59]. Den Wortlaut entnahm Kurt Eisner, der seit dem 8. November 1918 den revolutionären Ministerrat leitete und zugleich die Funktion des Außenministers bekleidete, aus dem Entwurf in den Berliner Gesandtschaftsakten. Zum anderen zog das so genannte Ritter-Telegramm vom 24. Juli 1914 Augenmerk auf sich: Diese ebenfalls an Hertling gerichtete Nachricht des bayerischen Gesandten am Heiligen Stuhl Otto Ritter von Grünstein hatte kundgetan, dass Papst Pius X.

---

finanzministerium von Stockhammern, 1914 „persönlicher Hilfsarbeiter" Hertlings im bayrischen Außenministerium, wusste in der Presse zu berichten, sein Chef habe aus vaterländischen Erwägungen – wegen des zu erwartenden Aufsehens? – auf die Einberufung des Ausschusses verzichtet, und behauptete: „Berlin hatte aus Gründen die damals in München noch nicht klar zutage liegen konnten, abgewinkt." Franz von Stockhammern, Aus Geheimberichten an den Grafen Hertling (1915–1917) [Einleitung], in: Die Grenzboten 79 (1920), Bd. 2, S. 287–294, hier S. 288. Zur Haltung Hertlings in der Juli-Krise Deuerlein, Briefwechsel, S. 38 f.

58 Koch, Bundesfürsten, S. 128 f., 178; siehe auch BayHStA, MA 3072, Bericht der Gesandtschaft Stuttgart vom 29. Juli 1914. Weizäcker widersprach übrigens dieser Meinung Lerchenfelds ausdrücklich nicht. Hierzu August Bach (Hrsg.), Deutsche Gesandtschaftsberichte zum Kriegsausbruch 1914. Berichte und Telegramme der badischen, sächsischen und württembergischen Gesandtschaften in Berlin aus dem Juli und August 1914, Berlin 1937, S. 95 f.

59 Laut einer Mitteilung, die von dem ehemaligen französischen Ministerresidenten in München stammte. Hierzu Deuerlein, Briefwechsel, S. 369–375.

diesmal ein „scharfes Vorgehen" Österreich-Ungarns gegen Serbien befürworte, um dem Panslawismus zu begegnen[60]. Die Bewertung des Telegramms in der zeitgeschichtlichen Aufarbeitung des Kriegsausbruches sollte Ritter – verstorben 1940 – noch in seinen letzten Lebensjahren beschäftigen. Von 1909 bis 1934 vertrat er Bayern beim Heiligen Stuhl, allerdings von Juni 1915 bis Dezember 1919 mit Sitz in der Schweiz. Seine Berichte sind auch für das dort verlaufende Beziehungsgeflecht und für das zeitliche Umfeld der Friedenskundgebung des Papstes vom August 1917 von Interesse. Daneben gab es auch weniger beachtete Beiträge, etwa den Bericht des bayerischen Gesandten in Stuttgart über Gespräche im Rahmen einer Badekur mit dem früheren russischen Ministerratsvorsitzenden Graf Witte über Rüstungs- und Finanzpolitik in der ersten Juli-Hälfte 1914[61].

Kurt Eisner hingegen erklärte die Veröffentlichung von Aktenstücken, die ein schuldhaftes Verhalten der für die deutsche auswärtige Politik Verantwortlichen vor Kriegsausbruch dartun sollten, als Einstieg in eine neue Außenpolitik mit Bayern als Vorreiter für eine echte Versöhnung mit der Entente. Der energische Widerspruch, den seine Bestrebungen bereits unmittelbar nach der Aktenpublikation bei Staatssekretär Solf erfuhr, gab ihm dann Ende November 1918 Veranlassung, seitens des bayerischen Außenministeriums „jeden Verkehr mit den gegenwärtigen Vertretern des Auswärtigen Amtes abzulehnen"[62], ein rasch zurückgenommener Schritt, der die Revolutionsregierung in München allerdings zusätzlich isolierte, trotz der auch in anderen süddeutschen Bundesstaaten in diesen Wochen starken Strömungen, einem zentralistischen Kurs in Berlin föderative Alternativen einschließlich eines erneuerten Bundesrates entgegenzusetzen.

---

[60] Zur Veröffentlichung von Teilen des Berichts aus Berlin durch Kurt Eisner bzw. deren politische Nachwirkungen zuletzt Bernhard Grau, Kurt Eisner. 1867–1919. Eine Biographie, München 2001, S. 388–397; zur Mitteilung über die Haltung des Papstes, die sich im „Politischen Archiv" des Staatsministeriums gefunden hatte und deren Wortlaut durch den vormaligen Sekretär Eisners an einen Genfer Journalisten und von dort Ende April 1919 in die französische Presse gelangte, nun Jörg Zedler, Das Rittertelegramm. Bayern und der Heilige Stuhl in der Juli-Krise 1914, in: Ders. (Hrsg.), Der Heilige Stuhl in den internationalen Beziehungen 1870–1939, München 2010, S. 175–202.

[61] Carl Graf Moy, Was mir Minister Witte erzählte, in: Berliner Monatshefte für internationale Aufklärung. Die Kriegsschuldfrage 8 (1930), S. 824; hierzu der Gesandtschaftsbericht vom 13. Juli 1914 in: BayHStA, MA 3072.

[62] Zitiert nach der Primärquelle bei Matthias Dornfeldt/Enrico Seewald, Deutsche Außenministerien. Der auswärtige Dienst Deutschlands von den Anfängen bis 1945, Potsdam 2009, S. 69. Zu Eisners Auftreten in Berlin vom 23. bis 26. November 1918 siehe auch Siegfried H. Sutterlin, Munich in the Cobwebs of Berlin, Washington and Moscow. Foreign Political Tendencies in Bavaria, 1917–1919, New York 1995, S. 96–100.

Die von Vertretern verschiedener Bundesstaaten im Rückblick geübte Kritik über mangelnde Unterrichtung während der Juliwochen 1914 fand auch in den folgenden Kriegsjahren Anlässe. Ein gewisses Maß an außenpolitischen Nachrichten an die Bundesstaaten hatte laut Bismarck durch „metallographische Abschriften der wichtigeren Depeschen und durch Mitteilung der Ergebnisse auf dem diplomatischen Gebiete" gewährleistet werden sollen[63], eine Aufgabe, die in den Kriegsjahren durch den täglichen Informationsdienst des Auswärtigen Amtes erfüllt werden sollte. Der König von Bayern freilich hielt sich für rascher über die Zeitungen informiert, als durch Meldungen, die, als streng vertraulich eingestuft, aus Berlin kamen[64]. Beim Ministerium wiederum liefen ähnliche Klagen seitens der bayerischen Gesandtschaften ein wie bereits zu Friedenszeiten. So wurde dem Legationsrat von Stockhammern, der seit September 1914 unter formeller Zuweisung zur bayerischen Gesandtschaft beim Quirinal vor allem bei der kaiserlichen Botschaft in Rom tätig war, um die Meinungsbildung in der Hauptstadt des bisherigen Verbündeten zu beobachten sowie Kontakte zu Presse und Politik zu pflegen, als er sich namentlich für die Berichte Lerchenfelds interessierte, beschieden, diese könnten den bayerischen Vertretungen nur in Auszügen mit jeweils direktem Bezug mitgeteilt werden[65]. Die Furcht vor Indiskretionen durch redselige Bundesratsbevollmächtigte waltete hier ebenso wie die Vorsorge vor den Einwirkungsversuchen von Fürsten in den Bundesstaaten[66].

Staatsminister Graf Podewils hatte 1910 bei einer Ermahnung des bayerischen Geschäftsträgers in Paris, der sich in mehreren Punkten über seinen Status beschwert hatte, die Frage des Nachrichtenaustausches unter den Di-

---

[63] Zitiert nach Karl Bilfinger, Der Einfluß der Einzelstaaten auf die Bildung des Reichswillens. Eine staatsrechtliche und politische Studie, Tübingen 1923, S. 125, wobei der Verfasser zu dem Fazit kam: „Auf dem Laufenden im vollen Sinne des Worts und in praktisch ausreichender Weise hielten diese Metallogramme nicht und auch nicht jene anderen mündlichen Mitteilungen; die Möglichkeit rechtzeitiger Einflussnahme in wichtigen schwebenden Fragen sollte und wollte, wenigstens grundsätzlich, nicht gewährt werden."

[64] Victor Naumann, Profile. 30 Porträt-Skizzen aus den Jahren des Weltkrieges nach persönlichen Begegnungen, München/Leipzig 1925, S. 120.

[65] Antrag Stockhammerns vom Januar 1915 in: BayHStA, MA 94521. Zum Wirken Stockhammerns, der dann von Juni 1915 bis August 1917 der bayerischen Gesandtschaft in Bern zugeteilt war und anschließend in Berlin unmittelbar in den Diensten des Auswärtigen Amtes stand, dessen Personalunterlagen unter BayHStA, MA 94261. Zu seiner Zusammenarbeit mit dem bayerischen Sozialdemokraten Müller siehe Pohl, Adolf Müller, S. 177–179; Briefe Stockhammerns an Erzberger in den Jahren 1915–1918 aus Erzbergers Nachlass zitiert bei: Torsten Oppelland, Reichstag und Außenpolitik im Ersten Weltkrieg. Die deutschen Parteien und die Politik der USA 1914–1918, Düsseldorf 1995, passim.

[66] Ein Beispiel vom Herbst 1916 zur polnischen Frage mit Bezug auf den Großherzog von Sachsen-Weimar bei Helmut Reichold, Bismarcks Zaunkönige. Duodez im 20. Jahrhundert. Eine Studie zum Föderalismus im Bismarckreich, Paderborn 1977, S. 250 f.

plomaten zu einer grundsätzlichen Klarstellung genutzt, die hier ausführlicher wiedergegeben werden soll, da sie die offizielle Linie des Ministeriums darlegt:

„Euer Hochwohlgeboren gehen von der Annahme aus, dass Bayern im Bundesrats-Ausschuß für auswärtige Angelegenheiten aktiven Einfluß auf die deutsche Auslandspolitik zu nehmen habe und dass ein bayerischer Gesandter zu allen wichtigen Fragen der Auslands-Politik selbständig Stellung zu nehmen in der Lage sein müsse [...]. Beide Annahmen treffen nicht zu. Die glücklich gelungene Wiederbelebung des [...] Ausschusses [...] könnte nicht rascher und gründlicher aufs Spiel gesetzt werden, als wenn Bayern von derselben mehr erhoffen oder gar versuchen wollte, als was verfassungsgemäß damit gemeint ist. Deswegen sehen wir nicht, wie Sie befürchten, die Reichspolitik mit preußischen Augen an, wohl aber mit dem Bewusstsein, dass sie als deutsche Politik einheitlich und geschlossen gestaltet werden muß. [...] Nichts wäre mehr geeignet, berechtigte Verstimmung gegen unsere Gesandtschaften zu erregen, als wenn die Reichsleitung den Eindruck erhalten würde, dass unsere Gesandten in Fragen der deutschen auswärtigen Politik auf eigene Faust Stellung nehmen *und eine Rolle spielen wollten*. Gerade in Paris muß auch der Anschein, als ob dies geschehen wolle, unbedingt vermieden werden. Schon dadurch verbietet es sich, an das Auswärtige Amt mit dem Wunsch heranzutreten, die Metallogramme, die, wie Sie selbst sagen, leider sogar den Bundesregierungen nur spärlich zugehen, unseren Gesandten im Auslande zu übermitteln. [...] Unsere Diplomaten haben es zu allen und auch noch in neuesten Zeiten bestens verstanden, das, was dem Prestige ihrer Stellung durch die mit der Gründung des Reichs geminderte Selbständigkeit auf dem Gebiete der auswärtigen Politik abhanden gekommen ist, durch ihre Persönlichkeit, ihre individuellen Qualitäten und das dadurch bedingte Auftreten und Leisten zu ersetzen. [...] Wo sind die großmächtlichen Botschafter, mit denen es ein Lerchenfeld nicht aufnehmen könnte? Was haben und hatten [weitere Namen] für eine Stellung in Wien und [...] in Bern und [...] seinerzeit in St. Petersburg und [...] beim Vatikan [...], und das alles ohne Metallographie und zum Teil ohne Legationssekretäre und Attachés. [...] Es gibt in unserer, den inneren Verhältnissen und Vorgängen eines Landes und den wirtschaftlichen und kulturellen Fragen mit besonderem Interesse zugewandten Zeit noch reichlich Gebiete außer dem eigentlich und ausdrücklich politischen, auf denen sich die amtliche Tätigkeit des Diplomaten bewähren kann."[67]

---

[67] BayHStA, MA 94517, Podewils an Lothar Ritter zu Grünstein vom 9. April 1910. Auszüge aus diesem Schreiben mit anderem inhaltlichem Schwerpunkt bei Reiser, Bayerische Gesandte, S. 40 f. (von der im Personalakt Ritters befindlichen Abschrift).

Immerhin argumentierten die erfahrensten diplomatischen Vertreter des Königreiches, im Herbst 1916 nach ihrer Meinung über die Zukunft ihrer Gesandtschaften befragt, auch mit der gestiegenen Bedeutung des Bundesratsausschusses für auswärtige Angelegenheiten, die mehr Informationen für dessen Vorsitzenden, eben Bayern, erfordere[68]. Der Ausschuss trat nun allerdings deutlicher in Erscheinung, seine Bedeutung als Plattform wuchs in dem Maße, in dem in der obersten Reichsleitung polykratische Verhältnisse einrissen, die Durchsetzungsfähigkeit der Reichskanzler schwand und der Einfluss der Reichstagsfraktionen auf außenpolitische Entscheidungen stieg. Die Nachforschungen des parlamentarischen Untersuchungsausschusses von 1919 erfolgten vor dem Hintergrund der Entwicklung des auswärtigen Ausschusses während des Krieges und nicht entsprechend dessen politischem Stellenwert von 1914. Er trat zwar erst im April 1915 wieder zusammen, dann aber häufiger: das nächste Mal im November 1915, dreimal im Jahre 1916, 1917 viermal und von Januar bis Oktober 1918 sechsmal[69]. Nach der Sitzung vom März 1916 wurde seine einmütige Vertrauenserklärung für die Politik Bethmann Hollwegs zeitnah und offiziös veröffentlicht – tatsächlich ein Novum. Mit den Stellungnahmen zu dem von Bethmann Hollweg angekündigten uneingeschränkten U-Boot-Krieg (Sitzung vom Januar 1917), dem Ersuchen um konkrete Friedensschritte (September 1918) und schließlich der Erörterung der Möglichkeiten, auf dem Hintergrund der Wilsonschen Noten zu einem Waffenstillstand zu kommen (Oktober 1918) war er ein Seismograph, der beachtet werden musste, wobei die Forderungen nach ausführlicherer und rechtzeitigerer Information durch die Reichsleitung wiederkehrten. Dabei wurde er allerdings nicht zum förmlich beschließenden Organ, was letztlich eine Verfassungsmodifikation und eine Mitgliedschaft Preußens bedeutet hätte, an der Bayern als Inhaber des Vorsitzes der Konstruktion von 1871 kein gesteigertes Interesse haben konnte.

In der landesgeschichtlichen Forschung der letzten Jahrzehnte kehrten zum Teil die bereits in der politischen Auseinandersetzung vor 1914 erhobenen Vorwürfe wieder, dass Bayern seine im Rahmen der Reichsverfassung gegebenen Möglichkeiten nicht ausgeschöpft habe. Auch der Bundesrat – der mit einer Vielzahl von Verordnungen zu wirtschaftlichen Maßnahmen und zur Sicherstellung der Volksernährung als Setzer von Normen bei der Verwaltung des Mangels in Erscheinung trat – habe als Teilhaber an der auswärtigen Gewalt seine Spielräume zwischen Oberster Heeresleitung, Reichskanzlei, kaiserlichem Kabinett und Reichstag nicht genützt. Die Rolle der Speerspitze mittelstaatlicher

---

[68] BayHStA, MA 94522, Stellungnahmen der Gesandtschaften in Bern vom 18. Oktober 1916, Berlin vom 29. Oktober 1916 und Wien vom 17. Februar 1917.
[69] Übersicht bei Deuerlein, Bundesratsausschuss, S. 247–254.

Opposition gegen die preußische Vormachtstellung sei im Übrigen dem Königreich Sachsen überlassen worden[70]. Man wird festhalten müssen, dass die von Bismarck dem zweitgrößten Bundesstaat eingeräumte Stellung die bayerische Politik auch in der Nach-Bismarck-Ära stark genug bestimmte, um im Bundesrat und gegenüber den Institutionen des Reiches die Rolle des *secundus* allemal lieber zu spielen, als die des Frondeurs. Unter diesen Voraussetzungen war es schwierig, mit den Bundesstaaten außerhalb Preußens zu mehr als nur vorübergehenden Zweckbündnissen zu kommen.

Dies wurde auch in der Kriegszieldebatte deutlich. Von dem späteren König Ludwig III. war bei seinem Amtsantritt als Prinzregent im Jahre 1912 vielerorts eine kräftigere bayerische Interessenpolitik erwartet worden. Nun erhob er bereits wenige Wochen nach Kriegsausbruch die Forderung auf Angliederung von Gebieten des Reichslandes Elsass-Lothringen an Bayern, was in Stuttgart wie in Karlsruhe auf hartnäckigen Widerstand stieß. Gemeinsam waren den Bestrebungen der Bundesfürsten allerdings das Austarieren eines zu erwartenden preußischen Machtzuwachses, ob nun im Baltikum, in Lothringen oder Belgien, und die Erhaltung der föderativen Reichsverfassung gegenüber den unübersehbaren unitarischen Tendenzen, die zunächst mit den Erfordernissen der Kriegsführung verbunden waren, aber auch die Nachkriegszeit bestimmen konnten. Soweit in den Bundesstaaten territoriale Erwerbungen oder Personalunionen der Herrscherhäuser deutlicher verfolgt wurden, wie eben in Bayern oder auch in Sachsen, wurden einstige Besitzverhältnisse und dynastische Verbindungen beschworen[71]. Das Nebeneinander historischer, volkstumsorientierter und konfessioneller, dann aber aktuell-politischer, militärischer und wirtschaftlicher Komponenten – die etwa mit dem Verbleib Antwerpens unter deutschem Dominat eine Minderung von Standortnach-

---

[70] Andreas Kraus, Geschichte Bayerns. Von den Anfängen bis zur Gegenwart, München 1983, S. 574.

[71] Eine zeitnahe Darstellung aus persönlichen Kontakten bei Victor Naumann, Dokumente und Argumente, Berlin 1928, S. 72, 155, 328 f. und passim; zur Fragestellung allgemein: Karl-Heinz Janssen, Macht und Verblendung. Kriegszielpolitik der deutschen Bundesstaaten 1914/18, Göttingen u. a. 1963, mit zahlreichen Belegen auch aus bayerischen Akten; zu den Verlautbarungen des Königs und aus den politischen Parteien zu den Gebietserwerbungen Wolfgang Zorn, Bayerns Geschichte im 20. Jahrhundert. Von der Monarchie zum Bundesland, München 1986, S. 85, 90 f. und passim; die Beurteilung bei John W. Wheeler-Bennett, Brest-Litowsk. The Forgotten Peace. March 1918, London u. a. 1966, S. 326, Anm.: „The passion of dynastic avarice let loose by the contemplated spoils of Brest-Litovsk engrossed [...] the interest and attention of the German princes to the exclusion of other and more vital considerations", entspricht zwar nicht der Vielschichtigkeit der Erscheinung, benennt aber einen starken Motivstrang. Er verglich diesen Vorgang mit der vorauseilenden Würdenverteilung durch die Unterführer des Herzogs von Friedland im zweiten Teil von Schillers Dramentrilogie „Wallenstein".

teilen der binnendeutschen Länder durch Wasserstraßen verband – macht die deutsche Kriegszielbewegung in ihren verschiedenen Facetten zu einer hochinteressanten Erscheinung.

Im weiteren Verlauf spezifisch bayerischer Linien der Kriegszielpolitik, die Bestrebungen vom Frühjahr 1871 wieder aufgriffen, wollte sich König Ludwig III. zeitweise mit den nördlichen, an die Pfalz angrenzenden Teilen des Elsass begnügen. So lange Hoffnungen auf einen militärischen Sieg bestanden, beharrte er, auch entgegen einsichtsvollerem Rat und lange Zeit mit Flankenschutz seines Außenministers, auf einer Gebietsvergrößerung Bayerns[72], die mit der Frage der künftigen staatsrechtlichen Stellung des Reichslandes einen innen- und mit dem Beharren Frankreichs auf einer Abtretung Elsass-Lothringens eben auch einen außenpolitischen Aspekt, versehen mit viel Symbolik und vielen Gefühlen, hatten. Dies veranlasste verschiedene Kräfte, den König als Bundesgenossen gegen Reichskanzler Bethmann Hollweg gewinnen zu wollen. So drängte im März 1915 Großherzog Friedrich August von Oldenburg bei einem Besuch in München, Ludwig möge sich an die Spitze der deutschen Fürsten stellen, um beim Kaiser Druck für weiter gehende Zielsetzungen zu machen, bei denen der Reichskanzler bislang nicht mitziehe. Hertling konnte abbiegen, indem er die nächste Einberufung des auswärtigen Ausschusses in Gang brachte[73]. Im Sommer 1915 versuchte Ernst Bassermann, der national-liberale Fraktionsvorsitzende im Reichstag, den König über den bayerischen Reichsrat und pfälzischen Weingutsbesitzer Franz Ritter von Buhl, nachmals einen der Köpfe der Vaterlandspartei in Bayern, gegen Bethmann Hollwegs laue Kriegszielpolitik einzunehmen[74]. Im August 1916 empfing der König die Abordnung einer „Vertrauensmännerversammlung", zu der die „Angehörige aller Stände und aller unverbrüchlich auf monarchischer Grundlage stehenden politischen Parteien" zusammengekommen waren und nahm eine Eingabe entgegen, in der als Konsequenz aus der Kriegslage Ludwig aufgerufen wurde, sich zur Rettung Deutschlands an die Spitze der Bewegung gegen „Schwachmütigkeit und Versöhnungsschwärmerei" zu stellen und die Reichsleitung – den Reichskanzler – „zur rücksichtslosen Führung" des U-Boot-Krieges gegen

---

[72] Zur Politik der Staatsregierung zwischen Kriegszielbewegung und Verständigungsbemühungen siehe Dieter Albrecht, Von der Reichsgründung bis zum Ende des Ersten Weltkrieges (1871–1918), in: Max Spindler, Handbuch der bayerischen Geschichte, neu hrsg. von Alois Schmid, Bd. 4: Das neue Bayern. Von 1800 bis zur Gegenwart, ²München 2003, S. 319–438, hier 417–425.

[73] Deuerlein, Briefwechsel, S. 418–423; siehe auch Koch, Bundesfürsten, S. 129–131.

[74] Oppelland, Reichstag und Außenpolitik, S. 72; Deuerlein, Briefwechsel, S. 516 f., S. 980–982; siehe auch den Schriftwechsel zwischen Bethmann Hollweg und Hertling vom August 1915 in: BayHStA, MA 94392 (Personalakt von Schoen).

England zu drängen[75]. Kronprinz Rupprecht, der Sohn Ludwigs III., hatte sich nach rund einem Jahr Krieg von allzu weit gespannten Zielsetzungen gelöst, wobei er seinerseits eine Lehre aus dem bisher ohne historische Vergleichbarkeit dastehenden Konflikt darin sah, im Frieden das Verhältnis zwischen Reich und Bundesstaaten neu zu gewichten. Eine Parlamentarisierung mit der Vormachtstellung des Reichstages gegenüber dem Bundesrat bereitete für ihn notwendigerweise den Weg in den Einheitsstaat. Bei der Stärkung des Ausschusses für auswärtige Angelegenheiten wusste sich der Kronprinz mit Hertling einig, Rupprecht wünschte ihn sich – deutlicher als der vorsichtige Minister – als ständige Einrichtung mit Beschlusskraft[76].

Die aktivere Rolle Bayerns in der Außenpolitik, die sich bereits im April 1917 bei Unterredungen Hertlings in Wien mit dem österreichischen Außenminister Graf Czernin im Sinne eines Sonderfriedens mit dem nachzaristischen Russland angekündigt hatte, besaß also eine deutliche Prägung durch innen- und verfassungspolitische Probleme auf Reichsebene. Im Dezember 1917 verlangte Otto von Dandl, Nachfolger Hertlings als bayerischer Ministerratsvorsitzender, von jenem als neuem Reichskanzler zum einen vor Beginn der eigentlichen Friedensverhandlungen in Brest-Litowsk die Einberufung des auswärtigen Ausschusses. Um den verfassungsmäßigen Rang dieses Organs zu betonen, sollte dieser zeitlich vor dem Hauptausschuss des Reichstages zusammentreten. Die entsprechende Sitzung fand denn auch am 2., jene im Reichstag am 3. Januar 1918 statt. Zum anderen hatte er bereits zuvor über Lerchenfeld beim Reichskanzler den Anspruch erhoben, nach Brest-Litowsk einen bayerischen Bevollmächtigten zu entsenden, da es sich um einen Friedensschluss handele, dem ein Bundeskrieg vorangegangen sei. Hertling selbst hatte in den ersten Kriegsjahren Bethmann Hollweg an eine entsprechende, 1870 im Nachgang zum Versailler Beitrittsvertrag getroffene Verabredung zwischen den bayerischen Unterhändlern und Bismarck erinnert, die nicht in die offiziellen Vertragstexte gelangt war[77]. Dandl unterließ nicht, auf den

---

[75] Text der Eingabe der so genannten Gruber-Delegation vom 5. August 1916 bei Deuerlein, Briefwechsel, S. 660–667. Zu dem im Juli 1916 in München gegründeten „Volksausschuß für die rasche Niederkämpfung Englands" Willy Albrecht, Landtag und Regierung in Bayern am Vorabend der Revolution von 1918. Studien zur gesellschaftlichen und staatlichen Entwicklung Deutschland von 1912–1918, Berlin 1968, S. 164–167.

[76] BayHStA, MA 975, Kronprinz Rupprecht an Hertling vom 19. Juli 1917, Antwort Hertlings vom 9. August 1917.

[77] Eine Abschrift der auf den 23. November 1870 datierten Übereinkunft in: BayHStA, MA 651/1. Eine entsprechende Forderung war von bayerischer Seite bereits bei den Münchener Vorbesprechungen vom September 1870 erhoben worden. M[ichael] Doeberl, Bayern und die Bismarckische Reichsgründung, München/Berlin 1925, S. 134, 263. Hingegen erfolgte die seinerzeit in München verlangte Aufnahme in den Text der neuen

Rang Bayerns als zweitem Bundesstaat, der zudem bis 1914 in St. Petersburg eine Gesandtschaft unterhalten habe, auf dessen wirtschaftliche Interessen und die erbrachten militärischen Leistungen hinzuweisen[78], er ließ sich dabei auch durch Einwendungen nicht abhalten. Als bayerischer Vertreter war der frühere Ministerratsvorsitzende und Außenminister Graf Podewils vorgesehen. Ehemals königlicher Gesandter in Wien, hatte dieser bereits im Januar 1915 einer Mission des deutschen Hauptquartiers in Wien angehört, die die österreichische Politik zu territorialen Zugeständnissen gegenüber dem in das feindliche Lager gleitenden Bündnispartner Italien bewegen wollte[79]. Noch deutlicher als damals hatte er jetzt versucht, einen bundesstaatlichen Akzent in der Außenpolitik des Reiches zu setzen und dem von der feindlichen Propaganda verbreiteten Eindruck entgegenzuwirken, sie sei lediglich großpreußischen Interessen verpflichtet. Seine Entsendung wurde auch auf die gegnerische Haltung von Münchener Presseorganen gegenüber der Linie des neuen Staatssekretärs Richard von Kühlmann zurückgeführt[80], der, wiewohl bayerischer Staatsangehöriger, föderative Interessen zu wenig berücksichtige. Kühlmann stellte allerdings klar, dass im Interesse der viel berufenen Einheitlichkeit der Verhandlungsführung der bayerische Vertreter nur als Teil der deutschen Delegation betrachtet werden könne. Dies liege auch im Sinne der Vereinbarung von 1870, die eine Instruierung des bayerischen Vertreters durch den Bundeskanzler, also nunmehr den Reichskanzler, vorgesehen habe. Podewils nahm dann erstmals am 30. Januar 1918 an einer Plenarsitzung der Verhandlungsdelegationen teil und hütete sich im weiteren Verlauf, deutlicher hervorzutreten[81].

Als Mitte Januar 1918 die Reise eines bayerischen Delegierten nach Brest-Litowsk angekündigt wurde, bewegten sich die Reaktionen außerhalb Bayerns zwischen belustigter Verwunderung und Ablehnung. Ärger, sich nunmehr, da

---

Bundesverfassung nicht, was Württemberg 1918 Veranlassung gab, gegen dieses Sonderrecht bei Hertling Verwahrung einzulegen.

[78] BayHStA, MA 971, Dandl an Hertling vom 30. Dezember 1917.

[79] Zur „Mission Wedel" Stephan Graf Burian, Drei Jahre aus der Zeit meiner Amtsführung im Kriege, Berlin 1923, S. 27–32; Edition der wesentlichen Quellen des BayHStA bei Deuerlein, Briefwechsel, S. 382–395.

[80] Wheeler-Bennett, Brest-Litowsk, S. 207 f. In den Erinnerungen Kühlmanns, 1948 posthum in Heidelberg erschienen, wird hierauf nicht eingegangen.

[81] Vgl. das Telegramm von Kühlmann an das Auswärtige Amt vom 10. Januar 1918, bei: Werner Hahlweg (Bearb.), Der Friede von Brest-Litowsk. Ein unveröffentlichter Band aus dem Werk des Untersuchungsausschusses der Deutschen Verfassunggebenden Nationalversammlung und des Deutschen Reichstages, Düsseldorf 1971, S. 252. Berichte von Podewils an das Staatsministerium in München vom Januar/Februar 1918 in: BayHStA, MA 97676, 97677, z. T. zitiert bei Wolfgang Steglich, Die Friedenspolitik der Mittelmächte 1917/18, Bd. 1, Wiesbaden 1964, S. 551–557.

die Entscheidung im Weltkrieg bevorstehe, mit Ansprüchen einer versunkenen Zeit beschäftigen zu müssen, wurde ebenso geäußert wie der Verdacht, dass unter einem bayerischen Reichskanzler mit politischer Heimat in der Zentrumspartei zentrifugale Kräfte mehr Raum bekämen. Das Echo klang deutlicher in den Zeitungen, durchaus beständig aber in den Staatsministerien und Landtagen anderer Bundesstaaten, zumal in Dresden und Stuttgart, auch als Anfang Februar die bayerische Staatsregierung über die Presse Aufklärung über die preußisch-bayerische Absprache von 1870 geben ließ[82].

Hier wurde also im Kriege eine in Friedenszeiten durch die Reservatrechte unterstrichene Sonderrolle in das Gedächtnis zurückgerufen – dies um so mehr, als Bayern mit einem eigenen Bevollmächtigten samt Arbeitsstab an den laufenden Verhandlungen für einen deutsch-österreichischen Handelsvertrag beteiligt war und sich hierbei auf einen 1867 im Rahmen des Zollvereins erworbenen Titel als Anrainerstaat berief.

Die Entsendung eines bayerischen Vertreters nach Brest-Litowsk überraschte übrigens auch im feindlichen Lager[83]. Dies hatten russische antibolschewistische Politiker im Sinn, als sie der Ukraine im Sommer 1918 keine entsprechenden Rechte in einem erneuerten Russland zuerkennen wollten[84]. Bei den Friedensverhandlungen mit Rumänien, die am 24. Februar 1918 begannen und sich bis in die erste Hälfte des Mai 1918 hinzogen, gehörte ein bayerischer Vertreter von Anfang an zur deutschen Delegation. Bei den Sitzungen in Bukarest ersetzte der Geheime Legationsrat Hans von Schoen von der Gesandtschaft Berlin den erkrankten Podewils.[85] Er sollte vor allem die wirtschaftlichen Belange Bayerns als Donau-Anliegerstaat, für den der Pariser Vertrag von 1856 eine Beteiligung an der dann nicht zustande gekommenen Uferstaatenkommission vorgesehen hatte[86], im Auge behalten, etwa die Anliegen des Bayerischen Lloyd und der Mineralölerzeuger und -importeure.

Ende April 1918 trug Lerchenfeld im Auftrage Dandls bei Hertling die Absicht der bayerischen Staatsregierung vor, den königlichen Gesandten in Wien an den Höfen in Bukarest, Konstantinopel und Sofia beglaubigen zu lassen, und zwar ebenfalls im Interesse der bayerischen Wirtschaftsbeziehungen. Zu-

---

[82] Im Artikel „Unwissenheit?" auf Seite 1 der München-Augsburger Abendzeitung, Nr. 73 (Morgenausgabe), vom 9. Februar 1918, als unmittelbare Reaktion auf Angriffe in der „Frankfurter Zeitung".

[83] Siehe etwa Joachim Kuropka, Image und Intervention. Innere Lage Deutschlands und britische Beeinflussungsstrategien in der Entscheidungsphase des Ersten Weltkriegs, Berlin 1978, S. 130.

[84] Winfried Baumgart, Deutsche Ostpolitik 1918. Von Brest-Litowsk bis zum Ende des Ersten Weltkrieges, Wien/München 1966, S. 97.

[85] Zu den Verhandlungen in Bukarest BayHStA, MA 946 (Berichte Schoens) und MA 97679.

[86] Elke Bornemann, Der Frieden von Bukarest 1918, Frankfurt/M. 1978.

dem zeichnete sich ein Besuch Ludwigs III. bei den verbündeten Monarchen ab. Während die Vertretung in Rumänien zunächst nicht weiter verfolgt wurde und eine entsprechende Anfrage bei der Pforte offenbar infolge des dortigen Thronwechsels im Juli 1918 liegen blieb, begannen Anfang September 1918 tatsächlich noch diplomatische Beziehungen zwischen Bayern und Bulgarien, wenn auch ohne Reziprozität, die Ende Oktober 1918, nach dem Ausscheiden Bulgariens aus dem Kreis der Mittelmächte, ohne förmliche Aufkündigung erloschen.

Etwa zeitgleich mit Bayern hatte auch Sachsen diplomatische Bande zu Bulgarien geknüpft. Anlässlich der Verhandlungen in Brest-Litowsk hatte sich in Dresden die zweite Kammer des sächsischen Landtages mit einem Ausbau der auswärtigen Beziehungen des Königreiches beschäftigt, auch war die Forderung nach der Beigabe sächsischer Sekretäre bei einigen deutschen Botschaften erhoben worden. Angesichts dieser Entwicklung hatten Kühlmann und im Gefolge sein Unterstaatssekretär Hilmar Freiherr von dem Bussche-Haddenhausen vor einer Zerfaserung der deutschen Außenpolitik gewarnt und versucht, den zunehmend unter der Bürde seines Amtes nachgebenden Hertling von seiner ursprünglichen Zustimmung für eine Ausweitung des bayerischen Gesandtschaftsnetzes abzubringen. Im Vorfeld der Übergabe des bayerischen Beglaubigungsschreibens in Sofia kam es in der Berliner und Stuttgarter Presse zu unfreundlichen Besprechungen, und Dandl wurde geraten, für eventuelle Debatten im Reichstag Vorsorge zu treffen[87].

Den in den letzten Wochen vor dem Waffenstillstand an der Westfront in Teilen des bayerischen politischen Spektrums auftauchenden Forderungen, mit der Entente über einen Sonderfrieden zu verhandeln, wurde seitens der Staatsregierung in München nicht nachgegeben. Andererseits hatten die von Kurt Eisner skizzierten Konzepte einer Vorreiterrolle Bayerns auf dem Wege zu einer sozialistischen Friedensordnung mit versöhnungsbereiten ehemaligen Gegnern ihre gleichsam kaiser- und königstreuen Pendants während des Krieges. Der bayerische Gesandte in Bern hatte im Herbst 1916 einen Grund für die Beibehaltung der diplomatischen Vertretungen des Königreiches darin gesehen, dass man in einer Zeit lebe, „in welcher die politische Welt vielfach auf Bayern als ein milderndes Element im Völkerhaß und in den schroffsten Gegensätzen hinblickt und sich von seiner vermittelnden Tätigkeit viel Gutes" verspreche[88]. Mochte er hier auch den in der Schweiz umgehenden Einflüsterungen aus verschiedenen Kanälen Raum geben, so sahen die verbliebenen bayerischen Gesandten gegenüber den Gerüchten, das Auswärtige Amt arbeite auf ihre endgültige Ablösung hin, doch übereinstimmend eine Aufgabe: Bayerische Diplomaten könnten bei

---

[87] Siehe die Vorgänge in: BayHStA, MA 94537.
[88] BayHStA, MA 94522, Gesandtschaft Bern an Staatsministerium des kgl. Hauses und des Äußern vom 18. Oktober 1916.

künftigen Auslandsbeziehungen verständiger und geschmeidiger für die deutsche Sache wirken, als viele kaiserliche Kollegen, sie seien in Ländern, in denen Politik vor allem von Parlamentariern und Journalisten gemacht werde, auch näher an den Informationen. Dass sie ihre Tätigkeit neben der Förderung der kulturellen und wirtschaftlichen Interessen ihres Entsendestaates vor allem als eine subsidiäre in der Außenpolitik des Reiches ansahen, wird man ihnen, die sich nicht auf der Flucht aus dem Nationalstaat befanden, sondern ihn selbstverständlich bejahten, nicht vorwerfen können. Ihr Doyen, Graf Lerchenfeld, war in jungen Jahren schon bei den Versailler Beitrittsverhandlungen dabei gewesen. Er war zum überzeugten Anhänger Bismarcks und dessen föderativer Lösung für das neue Kaiserreich geworden, und dies traf zeitübergreifend auch für seine jüngeren Kollegen zu, gerade wenn sie auf ihren Posten die Fehler der deutschen Außenpolitik in den Jahrzehnten nach 1890 auch deutlich verspürten.

Jörg Ludwig
Sächsische Außenpolitik 1871–1918: Institutionen und Archivbestände

Welche außenpolitischen Ziele und Möglichkeiten das Königreich Sachsen seit der Zugehörigkeit zum Norddeutschen Bund bzw. zum Deutschen Reich besaß und wie es diese verfolgte bzw. nutzte, ist bislang noch nicht detailliert untersucht worden. Offen geblieben ist auch, was nach 1867 bzw. 1871 überhaupt unter sächsischer Außenpolitik verstanden werden kann. Klaus Helbig hat 1993 die Meinung vertreten, dass Sachsen im Spannungsfeld von Unitarismus und Föderalismus im Reich durchaus Spielräume zu eigenen außenpolitischen Aktivitäten gehabt und diese auch genutzt habe. Dabei dürfe man Außenpolitik nicht auf diplomatische Beziehungen zwischen Völkerrechtssubjekten eingrenzen, sondern müsse sie als auswärtige Politik zur Wahrung oder Erweiterung politischer, wirtschaftlicher und kultureller Interessen eines Staates verstehen[1]. Als Wirkungsfelder nannte Helbig die Einflussnahme auf die Außenpolitik des Reichs über den Bundesrat bzw. die Beteiligung an einzelnen diplomatischen Aktivitäten, die Repräsentation des sächsischen Königshauses gegenüber dem Ausland einschließlich der Pflege dynastischer Verbindungen, die Förderung wirtschaftlicher Beziehungen mit dem Ausland, die Aufrechterhaltung der politischen und wirtschaftlichen Verbindungen zur Habsburger Monarchie bzw. zu Österreich sowie die Unterstützung der Kolonialpolitik des Reiches, besonders in Afrika[2]. Sachsens kolonialpolitische Aktivitäten hat er in seiner Habilitationsschrift untersucht[3].

Angesichts der tatsächlichen Machtverhältnisse wird man den Einfluss Sachsens auf die deutsche Außenpolitik vermutlich zurückhaltend beurteilen müssen. Noch mehr gilt dies für etwaige Einwirkungsmöglichkeiten im europäischen Ausland. Das eigentliche Handlungsfeld sächsischer Außenpolitik lag aber gar nicht außerhalb der Reichsgrenzen, sondern im Reich, wo politische, wirtschaftliche, kulturelle und andere Interessen, in Abstimmung mit anderen Bundesländern oder mit Institutionen des Reichs, zu verteidigen und durchzu-

---

[1] Klaus Helbig, Möglichkeiten und Grenzen sächsischer Außenpolitik im Deutschen Reich (1871–1918), in: Sächsische Heimatblätter 39 (1993), S. 238–242, hier S. 239.
[2] Ebd., S. 240.
[3] Klaus Helbig, Sächsische Kolonialbestrebungen in Afrika als Teil der europäischen Expansion. Eine landesgeschichtlich orientierte Untersuchung zur Neubewertung der Kolonialpolitik von den Entdeckungsreisen im 16. Jahrhundert bis zur Kolonialherrschaft im deutschen Kaiserreich, 2 Bde., Habil. TU Dresden 1993.

setzen waren. Der in Landtagsdebatten über das sächsische Außenministerium und die Gesandtschaften rege linksliberale Abgeordnete Oskar Günther kennzeichnete die „auswärtigen Angelegenheiten" Sachsens am 4. Mai 1910 daher mit den Worten: „Es brauchen durchaus nicht auswärtige Angelegenheiten zu sein in dem Sinne, dass wir mit dem Auslande direkt zu verhandeln haben. Man kann darunter die Angelegenheiten mit anderen deutschen Bundesstaaten verstehen."[4] Dem entsprach die Tatsache, dass nach 1871 alle diplomatischen Vertretungen Sachsens (mit Ausnahme der Gesandtschaft in Wien) ihren Sitz im Reich bzw. in anderen deutschen Bundesstaaten hatten, sich also bereits geografisch eine klare Ausrichtung auf die Interessenwahrnehmung im Reich ergab: Sächsische Außenpolitik war im Wesentlichen deutsche Innenpolitik.

Aufgrund des ungenügenden Forschungsstandes kann dieser Beitrag keinen Überblick über die sächsische Außenpolitik der Jahre 1871–1918 geben. Er konzentriert sich auf die Existenz und Aufgaben außenpolitischer Institutionen Sachsens in der Kaiserzeit, geht auf die Bewertung dieser Institutionen in den Debatten des sächsischen Landtags ein und thematisiert abschließend die Überlieferungsbildung bei den außenpolitischen Archivbeständen.

Blickt man vom Jahr 1871 zurück auf die Geschichte der sächsischen Außenpolitik, so müssen schon für die Jahrzehnte zwischen dem Siebenjährigen Krieg und der Napoleonzeit Passivität, Ängstlichkeit und starres Festhalten an überholten politischen Konzepten hervorgehoben werden[5]. Nach dem Wiener Frieden trat das territorial stark verkleinerte Sachsen außenpolitisch kaum noch in Erscheinung. Dies war nicht nur Folge der „Schockstarre", in die die sächsische Politik nach der Landesteilung von 1815 geraten war, sondern auch der eng gezogenen Rahmenbedingungen des Deutschen Bundes, die die mittleren und kleinen Bundesstaaten im Wesentlichen in eine passive Beobachterrolle drängten. Während größere Mittelstaaten wie Bayern oder Württemberg in begrenztem Umfang eigenständige außenpolitische Aktivitäten entwickelten, beschränkte sich Sachsen auf die Verteidigung seines territorialen Status quo und die Aufrechterhaltung möglichst guter Beziehungen zu seinen übermächtigen Nachbarn im Norden und Süden[6].

An diesem außenpolitischen Minimalismus änderte auch der Übergang zur konstitutionellen Monarchie 1830/31 kaum etwas. Bernhard August von Lin-

---

[4] Mitteilungen über die Verhandlungen des ordentlichen Landtags im Königreiche Sachsen während der Jahre 1909–1910. Zweite Kammer, Bd. 3, Dresden 1910, S. 2878.

[5] Dorit Petschel, Sächsische Außenpolitik unter Friedrich August I. Zwischen Rétablissement, Rheinbund und Restauration, Köln/Weimar/Wien 2000.

[6] Olivier Podevins, Die sächsische Außenpolitik nach dem Wiener Kongreß 1815–1830. Handlungsmöglichkeiten einer deutschen Mittelmacht im Deutschen Bund, in: Neues Archiv für sächsische Geschichte 70 (1999), S. 79–104, hier S. 84–87.

denau, leitender Minister dieser Übergangszeit, erteilte Wünschen nach einer aktiveren Außenpolitik im Jahr 1832 eine Absage, da Sachsens Position keine Teilnahme an politischen Verhandlungen nationalen oder gar europäischen Formats und keinen Versuch der Allianzpolitik nach süddeutschem Beispiel erlaube. Vielmehr sollte Sachsen seine Verwaltung so reformieren, dass die Regierung das „allgemeine Zutrauen" des Volkes erlangt und mit dessen Unterstützung die Bundespflichten treu erfüllt, das deutsche Gemeinwesen befördert, die besondere Beziehung zu Österreich gestärkt und das Vertrauen anderer Staaten erweckt würden[7]. Vorrang gab Lindenau einer Stabilisierung des Landes durch gemäßigt-liberale Reformpolitik im Inneren, die durch schwankungsfreies und proösterreichisches „Verfahren nach Außen" abgesichert werden sollte.

Erst in der „Ära Beust", die in Sachsen nach der gescheiterten Revolution von 1848/49 begann, setzte eine Aktivierung der sächsischen Außenpolitik ein. Friedrich Ferdinand von Beust, der eine diplomatische Karriere durchlaufen hatte, von 1849/52 bis 1866 sächsischer Außen- und Innenminister war und in dieser Zeit de facto die Stellung eines Ministerpräsidenten einnahm, verfolgte außenpolitisch das Ziel, den Deutschen Bund weiterzuentwickeln, seine föderale Struktur jedoch aufrechtzuerhalten und ein Machtgleichgewicht zwischen den beiden Großmächten und dem „Dritten Deutschland" der Mittelstaaten zu sichern[8]. Beusts weitgespannten bundespolitischen Initiativen führten zu einer Wiederbelebung sächsischer Außenpolitik, was auch daran erkennbar wird, dass die Zahl der sächsischen Gesandtschaften von zwölf im Jahr 1850 auf 23 im Jahr 1867 und die Zahl der sächsischen Konsulate im selben Zeitraum von 31 auf 73 stieg[9]. Letztlich konnte sich Beust außenpolitisch aber nicht durchsetzen: Der Deutsche Bund zerbrach am Hegemonialkonflikt zwischen Österreich und Preußen; die föderativen Reformvorschläge der uneinigen deutschen Mittel- und Kleinstaaten konnten nicht verwirklicht werden, womit der auf einem Machtgleichgewicht zwischen Österreich, Preußen und der Koali-

---

[7] Joachim Emig/Ingeborg Titz-Matuszak (Bearb.), Bernhard August von Lindenau (1779–1854), Bd. 2: Reden, Schriften, Briefe, Weimar 2001, S. 219, Lindenau an Emil von Uechtritz, 16. Mai 1832.

[8] Jonas Flöter, Beust und die Reform des Deutschen Bundes 1850–1866. Sächsisch-mittelstaatliche Koalitionspolitik im Kontext der deutschen Frage, Köln/Weimar/Wien 2001; ders., Beust, Friedrich Ferdinand Freiherr (seit 1868 Graf) von, in: Institut für Sächsische Geschichte und Volkskunde (Hrsg.), Sächsische Biografie, http://www.isgv.de/saebi/ (3. März 2010).

[9] Vgl. die in den Staatshandbüchern für das Königreich Sachsen 1850 und 1867 aufgeführten sächsischen Gesandtschaften und Konsulate. Bei den Zahlen ist zu berücksichtigen, dass einige Konsulate in den genannten Jahren nicht besetzt waren und einige Gesandtschaften (vor allem in den thüringischen Residenzen) in Personalunion von einem Gesandten betreut wurden.

tion der Mittelstaaten beruhenden politischen Konzeption Beusts der Boden entzogen war. Im sich zuspitzenden Konflikt der beiden deutschen Hegemo-nialmächte folgte Sachsen Österreich, unterlag mit diesem in der Schlacht von Königgrätz und musste 1867 dem preußisch geführten Norddeutschen Bund beitreten.

Dieser erzwungene Beitritt führte zu einem weitgehenden Verlust der außen-politischen Souveränität Sachsens, denn die Kompetenzen in der Außenpolitik gingen größtenteils auf den Norddeutschen Bund bzw. 1871 auf das Deutsche Reich über. Als Folge davon sank die Zahl der sächsischen diplomatischen Vertretungen von 23 im Jahr 1867 auf 14 im Jahr 1874, die der Konsulate noch stärker von 73 auf acht[10]. Zu einer völligen Aufgabe sächsischer diplomatischer Vertretungen kam es jedoch nicht. Bei den Verhandlungen über den Zutritt zum Norddeutschen Bund verteidigte Sachsen, das den schrittweisen Verlust der ihm noch verbliebenen Souveränitätsrechte fürchtete, die Kompetenzen auf außenpolitischem (und militärischem) Gebiet besonders nachdrücklich. Sachsens König Johann beharrte nicht nur auf einer gewissen Selbstständigkeit des sächsischen Heeres, sondern vor allem auch auf dem Weiterbestehen der sächsischen Konsulate und Gesandtschaften bzw. der weiteren Ausübung des Gesandtschaftsrechts[11]. Preußen, das die entscheidenden politischen, wirt-schaftlichen und militärischen Strukturfragen des Norddeutschen Bundes zu seinen Gunsten entschieden hatte, zeigte sich in der Gesandtschaftsfra-ge gegenüber den kleineren Bundesstaaten konziliant und stimmte in den Fällen, wo eine außenpolitische Vertretung durch den Bund nicht verlangt werde, der Beibehaltung des einzelstaatlichen *ius legationum* zu[12]. Damit verblieb den Gliedstaaten des Norddeutschen Bundes als teilsouveränen po-litischen Einheiten das Recht auf eigenständige diplomatische Aktivitäten, die allerdings nicht in Konflikt mit der vom Bund geführten Außenpolitik und der Bundes- bzw. Reichsverfassung geraten durften[13]. Dies eröffnete über das Jahr 1871 hinaus eine Kontinuitätslinie eigenständiger Außenpolitik der Bundesstaaten bzw. Länder, die im 20. Jahrhundert zunächst einen starken Be-

---

[10] Staatshandbücher für das Königreich Sachsen 1867 und 1874. Anders war die Entwicklung bei den in Sachsen bestehenden Gesandtschaften und Konsulaten anderer Staaten: die Zahl auswärtiger Gesandtschaften ging von 15 (1867) auf 11 (1873) zurück, die der Konsulate erhöhte sich im gleichen Zeitraum von 34 auf 35.
[11] Helmut Klocke, Die Sächsische Politik und der Norddeutsche Bund, in: Neues Archiv für Sächsische Geschichte und Altertumskunde 48 (1927), S. 97–163, hier S. 131.
[12] Ebd., S. 161.
[13] Hans-Joachim Schreckenbach, Innerdeutsche Gesandtschaften 1867–1945, in: Archivar und Historiker. Studien zur Archiv- und Geschichtswissenschaft, zum 65. Geburtstag von Heinrich Otto Meisner, Berlin 1956, S. 404–428, hier S. 404 f.

deutungsverlust hinnehmen musste, seit einiger Zeit aber wieder stärker eigene Initiativen entwickelt und heute ebenso wie internationale und zwischenstaatliche Organisationen auf die klassische nationale Außenpolitik einwirkt, sie „paradiplomatisch" ergänzt und flankiert, aber auch bedrängt[14].

Die sächsische Regierung interpretierte Artikel 11 der Verfassung des Norddeutschen Bundes so, dass es dem Bundespräsidium zwar zustehe, den Bund völkerrechtlich nach außen zu vertreten, aber „hierdurch dem Rechte der Einzelstaaten, die ihnen verbliebenen Theile der Souveränität auch in ihren Beziehungen zum Auslande selbständig zu vertreten und die damit verbundenen Geschäfte durch eigene Gesandte besorgen zu lassen, kein Eintrag geschieht."[15] Sie zog nach 1867 zwar einige Gesandtschaften (besonders außerhalb Deutschlands) ein, ließ andere aber weiter bestehen. Anders war die Lage bei den Konsulaten, da nach Artikel 56 der Bundesverfassung die Landeskonsulate im Ausland vollständig durch Bundeskonsulate zu ersetzen waren[16]. Die sächsischen Konsulate im Ausland wurden nach 1867 zügig aufgelöst, und nur die in Deutschland eingerichteten blieben weitgehend bestehen.

Dass die sächsische Regierung an eigenen diplomatischen Vertretungen und einem eigenen Außenministerium festhielt, war im Land politisch umstritten. Die Liberalen, die im Gefolge der Wahlrechtsreform von 1868 ihren Stimmenanteil in der zweiten Kammer des sächsischen Landtags deutlich steigern konnten und 39 von 80 Mandaten errangen, hatten bereits im Landtagswahlprogramm die „Übertragung aller auswärtigen Aufgaben auf den Bund"[17] gefordert, und ein Großteil von ihnen vertrat diesen Standpunkt auch in den Debatten über den Etat des Ministeriums der auswärtigen Angelegenheiten. Der Führer der Nationalliberalen im Landtag, Karl Biedermann, erklärte sich am 2. Februar 1870 in der zweiten Kammer prinzipiell gegen den Fortbestand der sächsischen Gesandtschaften, da dies im Ausland zu Missverständnissen und Einflussnahmeversuchen führen und die Stellung Sachsens im Norddeutschen Bund schwächen könnte; außerdem würden die sächsischen außenpolitischen Interessen durch Gesandte des Norddeutschen

---

[14] Sven Bernhard Gareis, Deutschlands Außen- und Sicherheitspolitik. Eine Einführung, Opladen/Farmington Hills, MI 2006, S. 44 f.

[15] Mittheilungen über die Verhandlungen des ordentlichen Landtags im Königreiche Sachsen während der Jahre 1869–1870, Zweite Kammer, Bd. 3, Dresden 1870, S. 2541.

[16] Ebd. S. 2542. Rechtliche Grundlage für die Einrichtung von Bundeskonsulaten waren das Gesetz über die Organisation der Bundeskonsulate vom 8. November 1867 und die Allgemeine Dienstinstruktion für die Konsuln des Norddeutschen Bundes vom 15. März 1868.

[17] Elvira Döscher/Wolfgang Schröder (Bearb.), Sächsische Parlamentarier 1869–1918. Die Abgeordneten der II. Kammer des Königreichs Sachsen im Spiegel historischer Photographien, Düsseldorf 2001, S. 28.

Phot. Max Fischer, Dresden.   Der Plenarsitzungsſaal der Zweiten Kammer mit dem Prell'schen Gemälde.

Aus dem neuen ſächſiſchen Ständehaus in Dresden.

Abbildung 1: Plenarsitzungssaal der zweiten Kammer des Sächsischen Landtages

Bundes kräftiger vertreten als dies durch sächsische möglich sei[18]. Im Unterschied zu den Nationalliberalen stimmten die Linksliberalen allerdings mit den Konservativen für die Beibehaltung der sächsischen Gesandtschaften, wobei Abgeordnete der Fortschrittspartei wie Eduard Minckwitz und August Walter dies damit begründeten, dass der Norddeutsche Bund in seiner konstitutionellen und bundesstaatlichen Entwicklung nicht vorankomme und man den preußisch geführten außenpolitischen Institutionen nicht trauen könne[19]. Für die überwiegend partikularistisch eingestellten sächsischen Konservativen gehörte das Gesandtschaftswesen zu den unantastbaren Rechten des sächsischen Monarchen und wurde als so zentral für die „Stellung Sachsens", die „Ehre des Landes" und die „Würde der Krone" angesehen, dass der Abgeordnete Theodor

---

[18] Mittheilungen über die Verhandlungen des ordentlichen Landtags im Königreiche Sachsen während der Jahre 1869–1870. Zweite Kammer, Bd. 3, Dresden 1870, S. 2551–2553.
[19] Ebd., S. 2553–2555, 2564.

Günther pathetisch ausrufen konnte: „Wenn wir die Gesandtschaften aufgeben, geben wir ein Stück von uns selbst auf."[20] Nach ausführlicher, emotionsgeladener Debatte beschloss die zweite Kammer des Landtages am 3. Februar 1870 in namentlicher Abstimmung, die sächsischen Gesandtschaften zunächst beizubehalten, beauftragte aber gleichzeitig die Regierung, „dieselbe wolle auf dem ihr geeignet erscheinenden Wege mit allen ihr zu Gebote stehenden Mitteln dahin wirken, daß sämmtliche zum norddeutschen Bunde gehörigen Staaten ihre besonderen diplomatischen Vertretungen an auswärtigen Höfen aufgeben und sich in ihren besonderen Angelegenheiten durch die ausschließlich als Vertreter des norddeutschen Bundes zu beglaubigenden Gesandten mit vertreten lassen". Im Falle eines Erfolgs sollten die sächsischen besonderen Vertretungen sofort eingezogen werden[21]. In der ersten Kammer des Landtags wurden diese Aufträge an die Regierung allerdings einstimmig verworfen, da man in den Gesandtschaften „ein Recht der Krone" und ein „Souveränetätsattribut" erkannte, „welches nicht ohne die dringendste Nothwendigkeit aufzugeben ist", da sonst die den Bundesstaaten noch verbliebene Selbständigkeit gefährdet würde[22]. Nachdem das sich anschließende Vereinigungsverfahren zwischen beiden Kammern gescheitert war, nahm die zweite Kammer am 21. Februar 1870 ihren Beschluss vom 3. Februar zurück[23].

Die Gründung des Deutschen Reichs änderte an der Frage bundesstaatlicher diplomatischer Vertretungen nichts Wesentliches, da die Verfassung von 1871 weitestgehend der Verfassung des Norddeutschen Bundes von 1867 entsprach. Die sächsische Regierung hielt die Beibehaltung von Gesandtschaften in Berlin (als Vertretung beim Reich), München, Weimar und Wien zur Absicherung besonders von deutschlandpolitischen und wirtschaftlichen Interessen weiterhin für notwendig und konnte dabei auch auf das Bayern beim Beitritt zum Reich ausdrücklich zugestandene Gesandtschaftsrecht verweisen[24]. Während die Re-

---

[20] Ebd., S. 2574. Zum politischen Zweckbündnis zwischen sächsischen Linksliberalen, Sozialdemokraten und Konservativen Ende der 1860er-Jahre vgl. auch James Retallack, Die „liberalen" Konservativen? Konservatismus und Antisemitismus im industrialisierten Sachsen, in: Simone Lässig/Karl Heinrich Pohl (Hrsg.), Sachsen im Kaiserreich. Politik, Wirtschaft und Gesellschaft im Umbruch, Dresden 1997, S. 133–148, hier S. 138.

[21] Mittheilungen über die Verhandlungen des ordentlichen Landtags im Königreiche Sachsen während der Jahre 1869–1870. Zweite Kammer, Bd. 3, Dresden 1870, S. 2615, 2621–2623.

[22] Mittheilungen über die Verhandlungen des ordentlichen Landtags im Königreiche Sachsen während der Jahre 1869–1870. Erste Kammer, Dresden 1870, S. 826 f.

[23] Mittheilungen über die Verhandlungen des ordentlichen Landtags im Königreiche Sachsen während der Jahre 1869–1870. Zweite Kammer, Bd. 4, Dresden 1870, S. 3306.

[24] Bayerns Recht, eigene Gesandte im Ausland zu unterhalten, wurde im bayerischen Schlussprotokoll vom 23. November 1870 (Ziffer VII und VIII) bestätigt, vgl. Eberhard von Gentil de Lavallade, Das Gesandtschafts- und Konsularrecht des Deutschen Reichs, Bonn 1908, S. 27.

gierung mit ihrer Position in der ersten Kammer vollkommene Zustimmung fand, sprachen sich in der zweiten Kammer 1872 und 1874 viele liberale Abgeordnete gegen die Gesandtschaften in München und Wien aus, konnten sich in den Abstimmungen über den Gesandtschaftsetat gegen die Landtagsmehrheit aber nicht durchsetzen. Diese betrachtete das (aktive und passive) Gesandtschaftsrecht weiterhin als einen Grundpfeiler der Rest-Souveränität Sachsens[25] und bewilligte die von der Regierung beantragten Mittel für die Gesandtschaften – wenn auch zum Teil nur „transitorisch".

Nachdem im November 1879 ein Antrag zur Schließung der Gesandtschaften in München und Wien in der zweiten Kammer mit 32 gegen 44 Stimmen gescheitert war[26], beschäftigten die Gesandtschaften die politischen Auseinandersetzungen im Landtag kaum noch, und der von der Regierung vorgelegte Gesandtschaftsetat wurde bis zum Beginn des 20. Jahrhunderts meist kommentarlos bewilligt. Grundsätzlich in Frage gestellt wurden die bestehenden sächsischen Gesandtschaften nur noch von einzelnen Abgeordneten der Linken, wie von August Bebel, der sie im November 1881 als „krampfhaftes Klammern an einen äußerlichen Schein von Selbständigkeit" kritisierte und die Streichung der beantragten Mittel forderte[27].

Trotz des außenpolitischen Kompetenzverlustes nach 1867/71 und der Aufgabe zahlreicher diplomatischer Posten behielt Sachsen sein außenpolitisches Instrumentarium in der früheren Grundstruktur bei. Zur Koordinierung seiner außen- bzw. deutschlandpolitischen Aktivitäten wurden weiterhin das Ministerium der auswärtigen Angelegenheiten, das zusammen mit den anderen Fachministerien im Zuge der Staatsreform 1831 eingerichtet worden war[28], sowie Gesandtschaften und Konsulate unterhalten. Als kleinstes unter den sächsischen Ministerien war das Außenministerium zuständig für:

1. die politische und Zeremonialkorrespondenz des Königs und die Angelegenheiten des königlichen Hauses im Ausland,

2. die Instruktion der dem Ministerium unterstehenden Gesandtschaften und Konsulate,

3. die Angelegenheiten des Deutschen Bundes,

[25] Vgl. als Beispiel die Rede des konservativen Abgeordneten Ludwig Haberkorn in der zweiten Kammer des Landtags am 19. Mai 1874, in: Mittheilungen über die Verhandlungen des ordentlichen Landtags im Königreiche Sachsen während der Jahre 1873–1874. Zweite Kammer, Bd. 2, Dresden 1874, S. 1594 f.

[26] Mittheilungen über die Verhandlungen des ordentlichen Landtags im Königreiche Sachsen während der Jahre 1879–1880. Zweite Kammer, Bd. 1, Dresden 1880, S. 80.

[27] Mittheilungen über die Verhandlungen des ordentlichen Landtags im Königreiche Sachsen während der Jahre 1881–1882. Zweite Kammer, Dresden 1882, S. 113.

[28] Gerhard Schmidt, Die Staatsreform in Sachsen in der ersten Hälfte des 19. Jahrhunderts, Weimar 1966, S. 197 ff.

4. die Verhandlungen mit fremden Staaten sowie den Abschluss von Staatsverträgen,

5. die Korrespondenz mit fremden Regierungen,

6. die Annahme der fremden Gesandten und Bevollmächtigten und den diplomatischen Verkehr mit ihnen,

7. die Bearbeitung von Gesuchen sächsischer Privatpersonen im Ausland,

8. die Legalisation für das Ausland bestimmter gerichtlicher Dokumente,

9. die Ausstellung von Ministerialpässen für das Ausland[29].

Nach 1867 bzw. 1871 kamen als Aufgaben die Angelegenheiten des Norddeutschen Bundes bzw. des Reichs, die Korrespondenz mit dem Bundes- bzw. Reichskanzler sowie die Instruierung der sächsischen Bevollmächtigten im Bundesrat hinzu[30].

Bei dem nicht sehr umfangreichen Aufgabenkreis des Außenministeriums wurde das Ministeramt von anderen Fachministern (häufig den Innenministern) wahrgenommen, was den fiskalischen Vorteil hatte, dass kein selbstständiges Ministergehalt gezahlt werden musste. Als sächsische Außenminister fungierten ab 1866 Richard von Friesen, ab 1876 Hermann von Nostitz-Wallwitz, ab 1882 Georg Friedrich Alfred von Fabrice, ab 1891 Karl Georg Levin von Metzsch-Reichenbach, ab 1906 Karl Adolf Philipp Wilhelm von Hohenthal und Bergen sowie ab 1909 Christof Johann Friedrich Vitzthum von Eckstädt[31].

Das Personal des Außenministeriums bestand 1873 aus drei Ministerialräten und sechs Kanzlisten. Der Teilverlust der außenpolitischen Souveränität nach 1867 hatte nur zu einer unwesentlichen Personalreduzierung geführt, da die wegfallenden außenpolitischen Aufgaben durch den neu hinzukommenden Abstimmungsbedarf mit dem Norddeutschen Bund bzw. dem Reich kompensiert wurden. Wichtigste Aufgabe des Außenministeriums war die Abstimmung politischer, wirtschaftlicher und zahlreicher anderer Fragen zwischen dem Reich und Sachsen[32].

Im Jahr 1905 beantragte die Regierung beim Landtag die Aufstockung des Ministerialpersonals um eine Stelle und begründete dies mit einer erheblichen Zunahme der Geschäftskorrespondenz. So war die Zahl der Berichte der Gesandtschaft Berlin an das Außenministerium von 169 im Jahr 1875 auf 1350 im Jahr 1905 gestiegen, die Anzahl der ministeriellen Erlasse aus Dresden an diese

---

[29] Staatshandbuch für das Königreich Sachsen 1865/66, S. 513.

[30] Staatshandbuch für das Königreich Sachsen 1870, S. 547.

[31] Angaben nach: Tobias C. Bringmann, Handbuch der Diplomatie 1815–1963. Auswärtige Missionschefs in Deutschland und deutsche Missionschefs im Ausland von Metternich bis Adenauer, München 2001, S. 348.

[32] Schmidt, Staatsreform, S. 237.

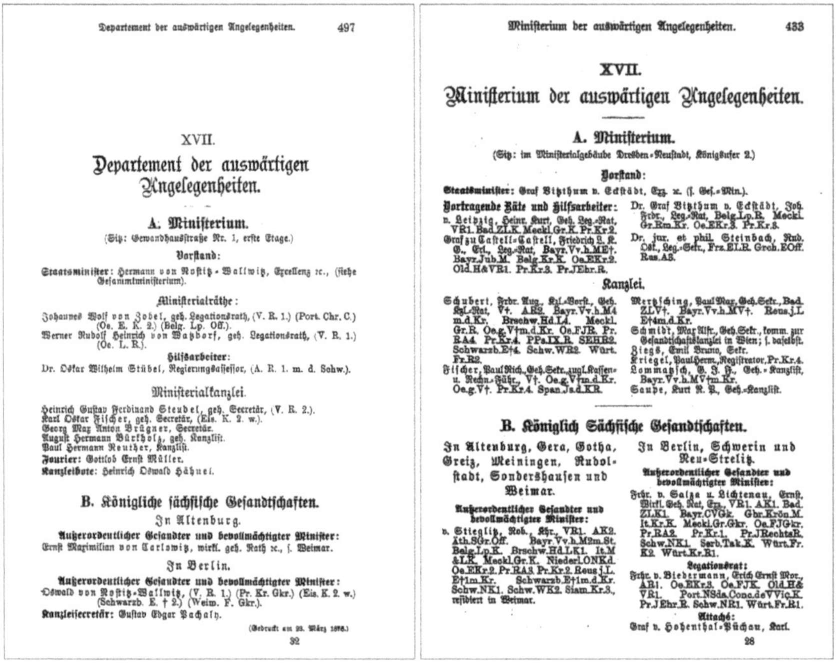

Departement der auswärtigen Angelegenheiten. 497

XVII.

Departement der auswärtigen Angelegenheiten.

A. Ministerium.

(Sitz: Gewandhausstraße Nr. 1, erste Etage.)

Vorstand:

Staatsminister: Hermann von Nostitz-Wallwitz, Excellenz rc., (siehe Gesammtministerium).

Ministerialräthe:

Johannes Wolf von Zobel, geh. Legationsrath, (V. R. 1.) (Port. Chr. C.) (Oe. E. K. 2.) (Belg. Lp. Off.).
Werner Rudolf Heinrich von Watzdorf, geh. Legationsrath, (V. R. 1.) (Oe. L. R.).

Hilfsarbeiter:

Dr. Oskar Wilhelm Stübel, Regierungsassessor, (A. R. 1. m. d. Schw.).

Ministerialkanzlei.

Heinrich Gustav Ferdinand Steudel, geh. Secretär, (V. R. 2.).
Karl Oskar Fischer, geh. Secretär, (Eis. K. 2. w.).
Georg Max Anton Brügner, Secretär.
August Hermann Bürkholz, geh. Kanzlist.
Paul Hermann Reuther, Kanzlist.
Fourier: Gottlob Ernst Müller.
Kanzleibote: Heinrich Oswald Hähnel.

B. Königliche sächsische Gesandtschaften.

In Altenburg.

Außerordentlicher Gesandter und bevollmächtigter Minister:
Ernst Maximilian von Carlowitz, wirkl. geh. Rath rc., s. Weimar.

In Berlin.

Außerordentlicher Gesandter und bevollmächtigter Minister:
Oswald von Nostitz-Wallwitz, (V. R. 1.) (Pr. Kr. Gkr.) (Eis. K. 2. w.) (Schwarzb. E. † 2.) (Weim. F. Gkr.).
Kanzleisecretär: Gustav Edgar Pachaly.

(Gedruckt am 23. März 1878.)

32

Ministerium der auswärtigen Angelegenheiten. 433

XVII.

Ministerium der auswärtigen Angelegenheiten.

A. Ministerium.

(Sitz: im Ministerialgebäude Dresden-Neustadt, Königsufer 2.)

Vorstand:

Staatsminister: Graf Vitzthum v. Eckstädt, Exz. rc. (s. Ges.-Min.).

Vortragende Räte und Hilfsarbeiter:

v. Leipzig, Heinr. Kurt, Geh. Leg.-Rat, VR1. Bad.ZLK. Meckl.Gr.K. Pr.Kr.2.
Graf zu Castell-Castell, Friedrich L. K. G., Erl., Leg.-Rat, Bayr.Vv.h.ME†. Bayr.Jub.M. Belg.Kr.K. Oe.EKr.2. Old.H&VR1. Pr.Kr.3. Pr.JEhr.R.
Dr. Graf Vitzthum v. Eckstädt, Joh. Frdr., Leg.-Rat, Belg.Lp.R. Meckl. Gr.Rm.Kr. Oe.EKr.3. Pr.Kr.3.
Dr. jur. et phil. Steinbach, Rud. Osk., Leg.-Sekr., Frz.ELR. Grch.EOff. Rus.A3.

Kanzlei.

Schubert, Frdr. Aug., Kzl.-Vorst., Geh. Kzl.-Rat, V†. AR2. Bayr.Vv.h.M4 m.d.Kr. Brschw.Hd.L4. Meckl. Gr.R. Oe.g.V†m.d.Kr. Oe.FJR. Pr. RA4. Pr.Kr.4. PPs.IX.R. SEHR2. Schwarzb.E†4. Schw.WR2. Württ. Fr.R2.
Fischer, Paul Rich., Geh.Sekr., zugl. Kassen- u. Rechn.-Führ., V†. Oe.g.V†m.d.Kr. Oe.g.V†. Pr.Kr.4. Span.Js.d.KR.
Mertzsching, Paul Max, Geh.Sekr., Bad. ZLV†. Bayr.Vv.h.MV†. Reus.j.L. E†4m.d.Kr.
Schmidt, Max Alfr., Geh.Sekr., komm. zur Gesandtschaftskanzlei in Wien; s. daselbst.
Ziegs, Emil Bruno, Sekr.
Kriegel, Paul Herm., Registrator, Pr.Kr.4.
Lommatzsch, G. F. H., Geh.-Kanzlist, Bayr.Vv.h.MV†m.Kr.
Saupe, Kurt R. P., Geh.-Kanzlist.

B. Königlich Sächsische Gesandtschaften.

In Altenburg, Gera, Gotha, Greiz, Meiningen, Rudolstadt, Sondershausen und Weimar.

Außerordentlicher Gesandter und bevollmächtigter Minister:
v. Stieglitz, Rob., Fhr., VR1. AK2. Äth.SGr.Off. Bayr.Vv.h.M2m.St. Belg.Lp.K. Brschw.Hd.LK1. It.M&LK. Meckl.Gr.K. Niederl.ONKd. Oe.EKr.2. Pr.RA3. Pr.Kr.2. Reus.j.L. E†1m.Kr. Schwarzb.E†1m.d.Kr. Schw.NK1. Schw.WK2. Siam.Kr.3., residiert in Weimar.

In Berlin, Schwerin und Neu-Strelitz.

Außerordentlicher Gesandter und bevollmächtigter Minister:
Frhr. v. Salza u. Lichtenau, Ernst, Wirkl. Geh. Rat, Exz., VR1. AK1. Bad. ZLK1. Bayr.CVGk. Gbr.Krön.M. It.Kr.K. Meckl.Gr.Gkr. Oe.FJGkr. Pr.RA2. Pr.Kr.1. Pr.JRechtsR. Schw.NK1. Serb.Tak.K. Württ.Fr. K2. Württ.Kr.R1.

Legationsrat:
Frhr. v. Biedermann, Erich Ernst Mor., AR1. Oe.EKr.3. Oe.FJK. Old.H& VR1. Port.NSda.Conc.deVVic.K. Pr.JEhr.R. Schw.NR1. Württ.Fr.R1.

Attaché:
Graf v. Hohenthal-Püchau, Karl.

28

Abbildung 2: Personalbestand des sächsischen Außenministeriums 1878 bzw. 1914

Gesandtschaft im selben Zeitraum von 121 auf 646. Auch die Korrespondenz des Außenministeriums mit Stellen im Ausland sowie mit Reichsämtern und verschiedenen Stellen in Berlin hatte sich erheblich intensiviert[33]. Der Landtag folgte dem Wunsch der Regierung und bewilligte die Stellenaufstockung, so dass die Zahl der „vortragenden Räte und Hülfsarbeiter" ab 1908 dauerhaft um eine Stelle (vorübergehend um zwei) erhöht werden konnte. Bis 1914 waren im sächsischen Außenministerium damit vier Ministerialräte beschäftigt. Die Anzahl der Kanzlisten stieg ebenfalls: von fünf im Jahr 1905 auf sieben im Jahr 1914[34].

Dem Außenministerium unterstellt waren die sächsischen Gesandtschaften und Konsulate. Deren Zahl und Bedeutung hatten sich nach 1867/71 deutlich verringert, wenn man die Gesandtschaft in Berlin ausnimmt, die als Schaltstelle zur Zentrale des Reichs fungierte. Obwohl das Staatshandbuch im Jahr 1876

[33] Mitteilungen über die Verhandlungen des ordentlichen Landtags im Königreiche Sachsen während der Jahre 1907–1908. Zweite Kammer, Bd. 1, Dresden 1907, S. 278.

[34] Angaben nach den Staatshandbüchern für das Königreich Sachsen.

elf sächsische Gesandtschaften auswies (Altenburg, Berlin, Coburg, Darmstadt, Greiz, Meiningen, München, Sondershausen, Stuttgart, Weimar und Wien), bestanden eigentlich nur vier (Berlin, München, Weimar und Wien), da der Gesandte in Weimar auch bei den anderen thüringischen Höfen, der Gesandte in München auch in Darmstadt und Stuttgart beglaubigt war. Dabei ist sogar zweifelhaft, ob die Gesandtschaft in Weimar tatsächlich als „vollwertige" diplomatische Vertretung angesehen werden kann, denn der sächsische Gesandte blieb mit Zustimmung des Außenministeriums nur wenige Wochen im Jahr in Thüringen und erhielt im Unterschied zu seinen Kollegen in Berlin, München und Wien keine reguläre Besoldung, sondern eine Aufwandsentschädigung[35]. Bis 1914 entstanden weitere sächsische „Nebengesandtschaften" in Karlsruhe (von München aus betreut), sowie in Schwerin und Neustrelitz (von Berlin).

Mit Abstand am wichtigsten war die sächsische Gesandtschaft in Berlin, die die Interessen Sachsens beim Reich zu vertreten und den Kontakt mit der Reichsverwaltung aufrechtzuerhalten hatte. Der sächsische Gesandte in Berlin fungierte als stimmführender Bevollmächtigter Sachsens beim Bundesrat, hatte zusammen mit den anderen sächsischen Bundesratsbevollmächtigten an dessen Beratungen und Entscheidungen mitzuwirken und sich vorab mit der sächsischen Regierung abzustimmen. Die Gesandtschaft war 1870 mit einem außerordentlichen Gesandten und bevollmächtigten Minister sowie einem Legationssekretär ausgestattet, der vorübergehend durch einen Kanzleisekretär ersetzt wurde. Um 1890 hatte die Gesandtschaft fünf Mitarbeiter (Gesandter, Legationssekretär, Kanzleisekretär, Kanzleidiener und Portier), zu denen ab Ende der 1890er-Jahre noch zeitweise ein Attaché bzw. ein abkommandierter Offizier kam. Von allen sächsischen diplomatischen Vertretungen war die Berliner Gesandtschaft personell am besten besetzt und auch räumlich am besten ausgestattet. Sie verfügte seit 1884 über ein repräsentatives Gebäude, mit einer als luxuriös beschriebenen Innenausstattung, darunter zahlreichen wertvollen Leihgaben der Dresdner Gemäldegalerie, jedoch stellte sich die zentrale Lage des Gebäudes in Berlin durch den enorm zunehmenden Straßenverkehr immer mehr als Nachteil heraus[36].

---

[35] HStAD, 10717 Ministerium der Auswärtigen Angelegenheiten, Nr. 3363 und 3364. Die Einkommensdifferenz zu den Gesandten in Bayern, Österreich und Preußen war sehr beachtlich: Der Rechenschaftsbericht zur Finanzperiode 1876/77 wies für den Gesandten an den thüringischen Höfen 2590,76 Mark Vergütung aus, während die Gesandten in Berlin, Wien und München feste Besoldungen in Höhe von 30 000, 18 000 und 15 000 Mark erhielten, vgl. Landtags-Acten von den Jahren 1879/80. Königliche Decrete nebst Anfugen, Bd. 1, Dresden o. J., S. 243.

[36] Fred J. Heidemann, Sachsens Vertretungen. Von den Kurfürstlich-Sächsischen Gesandtschaften zur Vertretung des Freistaates Sachsen beim Bund, Dresden 2008, S. 61; HStAD, 10851 Ministerium der Finanzen, Nr. 4941, Bl. 1.

Abbildung 3: Gebäude der Sächsischen Gesandtschaft Berlin, Ansicht mit Vorgartengelände in der Friedrich-Ebert-Straße, 1929

Im Vergleich mit Berlin war die Aufgabenlast der Gesandtschaften in München, Wien und besonders Weimar deutlich geringer. Die Posten waren anfänglich nur mit den Gesandten besetzt und wurden durchgängig erst seit dem Beginn des 20. Jahrhunderts durch Legationssekretäre bzw. Attachés personell verstärkt. Zwar betonte die sächsische Regierung im Landtag immer wieder die Notwendigkeit und den Nutzen der Vertretungen in München und Wien und verwies dabei auf die gemeinsamen Grenzen, auf Verkehrs- und Wirtschaftsfragen sowie die Beziehungen zwischen den Herrscherhäusern[37]; doch im Großen und Ganzen handelte es sich bei diesen drei Posten um politisch wenig bedeutende, mehr dekorative Stellen oder – wie es der sächsische Gesandte in Berlin, Hans Gottfried von Nostitz-Drzewiecki, in seinen Lebenserinnerungen formulierte – um „Sinecuren"[38]. Der sozialdemokratische Abgeordnete Gustav Riem

---

[37] Mitteilungen über die Verhandlungen des ordentlichen Landtags im Königreiche Sachsen während der Jahre 1903 – 1904. Zweite Kammer, Bd. 2, Dresden 1904, S. 1099 f.; Mitteilungen über die Verhandlungen des ordentlichen Landtags im Königreiche Sachsen während der Jahre 1909–1910. Zweite Kammer, Bd. 3, Dresden 1910, S. 2881.

[38] HStAD, 13819 Personennachlass Hans Gottfried von Nostitz-Drzewiecki, Nr. 16, Lebenserinnerungen, Kapitel 3, S. 2.

zog daher im Mai 1912 im sächsischen Landtag ebenso boshaft wie genüsslich Parallelen zu den Verhältnissen in Bayern und zitierte dortige Informationen, wonach sich der bayerische Gesandte in Wien meist bei seinem Sohn in Portugal aufhalte und nur dann und wann nach Wien komme, um nachzusehen, „ob sein Schreiber noch nicht vor Langeweile zur Mumie eingetrocknet ist", der bayerische Gesandte in der Schweiz bei jeder Prozession zu finden sei, hinter den Frauen hergehe und fleißig den Rosenkranz bete und den bayerischen Gesandten in Berlin auszeichne, dass man bei ihm ausgezeichnet essen könne[39].

Die zeremonielle Langeweile und der amtliche Leerlauf im Alltagsgeschäft der innerdeutschen Gesandtschaften waren freilich keine Erfindung sozialdemokratischer Kritiker, sondern werden auch in Memoiren von Diplomaten beklagt, die solche Posten bekleideten. Der österreichische Gesandte in Dresden, Graf Lützow, fragte sich verbittert: „Was habe ich eigentlich angestellt, um hierher in die Verbannung geschickt zu werden?" und reiste häufig nach Berlin, um noch einigermaßen mit der großen Politik in Kontakt zu bleiben. Bei der Teilnahme an höfischen Ereignissen in den kleinen thüringischen Residenzen, die zum Sprengel der österreichischen Gesandtschaft in Dresden gehörten, sei es den Diplomaten oft kaum noch möglich gewesen, das Lachen zu unterdrücken, etwa wenn man dem Fürsten von Schwarzburg-Rudolstadt in vollendeter diplomatischer Form mitzuteilen hatte, dass man die so glücklich bestehenden Beziehungen zwischen Schwarzburg-Rudolstadt und Österreich ferner zu erhalten und weiter zu entwickeln bestrebt sein werde. Zwar verwies Graf Csáky, ab 1906 österreichischer Gesandter in Dresden, auf umfangreiche administrative Agenden der Gesandtschaft in Grenzangelegenheiten zwischen Sachsen und Böhmen, schätzte aber zugleich ein: „Der anstrengendste Teil des Dienstes bestand in der Teilnahme an den vielen, vom königlichen Hofe veranstalteten Empfängen und Festlichkeiten."[40]

Zu den Vertretungen Sachsens gehörten nach 1871 auch Konsulate. Ihre Zahl war nach der Gründung des Norddeutschen Bundes stark gesunken (von 73 auf acht), da die deutschen Bundesländer keine Konsulate im Ausland mehr unterhalten durften. Sächsische Konsulate bestanden in Bremen, Bremerhaven, Frankfurt am Main, Hamburg, Köln, München, Stettin und Stuttgart und waren durchgängig mit Honorarkonsuln besetzt. Ihre Zahl blieb bis zum Beginn des Ersten Weltkrieges weitestgehend konstant; 1907 wurde allerdings das Konsulat in Bremerhaven eingezogen. Die Geschäfte der sächsischen Konsulate waren

---

[39] Mitteilungen über die Verhandlungen des ordentlichen Landtags im Königreiche Sachsen während der Jahre 1911–1912. Zweite Kammer, Bd. 4, Dresden 1912, S. 2995.

[40] Die Zitate nach Rudolf Agstner, Von „dynastischen Verbindungen", Gesandten und Konsuln – zu den Beziehungen Österreich–Sachsen von 1815 bis 1918, in: Dresdner Hefte 83 (2005), S. 15–22, hier S. 17 f.

Abbildung 4: Hofuniform eines sächsischen Konsularbeamten, 1889

wenig bedeutend, da die klassischen Auslandsaufgaben entfallen waren. So ging es in der wenig umfangreichen Korrespondenz zwischen dem sächsischen Außenministerium und dem Konsulat München in den Jahren 1880–1899 u. a. um die Übersendung von Staatshandbüchern, die Satzung der städtischen Handelsschule München, Hilfsmaßnahmen für hochwassergeschädigte Regionen Deutschlands (darunter Sachsen) und die Transportversicherung für die Internationale Kunstausstellung in München zur Vorbereitung einer entsprechenden Ausstellung in Dresden. Das Konsulat Hamburg war in den Jahren 1848–1906 u. a. mit Staatsangehörigkeitsfragen, der Tätigkeit des Konsuls als sächsischer Staatskommissar für die Allgemeine Gartenbau-Ausstellung in Hamburg, der Übersendung von Druckschriften sowie mit Erbschaftsangelegenheiten befasst. Bei der geringen dienstlichen Inanspruchnahme der sächsischen Konsuln galt die Übertragung des Amts vor allem als Möglichkeit, Angehörige anderer deutscher Länder, die sich um Sachsen verdient gemacht hatten, mit einem klangvollen Titel zu würdigen.

Zwischen 1880 und 1910 waren die sächsischen diplomatischen Posten im von den Konservativen beherrschten sächsischen Landtag kaum noch thematisiert, geschweige denn in Frage gestellt worden. Dies hing auch damit zusammen, dass im Gefolge der politischen Maßnahmen gegen die Sozialdemokratie von 1878–1890 und der konservativen Wahlrechtsreform von 1896 nur noch sehr wenige sozialdemokratische und linksliberale Abgeordnete in den Landtag gelangten und sich dort grundsätzlich gegen das Fortbestehen der Gesandtschaften äußern konnten. Die Wahlrechtsreform von 1909 und die im Herbst des gleichen Jahres durchgeführte Landtagswahl führten zu einer erheblichen Verschiebung des parlamentarischen Kräfteverhältnisses, vor allem durch Mandatsgewinne für die Sozialdemokratie und den Freisinn[41], deren Abgeordnete die Kritik am außenpolitischen Instrumentarium Sachsens in der zweiten Kammer des Landtages denn auch vehement erneuerten. Der sozialdemokratische Abgeordnete Karl Sindermann erklärte am 4. Mai 1910, seine Partei könne „weder die Notwendigkeit eines eigenen Ministeriums der auswärtigen Angelegenheiten einsehen, noch die Notwendigkeit der Haltung eigener Gesandten Sachsens" und lehne daher die von der Regierung dafür beantragten Haushaltsmittel ab. Die knapp 200 000 Mark, die für Außenministerium und Gesandtschaften geplant seien, sollten für sozialpolitische Maßnahmen verwendet werden[42]. Der Abgeordnete des Freisinn, Oskar Günther, forderte die Schließung der Gesandtschaften in München und Wien, hielt aber die Gesandtschaft in Berlin und das Außenministerium zunächst noch für notwendig[43]. Mit ihren Ansichten drangen Sozialdemokraten und Linksliberale allerdings nicht durch, denn bei den Abstimmungen über den Gesandtschaftsetat entschieden die parlamentarischen Mehrheitsverhältnisse in der zweiten Kammer zugunsten der Nationalliberalen und Konservativen, im Mai 1910 allerdings nur noch mit 42 gegen 35 Stimmen.

Da die Mandatsverteilung im Landtag bis 1919 bestehen blieb (die für 1917 anstehenden Wahlen wurden kriegsbedingt verschoben), änderte sich auch in der Gesandtschaftsfrage nach 1910 nichts. Zu der von der Opposition wiederholt vorgeschlagenen Reduzierung der diplomatischen Posten kam es nicht. Während des Ersten Weltkrieges, im Jahr 1916, wurde sogar ein neues Konsulat in Mannheim gegründet[44]. Diese Gründung und die deutlich ansteigende Aktivität z. B. der sächsischen Konsulate in den letzten Kriegsjahren geben Hinweise darauf, dass Sachsen mit Blick auf die bevorstehende Neuordnung nach dem Krieg sein außenpolitisches Instrumentarium intensiver nutzte und sogar auszubauen versuchte. Anfang 1918 brachte eine Gruppe von Abgeordneten um den Konservativen Hermann Böhme einen Antrag auf Ausbau der auswärtigen Vertretungen Sachsens ein, wobei diese Initiative vor

---

[41] Döscher/Schröder (Bearb.), Sächsische Parlamentarier, S. 67–71.
[42] Mitteilungen über die Verhandlungen des ordentlichen Landtags im Königreiche Sachsen während der Jahre 1909–1910. Zweite Kammer, Bd. 3, Dresden 1910, S. 2878.
[43] Ebd., S. 2879 f.
[44] HStAD, 10717 Ministerium der Auswärtigen Angelegenheiten, Nr. 3556.

allem mit dem Vorgehen Bayerns begründet wurde[45]. Der Antrag sah vor, neue diplomatische Vertretungen in Sofia (u. a. wegen der Interessen der Dresdner Zigarettenindustrie auf dem Balkan), Bern sowie Kopenhagen einzurichten und das sächsische Konsulat in Hamburg in ein Berufskonsulat oder eine Gesandtschaft umzuwandeln. Außerdem sollten die bestehenden Vertretungen in Berlin, München, Weimar und Wien personell verstärkt und nach Möglichkeit eine neue Gesandtschaft in Stuttgart gegründet werden[46]. Die Regierung begrüßte diese Initiative zwar und verwies auf die in der Kriegszeit gestiegene Bedeutung der Gesandtschaften, äußerte sich zur Einrichtung von neuen Vertretungen im Ausland aber skeptisch, da zunächst die weitere Entwicklung abzuwarten sei. Konkret geplant wurden von ihr lediglich die Einrichtung von Honorarkonsulaten in einigen wichtigen Ostseehäfen sowie die Schaffung „des Anfangs zu einer Vertretung" in Bulgarien[47].

Durch die militärischen und politischen Ereignisse der Jahre 1918/19 wurde diesen Überlegungen und Planungen freilich sehr schnell die Grundlage entzogen. Mit dem Übergang zur republikanischen Staatsform und der Stärkung zentralstaatlicher Befugnisse verlor das von den Bundesstaaten bisher behauptete und nicht zuletzt als Attribut monarchischer Souveränität der Bundesfürsten legitimierte bundesstaatliche Gesandtschaftsrecht seine Rechtfertigung. Die Weimarer Verfassung verlagerte die Kompetenzen auf dem Gebiet völkerrechtlicher Vertretung nun eindeutig auf die Seite des Reiches: Nach Artikel 78 war die Pflege der auswärtigen Beziehungen nun ausschließlich Reichsangelegenheit, während Artikel 6 dem Reich die ausschließliche Gesetzgebung über die Beziehungen zum Ausland zuwies und Artikel 45 dem Reichspräsidenten das Recht vorbehielt, die Gesandten auswärtiger Mächte zu empfangen und zu beglaubigen.

Sachsen hielt zwar nach 1919 zunächst an seinem Außenministerium, den Gesandtschaften und Konsulaten fest und begründete dies verfassungsrechtlich mit Artikel 28 der sächsischen Verfassung von 1920, nach welcher der Ministerpräsident auch die Aufgabe hatte, das Land nach außen zu vertreten; doch wurde das hauptsächlich als Relaisstation zur Gesandtschaft in Berlin fungierende Außenministerium nach und nach (endgültig erst 1935) mit der Staatskanzlei verschmolzen und die Zahl der Gesandtschaften durch Auflösung der Vertretungen in Weimar und Wien bereits 1919/20 auf zwei (Berlin und München) reduziert. Die verbleibenden Vertretungen ließ man allmählich eingehen: das Konsulat in München im Jahr 1923, das Konsulat in Stettin im Jahr 1924,

---

[45] Mitteilungen über die Verhandlungen des ordentlichen Landtags im Königreiche Sachsen während der Jahre 1917–1918. Zweite Kammer, Bd. 2, Dresden 1918, S. 949.
[46] Ebd., S. 953 ff., Bd. 3. 1915 ff.
[47] Ebd., S. 955 ff., Bd. 3, S. 1917 f.

Abbildung 5: 1912–1915 errichtetes Gebäude des Hauptstaatsarchivs Dresden

das Konsulat in Bremen im Jahr 1927, die Gesandtschaft in München und das Konsulat in Hamburg im Jahr 1930, die Konsulate in Frankfurt am Main und Köln im Jahr 1933. Die Gesandtschaft in Berlin blieb als „Vertretung Sachsens in Berlin" auch in der NS-Zeit bestehen; ihr Aufgabengebiet und Personal wurden allerdings schrittweise reduziert, bis Anfang 1945 schließlich auch sie ihre Tätigkeit einstellte[48].

Die Akten und Geschäftsbücher, die nach 1831 im sächsischen Außenministerium sowie den sächsischen Gesandtschaften und Konsulaten entstanden und deren Anlage, Ordnung und Ablage in Kanzlei- und Archivordnungen geregelt wurde[49], verblieben zunächst an Ort und Stelle. Die Entscheidung darüber, ob und welche Unterlagen aus den Registraturen bzw. Behördenarchiven der diplomatischen Vertretungen und des Ministeriums an das 1834 gegründete Hauptstaatsarchiv für das Königreich Sachsen abgegeben werden sollten, traf das Außenministerium. Der Abgabewille der sächsischen Staatsministerien wurde bis zum Ende des 19. Jahrhunderts allgemein von der Sorge gebremst, dass Akten von politischer Bedeutung allzu früh dem Hauptstaatsarchiv überlassen und dort der Benutzung zugänglich gemacht werden könnten. Insofern erfolgten Aktenabgaben zögerlich und häufig nur dann, wenn es aus bestimmten Sachzwängen heraus gar nicht mehr anders

---

[48] Heidemann, Sachsens Vertretungen, S. 58.
[49] HStAD, 10717 Ministerium der Auswärtigen Angelegenheiten, Nr. 2810, 2819, 2820.

ging. Eine Anfrage des Gesamtministeriums über bisherige Aktenabgaben an das Hauptstaatsarchiv beantwortete das Außenministerium im Oktober 1882 mit der Auskunft, dass es seine Akten „thunlichst" zurückhalte und Abgaben nur zustimme, wenn Raummangel oder „Localwechsel" keine andere Wahl ließen. Ein weiterer zwingender Grund sei die Auflösung von diplomatischen Vertretungen (besonders nach 1867) sowie die Anforderung älterer Bestandteile des Ministerialarchivs durch das Hauptstaatarchiv. Diesem war zwar bereits der größere Teil der Ministerialakten über den Deutschen Bund übergeben worden (in den Jahren 1863, 1867 und 1868 außerdem die Akten der sächsischen Bundestagsgesandtschaft in Frankfurt sowie 1856 und 1870 ein Teil der Akten der Gesandtschaft in Wien[50]), wobei „jedoch selbstverständlich" die wichtigsten Unterlagen, „d.h. diejenigen über die schleswig-holsteinische und die orientalische, sowie über die italienische und die polnische Frage mit den zahlreichen Acten über die Revision der Bundes-Verfassung und die Deutsche Verfassungs-Angelegenheit überhaupt im diesseitigen Ministerial-Archive zurückbehalten worden" seien. Auch die nicht in die Akten aufgenommenen politischen Berichte der Gesandten sowie Staatsverträge mit ihren Ratifikationen verblieben im Ministerialarchiv[51].

Erst seit Mitte der 1880er Jahre änderte sich die bisherige restriktive Sichtweise, und es kam zu mehreren größeren Aktenabgaben aus dem Außenministerium an das Hauptstaatsarchiv, unter anderem der Korrespondenzakten des Ministeriums mit sächsischen Gesandtschaften und Konsulaten, mit ausländischen Gesandtschaften in Sachsen sowie mit auswärtigen Ministerien. Die Entlastung der Altregistratur bzw. des Archivs des Ministeriums von archivwürdigen Unterlagen wurde aber noch nicht zum selbstverständlichen Regelfall, denn bei einer Abgabe von Ministerial- und Gesandtschaftsakten im November 1898 wurde das Hauptstaatsarchiv explizit darauf hingewiesen, dass sich unter diesen eine große Anzahl mit politischem Inhalt befinde, „deren vorzeitige Abgabe wegen Raummangels sich erforderlich gemacht hat" und die im Hauptstaatsarchiv zu sekretieren und einer Benutzung nicht zugänglich zu machen seien[52]. Damit verdeutlichte das Ministerium, dass es die Abgaben als notgedrungene Einzelfälle ansah und weiterhin die Verfügungsgewalt über die in seinem Verantwortungsbereich entstandenen Unterlagen beanspruchte. An diesem Standpunkt hielt es auch 1910 noch fest[53].

---

[50] HStAD, 10718 Sächsische Gesandtschaft beim Deutschen Bundestag in Frankfurt am Main, Findbuch, Vorbemerkungen, sowie Vorbemerkungen zur Gesandtschaft Wien im Sammel-Findbuch „Sächsische Gesandtschaften", Bl. 89.
[51] HStAD, 10717 Ministerium der Auswärtigen Angelegenheiten, Nr. 367/1, Bl. 3 f.
[52] Ebd., Bl. 114.
[53] HStAD, 10717 Ministerium der Auswärtigen Angelegenheiten, Nr. 518.

Am Ende des Ersten Weltkrieges befand sich insofern der Großteil der „außenpolitischen" Überlieferung Sachsens noch in der Altregistratur bzw. dem „Archiv" des sächsischen Außenministeriums, das vor 1914 hin und wieder von meist wissenschaftlichen Benutzern in Anspruch genommen worden war – wobei die Benutzung in der Regel durch Versendung der benötigten Akten an Universitäten und Behörden erfolgte. Im Zusammenhang mit dem Bedeutungsverlust der sächsischen Außenpolitik nach 1918 schwand allerdings das Interesse an den eigenen Unterlagen, so dass es zwischen 1924 und 1931 fast jährlich zu Aktenabgaben aus dem Außenministerium kam[54]. 1929 signalisierte auch die sächsische Gesandtschaft in Berlin Aussonderungsbedarf für die bis 1918 entstandene Überlieferung, da die vielen seitdem angelegten Akten in den vorhandenen Archivräumlichkeiten nicht mehr untergebracht werden könnten[55]. Nach längerem Hin und Her, zuletzt wegen der Übernahme der Transportkosten von Berlin nach Dresden, trafen die archivwürdigen Gesandtschaftsakten Anfang September 1935 im Hauptstaatsarchiv ein. Ein Großteil der in Berlin verbliebenen neuen Unterlagen musste im folgenden Jahr unter hohem politischen und zeitlichen Druck (das Gebäude der sächsischen Vertretung wurde von der Privatkanzlei Adolf Hitlers beansprucht) bewertet und erschlossen werden und kam am 26. Oktober 1936 (einen Monat nachdem die Staatskanzlei das Hauptstaatsarchiv zur Bewertung der Akten aufgefordert hatte) in Dresden an[56].

Ein Jahr nach der Übernahme der Unterlagen aus der Gesandtschaft Berlin wurde im Hauptstaatsarchiv die Erschließung der Ministerial- und Gesandtschaftsbestände in Angriff genommen[57]. Archivdirektor Hellmut Kretzschmar beauftragte 1937 die eben erst eingestellten Archivare Martin Naumann und Horst Schlechte mit der Bearbeitung. Naumann übernahm die Bewertung und Erschließung des zentralen Bestandes, des Ministeriums der auswärtigen Angelegenheiten, konnte die Arbeiten aber nicht abschließen, da er im August 1939 zur Wehrmacht eingezogen wurde und Ende 1941 fiel. Die von Naumann

---

54 HStAD, 10707 Sächsisches Hauptstaatsarchiv, Nr. 3056, Bl. 15 ff. Die Staatskanzlei gab restliche bei ihr vorhandene Unterlagen des Außenministeriums in den Jahren 1938/39 sowie im Juni 1943 an das Hauptstaatsarchiv ab, vgl. HStAD, 10707 Sächsisches Hauptstaatsarchiv, Nr. 3001, Bl. 111, 129; Nr. 9582, 9583 (= Bd. 1 und 2 des alten Findbuchs).
55 HStAD, 10707 Sächsisches Hauptstaatsarchiv, Nr. 3056, Bl. 33.
56 HStAD, 10707 Sächsisches Hauptstaatsarchiv, Nr. 3056, Bl. 58–63. Die restlichen bzw. ab 1936 entstandenen Unterlagen der sächsischen Vertretung in Berlin gelangten, soweit sie die Kriegszeit überstanden, nach 1945 in das Geheime Staatsarchiv/PK in Berlin (dort Bestand Rep. 219) und wurden dem Hauptstaatsarchiv Dresden im Rahmen des Archivalienaustauschs BRD–DDR Ende 1987 übergeben.
57 Die Akten der sächsischen Bundestagsgesandtschaft in Frankfurt am Main waren bereits 1903/04 erschlossen worden.

geleistete Erschließungsarbeit wurde nach dem Krieg, 1952, von Alfred Opitz fortgeführt und im April 1953 abgeschlossen. Schlechte (der spätere Direktor des Archivs) erschloss die Unterlagen der sächsischen Gesandtschaften und beendete diese Arbeit 1939. Die von Naumann, Opitz und Schlechte erstellten Findbücher wurden inzwischen retrokonvertiert und überarbeitet und stehen als Online-Findbücher auf der Internetseite des Staatsarchivs zur Recherche zur Verfügung.[58]

Die im Sächsischen Staatsarchiv heute vorhandene Überlieferung zur sächsischen Außenpolitik der Kaiserzeit hat mit fast 600 lfm einen beachtlichen Umfang[59]. Überragende Bedeutung haben die Bestände des Außenministeriums sowie der Gesandtschaft in Berlin, da auf diese beiden wichtigsten außenpolitischen Institutionen ca. 92 % der Gesamtüberlieferung entfallen (s. Tabelle). Unter den anderen Provenienzstellen sind die Gesandtschaften München und Wien mit ca. 18 bzw. 20 lfm hervorzuheben, während die Posten in Darmstadt, Karlsruhe, Stuttgart und Weimar recht wenig Überlieferung generiert haben. Nicht ausgewiesen in der Aufstellung sind die nach 1871 fortbestehenden sächsischen Konsulate, deren in der Regel wenig umfangreiche Archive (soweit sie überhaupt überliefert sind) in den Aktenbestand des Außenministeriums eingegangen sind.

Am Beispiel der beiden wichtigsten und umfangreichsten Bestände (10717 Ministerium der Auswärtigen Angelegenheiten und 10719 Sächsische Gesandtschaft für Preußen/beim Deutschen Reich, Berlin) soll abschließend auf inhaltliche Schwerpunkte der außenpolitischen Überlieferung Sachsens nach 1871 eingegangen werden. Bei der Erschließung der Unterlagen des Außenministeriums wurde der Bestand in zwei Hauptgruppen gegliedert, von denen die erste die Unterlagen des Ministeriums als Behörde, zur sächsischen Außenpolitik im Deutschen Bund, im Norddeutschen Bund und im Deutschen Reich sowie den Schriftverkehr mit den eigenen und den ausländischen diplomatischen Vertretungen enthält, die zweite die Unterlagen des Ministeriums als „Mittlerstelle" zwischen sächsischen Fachministerien und Stellen des Reichs sowie des Auslandes.[60] Der Bedeutungs- und Funktionswandel der sächsischen

---

[58] www.archiv.sachsen.de/archiv/dresden/1296.htm (15. Juli 2011).

[59] Die Sowjetische Besatzungsmacht forderte vom Hauptstaatsarchiv zwischen 1947 und 1950 zahlreiche Akten aus den Beständen des Ministeriums der auswärtigen Angelegenheiten und der Gesandtschaften an, wovon einige nicht zurückgegeben wurden, vgl. HStAD, 10707 Sächsisches Hauptstaatsarchiv, Nr. 1764, Bl. 241 ff. Sie sind in der Datenbank www.lostart.de nachgewiesen und befinden sich heute vermutlich in russischen Archiven.

[60] Übersicht über die Bestände des Sächsischen Landeshauptarchivs und seiner Landesarchive, Leipzig 1955, S. 180 f. Das Mengenverhältnis zwischen beiden Hauptgruppen liegt bei etwa 48 zu 52 %.

Tabelle 1: Bestände zur sächsischen Außenpolitik im HStA Dresden

Bestand		Laufzeit	Umfang
10717	Ministerium der Auswärtigen Angelegenheiten	1767–1940	384,05 lfm
10719	Sächsische Gesandtschaft für Preußen/ beim Deutschen Reich, Berlin	1830–1944	158,70 lfm
10721	Sächsische Gesandtschaft für Baden, Karlsruhe	1853–1914	0,80 lfm
10722	Sächsische Gesandtschaft für Bayern, München	1817–1930	17,70 lfm
10727	Sächsische Gesandtschaft für Hessen-Darmstadt, Darmstadt	1851–1914	1,20 lfm
10730	Sächsische Gesandtschaft für Österreich, Wien	1800–1920	20,15 lfm
10732	Sächsische Gesandtschaft für das Großherzogtum Sachsen-Weimar, Weimar	1852–1918	4,80 lfm
10735	Sächsische Gesandtschaft für Württemberg, Stuttgart	1835–1914	2,15 lfm
Gesamt			589,55 lfm

Außenpolitik und des sächsischen Außenministeriums zwischen 1831 und 1918 macht sich in der Überlieferung dadurch bemerkbar, dass für die Zeit des Deutschen Bundes zahlreiche Unterlagen über die (noch eigenständige) sächsische Außenpolitik vorliegen, während nach 1871 vor allem Material hervortritt, das bei der Kommunikation Sachsens mit dem Reich entstand. Hier finden sich zahlreiche, inhaltlich sehr vielfältige Unterlagen zur Innen- und Außenpolitik des Reichs und zur Politik der Bundesländer, zu Vorgeschichte, Verlauf und Folgen des Ersten Weltkriegs, zu den Maßnahmen gegen die Sozialdemokratie und die Arbeiterbewegung, zum Finanz-, Steuer- und Zollwesen, zur Sozial-, Wirtschafts- und Verkehrspolitik, aber auch zu Nachlass- und Staatsangehörigkeitsfragen, Medizinalangelegenheiten, Kultur- und Kunstpolitik und nicht zuletzt zu Adels- und dynastischen Angelegenheiten. Die Unterlagen zum Ministerium als Behörde betreffen vor allem die Organisation, den Haushalt, das Personal und die Aktenführung des Hauses.

Ähnlich breit gefächert ist für die Zeit ab 1867 die Überlieferung der sächsischen Gesandtschaft in Berlin, die als Vermittler zwischen dem sächsischen Außenministerium und den Stellen des Norddeutschen Bundes bzw. des Deutschen Reiches fungierte. Im Bestand finden sich Unterlagen u. a. zu Staatsangehörigkeitssachen, Polizei- und Passangelegenheiten, Wirtschafts-, Kultur- und Wissenschaftsfragen, Kirchenfragen, Finanzangelegenheiten, Kolonial- und

Auslandsfragen, zur Verkehrs- und Sozialpolitik sowie zu Parteien, Wahlen und zum Pressewesen.[61]

Wer sich über die sächsische Deutschlandpolitik in der Kaiserzeit sowie über verschiedenste Aspekte der Reichspolitik – wahrgenommen aus sächsischer Perspektive – informieren möchte, findet in den Beständen 10717 Ministerium der Auswärtigen Angelegenheiten und 10719 Sächsische Gesandtschaft für Preußen/beim Deutschen Reich, aber auch in den Beständen der anderen sächsischen Gesandtschaften sowie der Konsulate, reichhaltiges und bislang kaum genutztes Material. Die in der Einleitung zu diesem Beitrag beklagte Forschungslücke zur sächsischen Außenpolitik der Jahre 1871–1918 ließe sich mit dieser Überlieferung, und ergänzend mit Beständen aus anderen Archiven (besonders des Auswärtigen Amts), nachhaltig schließen.

---

[61] Bärbel Förster/Reiner Groß/Michael Merchel (Bearb.), Die Bestände des Sächsischen Hauptstaatsarchivs und seiner Außenstellen Bautzen, Chemnitz und Freiberg, Bd. 1/1, Leipzig 1994, S. 149.

Antjekathrin Graßmann
Das Ende souveräner Außenpolitik der Hansestädte seit 1867 – nur ein Verzicht?

Der Abschluss von Freundschafts-, Handels- und Schifffahrtsverträgen der drei freien Hansestädte

Nur mit großem Widerstreben war Hamburg im Jahr 1866 aus dem Deutschen Bund ausgeschieden. Die freie und Hansestadt Hamburg hatte bis zur Gefahr eines Bruches mit Preußen um ihre Neutralität gekämpft. Den norddeutschen Verfassungsentwurf sah man an der Elbe für ein „abscheuliches Machwerk"[1] an, enthielt er doch Bestimmungen über eine gemeinsame Flagge, über die gemeinsame konsularische Vertretung und den Übergang des Post- und Telegrafenwesens auf den Norddeutschen Bund und *last not least* die Einführung der allgemeinen Wehrpflicht. „Der Schutz des Handels und die Schiffahrt sei den Hamburger Konsuln schon aus dem Grunde gelungen", so behauptete die Elbestadt, „weil man kleineren Staaten ohne politische Machtstellung viel mehr und viel leichter etwas zugestanden habe, als solchen Staaten, welche gleich ein Kriegsschiff senden"[2]. Bürgermeister Arnold Duckwitz in Bremen sah das ähnlich: Er beargwöhnte die „bürokratische und stets bevormundende Regierungsmaschinerie eines monarchischen Staates" und fürchtete, dass die nicht-preußischen Staaten im Norddeutschen Bund „Stiefkinder (respektive Vasallenstaaten) der preußischen Regierung sein würden"[3].

Blickt man auf die lange, selbstbestimmte Geschichte der drei Hansestädte[4],

[1] Otto Becker, Bismarcks Kampf um die Eingliederung der Hansestädte in die Zolleinheit, in: Ahasver von Brandt/Wilhelm Koppe (Hrsg.), Städtewesen und Bürgertum als geschichtliche Kräfte. Gedächtnisschrift für Fritz Rörig, Lübeck 1953, S. 227–242, hier S. 227; Karl Lange, Bismarck und die norddeutschen Kleinstaaten im Jahre 1866, Berlin 1930, S.122 und 126 f.; Bismarck beklagte sich über die Haltung Hamburgs: Bei keinem der Fürsten und bei den bedeutendsten unter ihnen am wenigsten sei er solchem Widerstand begegnet (Percy Ernst Schramm, Hamburg, Deutschland und die Welt. Leistungen und Grenzen hanseatischen Bürgertums. Zwischen Napoleon und Bismarck, München 1943, S. 642).

[2] Becker, Bismarcks Kampf, S. 227.

[3] Schramm, Hamburg, Deutschland und die Welt, S. 644.

[4] Antjekathrin Graßmann (Hrsg.), Lübeckische Geschichte, 4. Aufl., Lübeck 2008; Herbert Schwarzwälder, Geschichte der Freien Hansestadt Bremen, 4 Bde., Bremen/Hamburg 1975–1985; Hans-Dieter Loose (Hrsg.), Hamburg. Geschichte der Stadt und ihrer Bewohner, Bd. 1, Hamburg 1982; Ernst Baasch, Geschichte Hamburgs 1814–1918, 2 Bde., Gotha/Stuttgart 1924/25.

so wird verständlich, dass man die von der Verfassung des Norddeutschen Bundes verordnete Aufgabe der eigenen Außenpolitik, die eigentlich Handelspolitik war, als einen sehr schmerzlichen Einschnitt empfand, der an das Selbstbewusstsein der drei freien Städte Lübeck, Bremen und Hamburg, ja, an ihre Existenz, rührte. Hatten sie doch seit dem Aufhören des Alten Reiches und dem Ende der Franzosenzeit in uneingeschränkter Souveränität eine Handelsvertragspolitik verfolgen können, die Karl Friedrich von Savigny, den preußischen Bevollmächtigten bei den Verhandlungen zum Norddeutschen Bund, zu dem bekannten Wort hatte veranlassen können: „Eine Großmacht ist und wird der Norddeutsche Bund durch Preußen, eine Weltmacht kann er nur durch die Hansestädte werden"[5]. Nicht nur unternehmerischer Kaufmannsgeist und pionierhafte Schifffahrt zeichneten die drei Städte aus, sondern auch das Band der engen verwandtschaftlichen Kommunikation zwischen ihren Kaufleuten und dem fernen Geschäftspartner im Ausland wurde durch sie geknüpft und tragfähig erhalten. Diese Netzwerke hatten schon das wirtschaftliche Beziehungsgeflecht der einstigen Hanse ausgezeichnet, sie galten für Hamburg und Bremen auch noch im 19. Jahrhundert. Der junge Kaufmann ging z. B. nach Mittel- und Südamerika bzw. nach Nordamerika und führte das Geschäft dort erfolgreich und kehrte dann (allerdings nicht immer) in die Heimat zurück. Hamburger Firmen fand man in der ganzen Welt, z. B. an exotischen Orten wie Holländisch Indien, den Philippinen, in Apia (Samoa), auf den Fidschi-Inseln, in Australien und Afrika[6].

Dass sich damit Kommerz und Politik häufig vermischten, war die fast selbstverständliche Folge. Die völkerrechtliche Errungenschaft „Konsulat"[7] erhielt hier eine spezielle Qualifikation und Bedeutung. Dabei darf man nicht vergessen, dass die Präsenz der Hansestädte in Übersee mit den großen Handelsnationen, z. B. England, in Konkurrenz treten musste. Wenn man es vereinfacht und beinahe anachronistisch ausdrückt: Hatte die Durchsetzungsfähigkeit der Hanse in ihren Ursprungszeiten schon auf diplomatischem Geschick beruht, so galt dies umso mehr für den hier betrachteten Zeitraum. Denn kein Souverän stärkte die aktive Handelspolitik der Städte, die dies auch beklagten[8].

---

[5] Zitiert von Paul Curtius, Bürgermeister Curtius. Lebensbild eines hanseatischen Staatsmanns im 19. Jahrhundert, Berlin 1902, S. 125.

[6] Erich von Lehe u. a. (Hrsg.), Heimatchronik der Freien und Hansestadt Hamburg, Köln 1958, S. 500.

[7] Art. Konsularrecht, in: Handwörterbuch der Staatswissenschaft. 3. Aufl., Bd. 6, Jena 1910, S. 109–116.

[8] Jürgen Prüser, Die Handelsverträge der Hansestädte Lübeck, Bremen und Hamburg mit überseeischen Staaten im 19. Jahrhundert, Bremen 1962, S. 123.

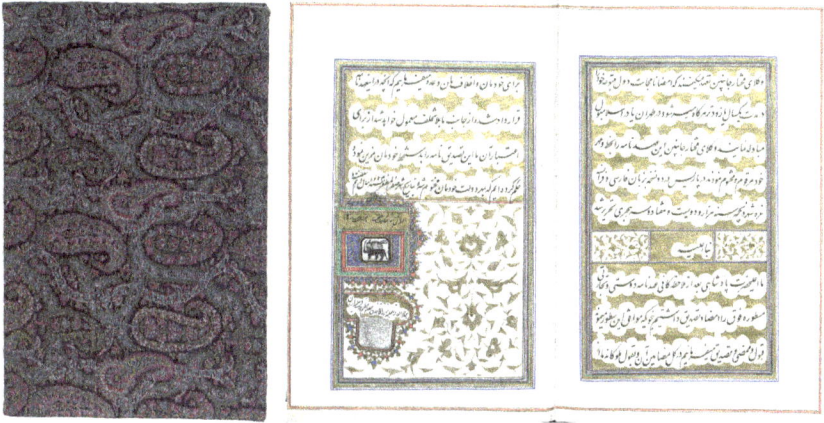

Abbildung 1: Freundschafts-, Handels- und Schiffahrtsvertrag der Hansestädte Lübeck, Bremen und Hamburg mit Persien, 30. Januar 1858

In den vierzig Jahren von 1825 bis 1865 haben die drei Stadtstaaten mehr als zwanzig Freundschafts-, Handels- und Schiffahrtsverträge[9] mit europäischen Staaten, worunter Großbritannien mit seinen Besitzungen eine wichtige Rolle spielte, und mit den jungen Staaten in Mittel- und Südamerika, aber auch mit exotisch anmutenden Partnern, wie Liberia, Siam und Sansibar, geschlossen. Selbstverständlicher erscheinen vertragliche Kontakte mit Nordamerika. Von besonderer Wichtigkeit für den Mittelmeerhandel war das Vertragswerk mit der Hohen Pforte am Bosporus. Im ostasiatischen Raum fasste man Fuß durch einen Vertrag mit China. Und schließlich sind immerhin begonnene, wenn auch nicht realisierte Vertragsverbindungen zu Paraguay, Uruguay, Argentinien, Ecuador, Peru und Sarawak/Borneo zu nennen; mit Japan waren sie abgebrochen worden. Dagegen kam es mit Persien zu einem Vertrag, obwohl nach dort noch kaum eine Handelsbeziehung aufzubauen war.

Wie man sieht, waren die Partnerländer höchst unterschiedlich in ihrer wirtschaftlichen und politischen Entwicklung und bedurften daher auch differenzierter Vertragsformulierungen und besonderer zeremonieller Umrahmungen bei den Vertragsabschlüssen. Verträge mit Belgien, Frankreich und dem englischen Mutterland oder auch Russland fanden sozusagen auf Augenhöhe statt, die Verbindungen zu den jungen Staaten Amerikas (Guatemala, Costa Rica, Nicaragua, Neu-Granada/Kolumbien usw.) bedeuteten dagegen für

---

[9] S. allgemein ebd.; AHL, Urkunden Hanseatica, Altes Senatsarchiv (künftig: ASA) Externa Mittel- und Südamerika, Übersee, USA, Osmanisches Reich, europäische Staaten unter dem jeweiligen Land.

diese einen wichtigen Schritt zur Anerkennung in der „Staatengemeinschaft". So war es auch hier höchst unterschiedlich zugegangen bei den ersten Kontakten, die teilweise durch einzelne Kaufleute angeknüpft worden waren. So gab es sogar Konsulate auf Wunsch einzelner Unternehmen. Die Demarchen des Hamburger Kaufmanns O'Swald z. B. führten beim Sultan von Sansibar, dem „Schlüssel von Ostafrika"[10] (mit dem dazugehörigen Festlandsbereich) zum Erfolg. Der Hamburger Georg Michael Gramlich organisierte den Vertrag mit Venezuela, und der hanseatische Vertreter Vincent Rumpff in Paris hatte als Motor der Verträge mit den USA, Sardinien, Monaco und Persien fungiert[11]. Zwar war den Hansestädten bewusst gewesen, dass ihr gemeinsames Vorgehen im Ausland mehr Gewicht haben würde. Dennoch wurde häufig die Ratifizierung[12] der Verträge in unterschiedlich großen Zeitabständen vorgenommen, und in einen hat die freie und Hansestadt Lübeck sich auch nicht mit einschließen lassen (Hawaii).

Bei der Formulierung der Verträge lautete die vorschriftsmäßige Reihenfolge[13] Lübeck, Bremen, Hamburg, gemäß der zeitlichen Abfolge der Verleihung der Reichsfreiheit. Eine Ausnahme wurde nur bei der Konsular-Konvention 1852 mit Nordamerika gemacht (Hamburg, Bremen, Lübeck). Die Originale der Verträge gelangten meistens nach Lübeck, beglaubigte Ausfertigungen nach Hamburg und Bremen. Es handelte sich um souveräne Staaten (z. T. in separater Verhandlung). Wie die Vertragsbenennung sagte, ging es um eine verbindliche Fundierung freundschaftlicher Beziehungen sowie die Erleichterung von Handel und Schifffahrt in fremden Häfen auf der Basis der Reziprozität. Die Partner gewährten einander gleiche materielle und formelle Zugeständnisse nach dem Prinzip der Meistbegünstigung. Eine bloße Gleichstellung der hanseatischen Kaufleute mit den Ortsansässigen wäre allerdings in den so genannten halbzivilisierten jungen Staaten nicht immer günstig gewesen. Man bezog sich daher auf die Handelsvorrechte anderer Handelsnationen in Handels- und Verkehrsfreiheit, Gleichstellung der Flaggen und beim Zoll, Sicherung bei Seenot und Seeräuberei, das Niederlassungsrecht. Die Eintrittsmöglichkeit anderer deutscher Staaten war häufig offen gehalten worden. Der wichtigste Punkt war freilich die Regelung des Konsulatswesens. Es entwickelte sich ein engmaschiges Netz konsularischer Vertretungen[14].

---

[10] Prüser, Handelsverträge der Hansestädte, S. 64; Lehe, Heimatchronik Hamburg, S. 502.

[11] Beide erhielten daraufhin die Ehrenbürgerwürde der drei Hansestädte: Klaus Friedland u. a., Die Ehrenbürger der Hansestadt Lübeck, in: Der Wagen. Ein Lübeckisches Jahrbuch 1969, S. 8–37, hier S. 14 f. und 18 f.

[12] Prüser, Handelsverträge, S.141–143.

[13] Curtius betont dies in einem Schreiben an Krüger vom 11. Dezember 1866, AHL, ASA Norddeutscher Bund und Deutsches Reich (künftig: NB/DR) I A/1.

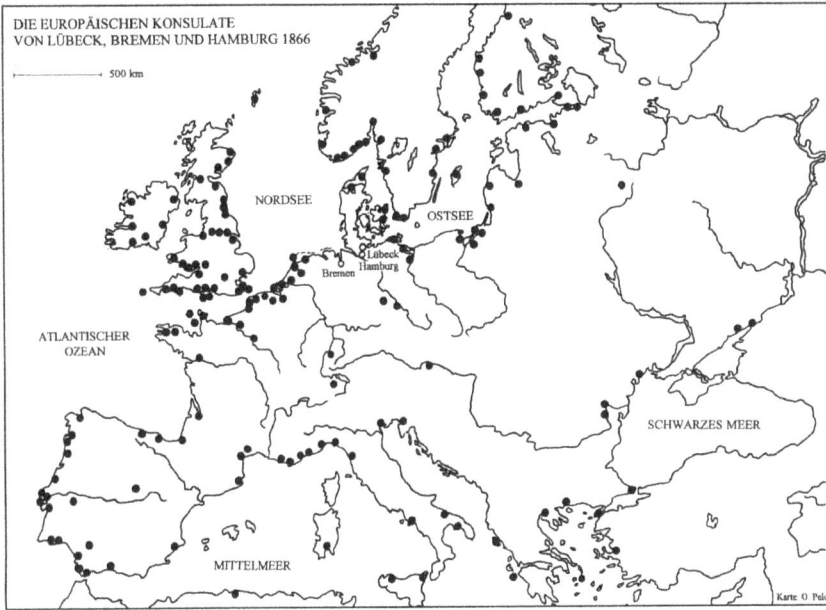

DIE EUROPÄISCHEN KONSULATE
VON LÜBECK, BREMEN UND HAMBURG 1866

500 km

NORDSEE

OSTSEE

Lübeck
Hamburg
Bremen

ATLANTISCHER
OZEAN

SCHWARZES MEER

MITTELMEER

Karte O. Peli

Abbildung 2: Die Konsulate der drei Hansestädte in Europa 1866

Wie gesagt, war Lübeck, gemäß der Anciennität als älteste Reichsstadt, die Direktorialstadt und verwahrte die Originalurkunden in seinem Archiv. Die eigentliche Dynamik für das Vertrags- und Konsulatswesen lag jedoch in der sehr aktiven Handelspolitik der beiden hanseatischen Schwestern an Elbe und Weser, die aber seit jeher in einer gewissen Konkurrenz zueinander standen. Was die Einwohnerzahl betraf, so kann man um die Mitte des 19. Jahrhunderts in Hamburg von 214 000 Einwohnern sprechen, in Bremen von 60 000, in Lübeck von etwa 40 000. Dieses Verhältnis wurde bei den Kosten für Vertragsverhandlungen und konsularische Ausgaben zugrunde gelegt: drei Sechstel, zwei Sechstel, ein Sechstel. Lübecks Domäne blieb die Ostsee, insbesondere die Beziehung nach Russland und dem ihm zugehörigen Großfürstentum Finnland. Hamburg konzentrierte sich auf Lateinamerika und Ostasien, Bremen auf Nordamerika. In den übrigen Weltgegenden arrangierte man sich.

---

[14] Antjekathrin Graßmann, Hanse weltweit? Zu den Konsulaten Lübecks, Bremens und Hamburgs im 19. Jahrhundert, in: Dies. (Hrsg.): Ausklang und Nachklang der Hanse im 19. und 20. Jahrhundert, Trier 2001, S. 43–65, hier: 58–65.

DIE KONSULATE VON LÜBECK,
BREMEN UND HAMBURG 1866

2000 km

Abbildung 3: Die Konsulate der drei Hansestädte außerhalb Europas 1866

Die Konsulate der drei freien Hansestädte

Um die Mitte des Jahrhunderts waren mehr als 220 Konsulate der Hanseaten weltweit verteilt: 73 in Nordamerika, 40 in Mexiko, drei in Texas, eines in Mittelamerika, 27 in Westindien, 67 in Südamerika, sieben in Ostindien und China, neun in Afrika[15].

Bei den Konsuln handelt es sich nicht um Berufs-, sondern um Wahlkonsuln, also um Kaufleute, die in Europa oder in Übersee ihr Geschäft betrieben oder einer Niederlassung ihrer Heimatfirma vorstanden, oder auch um einheimische Kaufleute. Je nachdem, in welchem Land der Konsul tätig war, kamen ihm mehr oder weniger pionierhafte Funktionen zu. Unter Umständen konnte ein tüchtiger Konsul oder Generalkonsul eine Tätigkeit ausüben, die ihm wichtige diplomatische und außenpolitische Aufgaben zuwachsen ließ. Hamburg hatte viel Interesse, dann folgte Bremen, Lübeck war häufig wohl recht wenig interessiert, es entzog sich dennoch nicht seiner Repräsentationspflicht. Die drei souveränen Stadtstaaten waren sich der Außenwirkung bewusst und reagierten traditionell möglichst gesamthansisch: „Der Collectivbegriff der Hanse wird

---

[15] Ebd., S. 48. Siehe auch Liste für 1865 (AHL, Handelskammer 350/1).

das Ansehen der Consuln bei den lokalen Behörden erhöhen"[16]. Nicht immer jedoch ging man konform. Lübeck und Bremen z. B. wünschten für den Konsulatsposten in St. Petersburg[17] 1817 einen Kaufmann mit Fingerspitzengefühl für Handel und Schifffahrt, während Hamburg eher einen Diplomaten vorzog, der sich die ganze Zeit dieser Seite seiner Aufgaben widmen könnte. Zu Zeiten des Deutschen Reichs amtierten hier Berufskonsuln[18].

Die Konsuln wurden bestallt durch Patent und Instruktion, dazu kam das Exequatur durch den jeweiligen nationalen Souverän. Die Unantastbarkeit der Registratur und des Archivs des Konsulats war gewährleistet. Unbescholtenheit und Solidität der Firma waren unbedingte Voraussetzungen bei der Wahl eines Kaufmanns zum Konsul. In den Unterlagen des Archivs der Hansestadt Lübeck haben auch einige Nachforschungen[19] wegen der geschäftlichen Solidität der Konsulatsanwärter ihren Niederschlag gefunden, ja sogar in einigen sehr persönlich gefärbten Handschreiben. Ohnehin muss man sich den Umgang der Hansestädte untereinander und ihre Abstimmung recht vertraulich vorstellen.

Das Interesse an Konsulaten war groß, obwohl ein Konsul kein Salär erhielt. Im Gegenteil, er hatte auf eigene Kosten für Büro, Konsulatsschild, Flagge, Uniform zu sorgen[20]. Aber die Funktion eines Konsuls hob nicht nur den gesellschaftlichen, sondern auch den kommerziellen Rang ihres Inhabers, der noch durch äußere Formen und Personal, wie Dolmetscher, Türsteher usw. gewann. Bei feierlichen Anlässen durften die Konsuln einen dunkelblauen Tuchrock in Seeoffiziersschnitt mit stehendem Kragen und Aufschlägen aus demselben Stoff und derselben Farbe tragen, dazu gleichfarbige lange Beinkleider, weiße Weste, Degen und zweigespitzten Hut. Der Rock trug keine Epauletten, dagegen waren Knopflöcher, Kragen und Ärmelaufschläge mit Eichenlaub-Stickerei in Gold versehen. Rock und Weste hatten eine Reihe vergoldeter und mit dem Hanseatenkreuz gezierter Knöpfe. Die Kokarde, in einer dem Hut angemessenen Größe, enthielt das Hanseatenkreuz auf silbernem Grund. Die lübeckischen, bremischen und hamburgischen Konsuln schmückten sich durch das Wappen ihrer jeweiligen Stadt.

Den Aufgabenbereich des Konsuls charakterisierte die Instruktion, deren wesentlicher Inhalt hier zusammengefasst sei: Schutz und Förderung von Handel und Schifffahrt, Einhaltung der handels- und schifffahrtsvertraglichen

---

[16] AHL, ASA Externa, Osmanisches Reich 23, S. 7, Bericht des Hamburger Syndikus Sieveking, 4. Dezember 1839.
[17] Graßmann, Hanse weltweit, S. 49.
[18] Inge Bianka von Berg, Die Entwicklung des Konsularwesens im Deutschen Reich von 1871-1914 unter besonderer Berücksichtigung der außenhandelsfördernden Funktionen ihres Dienstes, Diss. Köln 1995, S. 57.
[19] Graßmann, Hanse weltweit, S. 49.
[20] AHL, ASA Interna 6189.

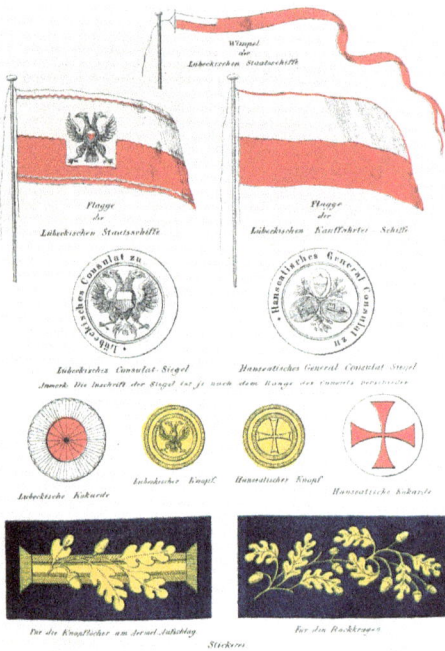

Abbildung 4: Flagge, Konsulatssiegel, Kokarde etc. der Lübeckischen Konsuln 1855

Bestimmungen, Unterstützung von Landsleuten bei Verhandlungen mit fremden Behörden, Gewährung von Rat und Beistand sowie bei Krankheit und Tod, Einziehen von Schiffspapieren havarierter und verkaufter Schiffe und ihrer Ladung, Schlichtung von Streitigkeiten zwischen Kapitän und Schiffsmannschaft, Verwaltung bei Testamenten und Nachlässen, Ausstellung und Visierung von Pässen. Konsuln hatten neben der ausschließlichen Polizeigewalt auch die Verordnungs- und Zwangsgewalt über die hanseatischen Staatsbürger ihres Gebietes sowie die Zivil- und Strafgerichtsbarkeit in allen Streitigkeiten, bei denen beide Teile Hanseaten waren. Konsuln dokumentierten auch Personenstandsangelegenheiten (Tod, Hochzeit, Geburt). Wichtig war die regelmäßige Berichterstattung an die heimatliche Regierung und Kaufmannschaft über die wirtschaftliche und schifffahrtliche Situation des Empfangslands[21].

---

[21] Eva S. Fiebig, Hanseatenkreuz und Halbmond. Die hanseatischen Konsulate in der Levante im 19. Jahrhundert, Marburg 2005, S. 102–111.

Für die hanseatischen Konsuln fertigte Lübeck das Patent[22] aus. Zu gemeinschaftlichem Vorgehen fand man sich hauptsächlich in den Gebieten des Osmanischen Reichs und auch in Ostasien zusammen, oder – aufgrund alter Tradition – in Portugal. Zu einer Zeit der Formierung des Welthandels, in der die drei Städte eine wesentliche Rolle, jede auf ihre Weise, gespielt haben, gewannen ihre Aktivitäten durch die Einrichtung von Konsulaten eine rechtliche Grundlage zur Sicherung der internationalen Beziehungen. Der beruflich bedingten Gewandtheit des Kaufmanns ist auch die weite Verbreitung der hansestädtischen Konsulate zu verdanken. Jede Stadt verfolgte dabei aber ihre eigenen Interessen und die ihrer Ansicht nach wichtigen oder weniger wichtigen Notwendigkeiten. Die Errichtung hanseatischer Konsulate unterlag daher einer Art von „Staatsräson", war aber verständlicherweise auch dem Diktat der hanseatischen Finanzen unterworfen. Man verkannte allerdings auch nicht die Bedeutung der Konsulate als äußerem Zeichen staatlicher Souveränität. Nicht übersehen sollte man den Aspekt der Verleihung eines Konsulats als Belohnung für verdiente Kaufleute[23]. Interessendiskrepanzen der hanseatischen Politik waren andererseits nicht nur latent spürbar.

Die Konsulatsfrage im Norddeutschen Bund und im Deutschen Reich

Hält man sich diese Situation vor Augen, so ist verständlich, dass unter den am 1. Juli 1867 in Kraft tretenden Bestimmungen der Verfassung[24] des Norddeutschen Bundes der Artikel 56 über das Konsulatswesen eine besondere Bedeutung für die drei freien Städte (Frankfurt war seit 1866 ausgeschieden) haben musste. Grundsätzlich war die Bewertung der Verfassung, wie schon anfangs angedeutet, höchst unterschiedlich in den drei hanseatischen Handelsemporien. Theodor Curtius[25], als Bevollmächtigter der freien und Hansestadt

---

[22] Graßmann, Hanse weltweit, S. 50. (Das Patent war ursprünglich noch auf Pergament und lateinisch geschrieben.)

[23] So wurde auf Wunsch des lübeckischen Generalkonsuls in Konstantinopel ein Vizekonsulat für Dr. Rosen in Jerusalem eingerichtet, obwohl es keinesfalls eine Hafenstadt war und höchstens Handel mit Splittern vom Kreuz betrieben wurde, wie maliziös bemerkt wurde (ebd. S. 57).

[24] Michael Kotulla, Deutsche Verfassungsgeschichte vom Alten Reich bis Weimar (1495–1934), Berlin/Heidelberg 2008, S. 494–509; Sammlung der Lübeckischen Gesetze und Bekanntmachungen 34, 1867, S. 219–240, hier S. 234 f., § 56. Siehe unten, Anhang B, Nr. I.

[25] Hartmut Bickelmann, Art. Theodor Curtius, in: Lübecker Lebensläufe aus neun Jahrhunderten, Neumünster 1993, S.100–106.

Lübeck in Berlin an den Verhandlungen über den Verfassungsentwurf beteiligt, schrieb Ende 1866 an seine Frau: „Ich weiß und verstehe, dass wir in einer Zeit großer und entwicklungsfähiger Umgestaltung unseres deutschen Vaterlandes leben, und ich bin zu wenig Egoist und – wie ich es glaube, sagen zu dürfen – zu sehr deutscher Patriot, als dass ich nicht mit voller Hingebung in die für unser Lübeck unvermeidlichen Einbußen und Opfer bereitwillig mich zu finden wüsste"[26]. Diese Einstellung wurde ihm erleichtert, da ihm (und auch dem späteren hanseatischen Ministerresidenten in Berlin Friedrich Krüger) mehrfach von den Verantwortlichen, wie Karl Friedrich von Savigny[27], ja sogar vom Grafen Bismarck selbst, versichert wurde, die lübeckischen Interessen würden berücksichtigt werden[28]. Überdies handelte Curtius nach dem Grundsatz: „Von Österreich haben wir nichts zu erwarten, von Preußen alles zu fürchten"[29]. Der Hamburger Vertreter Kirchenpauer stand dagegen den Grundgedanken der politischen Neugestaltung nicht nur fern, sondern diametral entgegen: Es hätte sogar eine militärische Aktion Preußens gegen die Freie Stadt an der Elbe im Bereich der Möglichkeiten gelegen[30]. Die Bremer traten nach anfänglicher Skepsis eher an die Seite Lübecks, obwohl den beiden Schwesterstädten die „besondere Bundesfreudigkeit Lübecks"[31] missfiel. Aber auch Bremen und Lübeck verkannten nicht, dass auf dem Gebiet des Post- und Telegrafenwesens, insbesondere aber auch auf militärischem Gebiet, eine völlige Umstrukturierung stattfinden würde[32]. So befürchtete auch Lübeck, einerseits durch den Verlust der Einnahmen von Post und Telegraf und andererseits durch erhöhte Militärkosten finanzielle Einbußen zu haben, die es bei dem damals aktuellen Ausbau der Eisenbahn nicht würde verkraften können und schickte aus diesem

---

[26] Curtius, Bürgermeister Curtius, S. 117.
[27] Er bezeichnete sich selbst als „Handlanger des großen Staatsmannes" – so Curtius aus Berlin an den Senat, 10. Februar 1867 (AHL, ASA NB/DR I A/1).
[28] AHL, ASA NB/DR I A/1, Krüger an Curtius, 7. Dezember 1866; ebd. Bericht Krügers über ein Gespräch mit Bismarck, 14. Januar 1867; Curtius, Bürgermeister Curtius, S. 125 (1867). Der preußische Finanzminister von der Heydt im August: Wenn Lübeck sich anschließt, tun wir alles, was es im Interesse seines Handels fordert (ebd. S. 142).
[29] Curtius an Krüger, 2. April 1866 (nach Curtius, Bürgermeister Curtius, S. 110).
[30] So der preußische Unterhändler von Richthofen (Lange, Bismarck, S. 122). Eine ernste Note Bismarcks an Hamburg erwähnt auch Curtius in einem Schreiben an den Lübecker Senat vom 3. Januar 1867 (AHL, ASA, NB/DR I A/1).
[31] Hildegard Budach, Hamburg und der Norddeutsche Bund, Diss. Hamburg 1935, S. 19. Aus dem Protokoll der Kommission für auswärtige Angelegenheiten in Lübeck vom 7. Dezember 1866 geht hervor, dass „man glaubte, etwa hervortretenden particularistischen Bestrebungen der beiden Schwesterstädte den Umständen nach sich fernhalten zu müssen" (AHL, ASA NB/DR I A1).
[32] „Es wurden fast sämtliche Bevollmächtigte gleichmäßig aufgeschreckt durch den Umfang der Ansprüche, welche – namentlich in finanzieller Hinsicht – von Preußen gemacht werden", so Curtius am 20. Dezember 1866 aus Berlin an den Senat (AHL, ASA NB/DR I A/1).

Grund sogar eine Aufstellung seines Haushalts nach Berlin. Dennoch sei noch einmal Curtius im Februar 1867 zitiert: „Man muß eine herzinnige Freude an dem Fortschritt haben, in dem unser teures Vaterland – Gott sei Dank! – begriffen ist und dem gegenüber kleinstaatliche und Kirchturms-Interessen, welche doch nur egoistischen und folglich nur unlauteren Ursprungs sind, immer mehr verschwinden müssen"[33]. Seit Oktober 1866 wirkte der Lübecker Dr. Friedrich Krüger[34] als gemeinsamer Vertreter der drei Hansestädte in Berlin. Er war eng befreundet mit Curtius, was sich auch in dem vertraulichen Ton des Briefwechsels zwischen Berlin und Lübeck niederschlägt.

Ein treffendes Schlaglicht auf die Zeitatmosphäre wirft der Bericht von Curtius an Krüger über ein Anfang November 1866 mit Savigny in Lübeck geführtes Gespräch[35]. Savigny „betonte ganz besonders die Bedeutung der Hansestädte, deren reiche Erfahrungen auf dem Gebiete des Handels und Verkehrs (namentlich mit allen Nationen der Welt) bei den bevorstehenden Beratungen auszunutzen und deren Interessen sehr zu berücksichtigen sein würden"[36]. Von weit geringerem Gewichte seien, jenen nationalen Interessen gegenüber, die particularen Interessen der kleinen Fürsten, mit denen man schon fertig werden würde".

Die Bundestagsdrucksache Nr. 79 vom 10. Oktober 1867 enthielt im Einzelnen die Bestimmungen über die Organisation der Bundeskonsulate sowie die Amtsrechte und Pflichten der Bundeskonsuln[37], die mit wenigen Veränderungen am 8. November 1867 erlassen und in der Sammlung der Lübeckischen Gesetze und Bekanntmachungen abgedruckt wurden[38]. Die wesentlichen Bestimmungen seien hier genannt: „Die Bundeskonsuln sind berufen, das Interesse des Bundes namentlich in Bezug auf Handel, Verkehr und Schiffahrt thunlichst zu schützen und zu fördern, die Beobachtung der Staatsverträge zu überwachen und den Angehörigen der Bundesstaaten sowie anderer befreundeter Staaten in ihren Angelegenheiten Rat und Beistand zu gewähren. Sie müssen hierbei nach den Bundesgesetzen und den ihnen ertheilten Instruktionen sich richten und die durch Gesetze und Gewohnheiten des Amtsbezirks gebotenen Schranken einhalten." Die Bundeskonsuln (Generalkonsuln, Konsuln, Vizekonsuln) sind der Aufsicht des Bundeskanzlers unterworfen. In Angele-

---

[33] Curtius, Bürgermeister Curtius, S. 123.
[34] Hedwig Seebacher, Art. Friedrich Krüger, in: Lübecker Lebensläufe, S. 214–216. Zum Briefwechsel: AHL, ASA Borussica 176.
[35] AHL, ASA NB/DR IA/1.
[36] Hierzu auch Berg, Entwicklung des Konsularwesens, S. 109.
[37] Ebd., S. 129 ff., und C. Doehl, Das Konsularwesen des Norddeutschen Bundes, Bremen 1870 (mit ausführlichem Kommentar).
[38] AHL, Handelskammer 350/1, abgedruckt in der Sammlung der Lübeckischen Gesetze und Bekanntmachungen 1867, S. 530–544; vgl. unten Anhang B, Nr. III.

genheiten von allgemeinem Interesse berichten sie an den Bundeskanzler und empfangen von ihm ihre Weisungen. In dringlichen Fällen haben sie gleichzeitig die erforderlichen Anzeigen über erhebliche Tatsachen unmittelbar an die zunächst beteiligten Regierungen gelangen zu lassen (§ 3). Diese Regierungen des betreffenden Bundesstaates können – das ist für sie sehr wichtig – auch Aufträge erteilen. Es folgen des Weiteren Bestimmungen über Geschenke und Orden, Urlaub und Besoldung. § 7 betont, dass es sich vor allem um Berufskonsuln *(consules missi)* handeln soll, die die Prüfung zur juristischen Laufbahn abgelegt, eine Zeitlang Dienst getan oder eine besondere Prüfung[39] für die Laufbahn eines Berufskonsuls bestanden haben. Die genauen Bestimmungen wurden später konkretisiert[40]. Sie müssen Angehörige des Entsendestaats im Norddeutschen Bund sein, nicht aber Landeskinder des fremden Staates. § 8 nennt freilich auch noch Wahlkonsuln *(consules electi)*[41]. Weiter folgen die Rechte und Pflichten eines Bundeskonsuls, z. B. die Anfertigung einer Matrikel über die bei ihm angemeldeten Bundesangehörigen, Eheschließungen, Beglaubigung und Ausstellung von Urkunden. Schriftliche Zeugnisse über ihre amtlichen Handlungen haben Beweiskraft öffentlicher Urkunden. Ihnen steht das Notariatsrecht zu, die Nachlassverwahrung, Zeugenanhörung, Schlichtung von Rechtsstreitigkeiten Bundesangehöriger sowie die volle Gerichtsbarkeit in Abstufungen (diese regeln dann weitere eigene Gesetze). Weitere Aufgaben sind Ausstellung von Pässen, Unterstützung Hilfsbedürftiger, Vorgehen bei Desertionen, Führung der Bundesflagge. In Schifffahrtsfragen haben sie besondere Funktionen inne, so können sie über Schiffe der Bundes-Handelsmarine in Abwesenheit eines Schiffes der Kriegsmarine Polizeigewalt ausüben (später geändert), sie nehmen Verklarungen auf und wirken mit beim Verkauf von Schiffen und beim Eingehen von Bodmereigeschäften.

---

[39] Georg Fink, Dr. Friedrich Krüger, ein Staatsmann in hansestädtischen Diensten, in: Der Wagen. Ein Lübeckisches Jahrbuch 1937, S. 163–168, hier S. 168: „Auf das Konsulatswesen wurde ihm (Krüger) ehrenvoller Einfluß eingeräumt. Als es sich darum handelte, eine Konsulatsprüfungskommission einzusetzen, erklärte Bismarck, den Gedanken vorerst fallen lassen zu müssen, wenn Krüger seine persönliche Mitarbeit versagte."

[40] AHL, ASA NB/DR IV A/1, Regulativ über Prüfungen vom 28. Februar 1873.

[41] Man kam ohne Wahlkonsuln, auch nicht-deutscher Herkunft, nicht aus. Zwischen 1871 und 1914 waren durchschnittlich 497 Wahlkonsuln tätig, dagegen 90 Berufskonsuln. Allerdings hatte sich der prozentuale Anteil der Berufskonsuln von 6 % (1872) auf 22 % (1914) erhöht (Berg, Entwicklung des Konsularwesens, S. 43 und 105).

Die Motive zur Neuordnung des deutschen Konsularwesens

Den eigentlichen Hintergrund, vor dem die nüchternen Paragrafen zu sehen waren, erhellt die bemerkenswerte Anlage zu der genannten Bundestags-drucksache über die einzelnen „Motive"[42] des Gesetzes, in denen sich, wie eindeutig sichtbar wurde, die Bestimmungen des hanseatischen Konsulats-reglements spiegelten. Gemäß Art. 4 Nr. 7 und Art. 56 der Verfassung des Norddeutschen Bundes[43] vom 26. Juli 1867 sollte zum Schutz des deutschen Handels im Ausland und der deutschen Schifffahrt und ihrer gemeinsamen Flagge eine gemeinsame konsularische Vertretung eingerichtet und vom Bunde ausgestattet werden. Zwar sollte das gesamte norddeutsche Konsulatswesen unter der Aufsicht des Bundespräsidiums stehen, aber der Übergang von dem gegenwärtigen System der Landeskonsulate zu dem der gemeinschaftlichen Bundeskonsulate sollte ein allmählicher sein. Krüger bemerkte dazu: „Meines Erachtens sind, wenn ich auch das Anomale vollkommen anerkenne, welches in der Existenz der particularen Consuln liegt, doch die Schwierigkeiten, welche ihre Beseitigung unter den noch ganz unfertigen Bundeszuständen entgegenstehen, nicht gering, und es wäre besser, wenn der Zeitpunkt ihrer Aufhebung noch um einige Jahre verschoben würde."[44] Denn eine feste Or-ganisation könnte im Augenblick noch nicht vorgenommen werden, um so mehr als auch erst einmal eine genaue Feststellung der in Betracht kommenden Orte und Persönlichkeiten, damit der genauen Verhältnisse über die in den fernsten Gegenden der Erde bestehenden Konsulate, durchgeführt werden müsse. In den Lübecker Akten findet man folglich seit September 1869 genaue Listen[45], in denen die lübeckischen und hanseatischen Konsulate genannt wer-den. Konsuln von besonderer Tüchtigkeit sind dort durch Unterstreichungen hervorgehoben. Ein Vergleich der Eintragungen im Lübeckischen Staatskalen-der 1868 und 1869 zeigt allerdings, dass jedenfalls die lübeckischen Konsuln relativ selten als Bundeskonsuln übernommen worden sind. Schon 1868 hatte

---

[42] AHL, Handelskammer 350/1.
[43] Vgl. Kotulla, Deutsche Verfassungsgeschichte, und Doehl, Konsularwesen des Norddeut-schen Bundes.
[44] AHL, Hanseatische Gesandtschaft in Berlin, Alte Reg. O1f, Krüger nach Lübeck, 20. Januar 1869.
[45] Bundesratssitzung Nr. 100 (1868); Curtius an Delbrück 1869 (AHL, ASA, NB/DR IV A/2 und AHL, Hanseatische Gesandtschaft, Alte Registratur O1g sowie AHL, Handelskammer 350/1 und Doehl, Konsularwesen des Norddeutschen Bundes, S. 177–194.). Ausführli-che Korrespondenz Curtius' mit Krüger über personelle Fragen der Konsulatsbesetzungen 1868–1872: AHL, Hanseatische Gesandtschaft, Alte Reg. O1f.

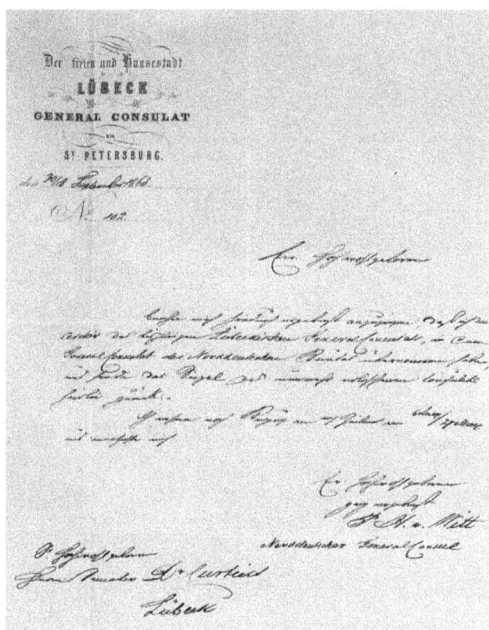

Abbildung 5: Bericht des Lübecki-schen Generalkonsuls H. H. Witt vom 30./18. September 1868 betr. seine Übernahme als General-konsul des Norddeutschen Bundes und Ablieferung des Lübecker Konsulatssiegels

Curtius angemahnt, die Einziehung der lübeckischen Konsulate unverzüglich und möglichst vereinfacht vorzunehmen[46].

In den Staatshandbüchern der freien und Hansestadt 1868–1870 schlägt sich der rasante „Schwund" der Lübecker Konsulate zugunsten der Konsulate des Norddeutschen Bundes denn auch nieder. Am längsten haben sich noch die Lübecker Konsulate in China und den britischen Besitzungen gehalten. Was die Konsulate im Osmanischen Reich betrifft, so saßen noch 1871 hanseatische Konsuln in Kavala und Saloniki, doch sonst waren neue oder ehemals preu-ßische Konsuln eingesetzt worden.[47] Nicht immer gab es jedoch Übereinstim-mung: Preußen wünschte entgegen dem Wunsch der Hansestädte im September 1871 keinen besoldeten Konsul in Christiania (Oslo)[48], Kaufmannskreise spra-chen sich im gleichen Jahr vergeblich dafür aus, in Helsingfors (Helsinki) ein

---

[46] In den Lübecker Akten liegen gleichförmige kopierte Schreiben vor. Auf die Abgabe der Konsulatssiegel und -archive wird besonderer Wert gelegt (AHL, ASA, NB/DR IV A/2, Mai 1868). Das AHL besitzt in seiner Siegelstempelsammlung zahlreiche Konsulatssiegel.

[47] Eva S. Fiebig, Hanseaten am Bosporus? Die Levantekonsulate der Hansestädte Lübeck, Bremen und Hamburg, in: Zeitschrift des Vereins für Lübeckische Geschichte und Alter-tumskunde 87 (2007), S. 119-133, hier S. 121.

[48] AHL, ASA NB/DR IVA/2.

selbständiges (und nicht von St. Petersburg abhängiges) Konsulat einzurichten[49]. Mit der Wandlung zum Deutschen Reich, dessen Verfassung sich stark an
die des Norddeutschen Bundes anlehnte und damit auch dessen Bestimmungen
zum Konsulatswesen übernahm, haben die eigenständigen Lübecker Konsulate
dann ganz aufgehört zu bestehen.

Ziel des Gesetzes von Oktober 1867 war es auch, so die „Motive"[50], dem
deutschen Konsulatswesen „endlich" diejenige Bedeutung zu sichern, welche
andere Nationen dem ihrigen durch die Reformen der neueren Zeit zu ver-
schaffen bemüht gewesen seien. Und dann folgt, wahrscheinlich auf Vorgaben
der Hansestädte beruhend, der Passus: „Das Konsulatswesen der europäischen
Staaten scheint in den Umgestaltungen, welche es in dem Laufe der Jahrhunderte durchzumachen gehabt, allmählich wieder denjenigen Prinzipien sich
zu nähern, von denen es bei seiner Entstehung im Mittelalter ausgegangen
war." Als den Kaufmann sein Beruf in weit entfernte Häfen führte, wo er auch
zeitweise seinen Aufenthalt nahm, habe er dort Handelsfaktoreien gegründet
mit gemeinschaftlichen Wohnungen und Lagerräumen. Die Älterleute in den
alten Faktoreien der „deutschen Hansa" seien mit umfassenden Befugnissen,
namentlich auch mit Gerichtsbarkeit ausgerüstet gewesen. Diese hansischen Äl-
termänner oder auch Hausmeister ließen sich in verschiedenen Handelsplätzen
Europas, in Antwerpen, in London und Bergen, historisch nachweisen. Konsulate in Lissabon oder auch in Frankreich folgten auch aufgrund hansischer
Entscheidungen. Mit dem Zerfall des „Hansabundes" hätten die Konsulate
ihre Bedeutung verloren, aber die Angehörigen der wenigen Städte, an welche
mit der Erbschaft an liegenden Gründen im Ausland auch die auswärtigen
Vertreter übergegangen seien, hätten die Tradition fortgeführt (man denkt an
den Verkauf des Antwerpener Hansehauses und des Londoner Stalhofs)[51]. Andere Nationen richteten ebenfalls Konsulate ein, und zwar besonders zahlreich
in den emanzipierten Kolonien. Dort seien auch allmählich viele deutsche
Konsulate entstanden, deren Reorganisation im einheitlichen Sinne jetzt die
Aufgabe des Norddeutschen Bundes sei. Es wurde weiter kurz das Konsulatswesen anderer Nationen betrachtet, insbesondere die englische Konsularpraxis,
um zwischen dem System der besoldeten und der unbesoldeten Konsulate
zu entscheiden. Österreich und Preußen hätten Berufskonsuln eingesetzt als
wirksamen Schutz (mit Gerichtsbarkeit) in nichtchristlichen Ländern, wogegen
die übrigen deutschen Staaten bei dem bisherigen System der kaufmännischen

---

[49] AHL, Hanseatische Gesandtschaft, Alte Reg. O1g.
[50] AHL, Handelskammer 350/1.
[51] Hans-Dieter Loose, Nutzbares Erbe oder belastende Relikte einer glorreichen Vergangenheit? Der hanseatische Umgang mit dem Londoner Stalhof und dem Antwerpener Haus
der Osterlinge in der ersten Hälfte des 19. Jahrhunderts, in: Graßmann (Hrsg.), Ausklang
und Nachklang der Hanse, Trier 2001, S. 31–42.

Konsulate geblieben seien. Der Norddeutsche Bund wolle dem System der besoldeten Berufskonsuln unbedingt den Vorzug geben, werde jedoch eine Reihe von Jahren warten müssen, bevor er imstande sei, die große Anzahl notwendiger Konsulate mit hinlänglich vorgebildeten Beamten zu besetzen. Von großer Priorität seien in dieser Beziehung die Häfen in den nichtchristlichen Ländern Ostasiens. Denn dort seien die Verhältnisse ähnlich wie in den einstigen Faktoreien der Deutschen im Mittelalter, weil auch hier fremde Kaufleute und Schiffer den oft feindlich gesinnten Eingeborenen gegenüber zur eigenen Sicherheit und zum Schutz vertragsgemäß festgestellter Handelsbefugnisse sich zusammenschlössen. Außerdem seien Zivilgerichtsbarkeit und Strafgewalt in der Regel nur von wirklichen Berufskonsuln zu erfüllen. Dies gelte besonders für chinesische und japanische Häfen. Eine zweite Kategorie seien die Stapelplätze in der Levante (wegen Schutz und Gerichtsbarkeit christlicher Obrigkeiten; Preußen sei hier sehr interessiert). Eine dritte Klasse bildeten die Konsulate in transatlantischen Ländern christlicher Gesinnung. Die große Anzahl deutscher Einwanderer und deutscher Schiffe bedeute hier einen derart ausgedehnten amtlichen Wirkungskreis, dass daneben keine Wahrnehmung von Handelsgeschäften mehr tunlich sei. Also: Zwar sei die baldige Einstellung von Berufskonsuln notwendig, aber dennoch bleibe eine große Anzahl anderer Plätze übrig, die einen erheblichen Aufwand an Kosten aus Bundesmitteln nicht mehr rechtfertigen könnten. „Schon aus diesem Grunde wird die Mehrzahl der konsularischen Vertreter des Bundes im Auslande noch lange aus kaufmännischen Konsuln bestehen." Es bilde sich also ein „gemischtes System"[52] heraus, das sich im Lauf der Jahre modifizieren lassen wird (z. B. kaufmännischer Konsul mit einem besoldeten Kanzler oder Generalkonsul mit unbesoldeten Konsuln und Vizekonsuln im selben Bezirk). Alles müsse sich nach den persönlichen und lokalen Verhältnissen richten. Unterschiedlich zu modifizieren seien die gerichtlichen Handlungen (Zeugenanhörung, Eidesabnahme, Eheschließungen., Zivilstandsangelegenheiten). Die übrigen Bestimmungen seien allen Bundeskonsuln gemeinsam und bezögen sich größtenteils auf die Schifffahrt und Gerichtsbarkeit[53]. In christlichen Ländern hätten die Konsuln die Gerichtsbarkeit verloren. In nichtchristlichen Ländern dagegen sei die Exemtion von der Lokalgerichtsbarkeit gesichert (wie in den hanseatischen Verträgen mit der Türkei, Sansibar und Siam). Die Konsulargerichtsbarkeit beruhe in solchen Fällen auf dem aus dem Mittelalter stammenden Prinzip der Nationalität des Rechts. Schließlich wurde noch die Gebührenfrage angeschnitten, über die sich freilich noch langwierige Verhandlungen entwickelten[54].

---

[52] Berg, Entwicklung des Konsularwesens, S. 37.
[53] Zu einem einschlägigen Gesetz kam es 1879 (RGBl. 1879, Nr. 197).
[54] Hierzu ausführlich in den Jahren 1878–1883: AHL, ASA NB/DR IV A/1.

Mit Durchführung des Gesetzes verlor das lübeckische Konsularreglement seine Verbindlichkeit (auch das der Schwesterstädte). Die Dienstinstruktion der Konsuln des Norddeutschen Bundes trat am 15. März 1868 in Kraft[55]. Vergleicht man sie mit dem neuen Konsulargesetz, so sind hervorstehend eigentlich nur die zentrale Unterstellung unter den Bundeskanzler, die Einführung der juristisch ausgebildeten Berufskonsuln, die Vorschrift einer Prüfung im Konsulardienst, Einzelheiten zur Gerichtsbarkeit und zur Gebührenfrage. Die schifffahrtlichen Bestimmungen änderten sich geringfügig. Es blieb die Berichterstattung an den jeweils interessierten Bundesstaat, ja sogar dessen gewisse Weisungsbefugnis.

Die neue Flagge

Eine grundlegende Veränderung, deren Realisierung den Städten schwer gefallen ist, machte sie den Verlust ihrer Souveränität doch so recht augenfällig, war die Flaggenfrage: Nicht länger mehr kündete das Weiß-Rot der hanseatischen Flagge auf den Weltmeeren von der Zugehörigkeit zu den weltumspannenden Handels- und Schifffahrtsbeziehungen der Hansestädte. Aber in gewisser Weise war doch Genüge getan. Denn mit dem preußischen Schwarz-weiß und dem hanseatischen Weiß-Rot war in der neuen Flagge mit Schwarz-Weiß-Rot ein Kompromiß gefunden worden. Die freie und Hansestadt Hamburg hat an diesem Verlust der Identität nach außen besonders schwer getragen. Aber auch in Lübeck beging man die „Flaggenfeier" am 1. April 1868 mit einer Ansprache „in Veranlassung des Scheidens der Lübeckischen Flagge als Nationalflagge der lübeckischen Schiffe". Die Musik spielte die Weise „Auf Lübecks Wohlergehn" und die Kanonen gaben einen Salut von 21 Schüssen ab. Nach dem Einholen der lübeckischen Flagge wurde die Bundesflagge gehisst, wiederum Salut geschossen und die Weise „Was ist des Deutschen Vaterland" gespielt. „Der Abschied", so der Kommentator, „den wir dennoch von der uns lieb und theuren Flagge nehmen, möge uns nicht betrüben; wir geben sie nur hin zu Gunsten einer großen, starken, mächtigen Nachfolgerin [...]. Ein ergreifender Anblick war es, als unter dem Donner der Kanonen auf allen Schiffen die Lübecker Flaggen sanken und majestätisch die des Norddeutschen Bundes sich erhoben."[56]

---

[55] AHL, ASA NB/DR IV A/1. Zugrunde liegt das Gesetz zur Organisation der Bundeskonsulate vom 8. November 1867, Sammlung der Lübeckische Gesetze und Bekanntmachungen 1867, S. 530–544.
[56] Lübeckische Blätter 1868, S. 162.

Abbildung 6: Konsulatsschild und Farben des Norddeutschen Bundes

Von den einzelstaatlichen zu den Bundeskonsulaten

Aus der allgemeinen Dienstinstruktion für die Konsuln des Norddeutschen Bundes vom 15. März 1868[57] ergaben sich Einzelheiten über die Form von Wappenschild und Flagge. Bemerkenswert hierbei ist, dass dieser Instruktion auch noch Art. 20 der Lübeckischen Verordnung über die Stellung und Disziplin der

---

[57] AHL, ASA NB/DR IV A/1. Unterlagen zu den vom Norddeutschen Bund und den Deutschen Reich geschlossenen Konsularverträgen: AHL, ASA NB/DR II D 1/1–12.

Mannschaft auf Seeschiffen beigegeben war sowie oldenburgische, bremische und hamburgische Einzelbestimmungen weiterhin in Gültigkeit blieben. Diese fehlten verständlicherweise später bei der allgemeinen Dienstinstruktion für die Konsuln des Deutschen Reichs vom 6. Juni 1871[58]. Uniform, Siegel und Flagge wurden an die neue Situation angepasst.

Inzwischen war die Unübersichtlichkeit gewachsen. Vereinbarungen waren geschlossen worden: vom Deutschen Reich, vom Norddeutschen Bund, sowie namens des früheren Zoll- und Handelsvereins und natürlich von einzelnen Bundesstaaten. Wichtig war daher ein 1878 veröffentlichtes Handbuch[59], das die aktuellen Konsularverträge zusammenfasste und dabei auch noch auf zahlreiche Einzelbestimmungen der Freundschafts-, Handels- und Schifffahrtsverträge der drei freien und Hansestädte zurückgriff.

Der Übergang von den einzelstaatlichen zu den Bundeskonsulaten vollzog sich also allmählich. Er ließe sich an vielen Einzelfällen illustrieren. Zwar konnten die Hansestädte nun keine eigenen Konsuln mehr ernennen, aber es sind schon allein aus Lübecker Akten mehrere Beispiele zu nennen, bei denen die drei Hansestädte ihr Plazet zu einer Konsulatsbesetzung geben mussten. So entsprach „die Errichtung und Dotierung eines Bundesgeneralkonsulats in Mexico durchaus den diesseitigen Wünschen"[60], war im Januar 1869 aus Lübeck zu hören. Ja, bei der Besetzung von Konsulaten auf Formosa (Taiwan) drängte man lübeckischerseits im Oktober 1869 sogar auf die Ernennung eines Bundeskonsuls, „schien es uns [doch] unter allen Umständen richtiger, die diesseitigen Interessen dem Bundesconsulate anzuvertrauen, als unsere Specialvertretung dort fortdauern zu lassen"[61].

Noch unter dem 8. Februar 1872 wandte sich Ministerialdirektor von Philipsborn aus dem Bundeskanzleramt vertraulich an Senator Curtius. Die Besetzung der Konsulatsposten in China[62], in Foochow[63] (Mandschurei) und Tientsin[64] sei auf Drängen des kaiserlichen Gesandten in Peking zur Vertretung der deutschen Interessen dort schleunigst geboten. „Wie ich glaube, würden bei den vielen Beziehungen der Hansestädte zu Ostasien junge Männer aus den dorti-

---

[58] Vgl. Anm. 38. Das Gesetz vom 8. November 1867 wurde zum Reichsgesetz erklärt.
[59] AHL, ASA NB/DR IV A/1.
[60] In diesem und anderen Fällen (1868–1887): AHL, ASA NB/DR II D/2 und AHL, Hanseatische Gesandtschaft in Berlin, Alte Registratur O1f sowie O1g.
[61] AHL, Hanseatische Gesandtschaft zu Berlin Alte Registratur O1f.
[62] In China war die britische Konkurrenz besonders groß (Berg, Entwicklung des Konsularwesens, S. 59).
[63] Heute Fuxian.
[64] Heute Tianjin.

gen Kreisen sich für jene Stellen besonders eignen."[65] Die Situation fasste Krüger aus Berlin an Curtius am 27. Dezember 1872 folgendermaßen zusammen: „Es liegen viele Bewerbungen für Konsulate vor, sogar aus Bayern. Gleichwohl würden doch Bewerbungen aus den Hansestädten sehr erwünscht sein, weil der Reichskanzler die überseeischen Posten vorzugsweise mit Hanseaten besetzen möchte."[66] Ein gewisser Antagonismus zwischen Handelsministerium und Reichskanzleramt, so Krüger weiter[67], führe überdies dazu, dass Vorschläge aus Lübeck im Bundeskanzleramt eher Berücksichtigung finden, als wenn sie vom Handelsministerium kämen.

Als Letztes ist ein Blick auf die juristische Seite zu werfen[68]. Zwar konnten die Hansestädte Aberkennungen von Konsulatsverpflichtungen per Verwaltungsakt durchführen. Aber wie stand es mit der Gegenseite? Eigentlich gründeten sich die hanseatischen Konsulate rechtlich auf die Verträge der Hansestädte. Diese wurden erstaunlicherweise vom Norddeutschen Bund nicht rechtmäßig gekündigt und neu geschlossen[69]. Der Norddeutsche Bund ist als Rechtsnachfolger in diese doch völkerrechtlichen Vereinbarungen eingetreten. Auf eine Frage des hanseatischen Ministerresidenten Friedrich Krüger, ob diese Situation nicht geklärt werden müsse (denn auch nach Lübecks Beitritt zum Zollverein hätten sich die Zollbestimmungen der einstigen Vereinbarungen geändert), wurde ihm in Berlin geraten, daran nicht zu rühren[70]. Eigentlich hätten neue Verträge geschlossen oder zumindest die Einwilligung der Vertragspartner zur Fortführung der vertraglichen Regelungen für das Konsulatswesen eingeholt werden müssen. Aber dies geschah nur in einem Fall, nämlich mit Sansibar.[71] Und nur bei einem neuen Vertragsabschluss des Deutschen Reiches mit dem Osmanischen Reich 1890 wurde ausdrücklich festgehalten, dass der Vertrag der Hohen Pforte mit den Hansestädten von 1862 damit aufgehoben sei[72]. Die Hansestädte waren als Staaten Rechtspersönlichkeiten, sie blieben daher in beschränktem Maß Subjekte des Völkerrechts.

---

[65] AHL, ASA DB/DR IV A/1: 1872 wurde Foochow mit dem jungen Juristen Dr. Richard Krauel aus Lübeck besetzt.

[66] AHL, Hanseatische Gesandtschaft in Berlin, Alte Registratur O1g.

[67] Ebd., (1872).

[68] Prüser, Handelsverträge der Hansestädte, S. 126–130.

[69] Neue Handelsverträge mit konsularischen Bestimmungen wurden erst Ende der 1870er und den 1880er Jahren geschlossen (siehe Anm. 59).

[70] Ebd., S. 128 und AHL, ASA NB/DR D 1/1.

[71] Ebd., S. 127.

[72] Ebd., S. 135.

Das Fazit

Ein schonender, allmählicher Übergang des Konsulatswesens an den Norddeutschen Bund und das Deutsche Reich brachte die Anpassung an die neuen Erfordernisse des Völkerrechts, das Gleichziehen mit der Konkurrenz von Großbritannien und Frankreich usw. mit sich und die Anpassung an die politische Weiterentwicklung der Staaten Mittel- und Südamerikas sowie Ostasiens. Die notwendige Modernisierung und Aktualisierung der konsularischen Aufgaben wurden für die Hansestädte zu einer Überlebensfrage. Die Zeiten, als ein lübeckischer Generalkonsul Lindenberg in Portugal selbstherrlich hatte Konsulate einrichten und besetzen[73] oder ein Herr Mordtmann in Konstantinopel die Schaffung eines Vizekonsulats in Jerusalem sozusagen als Belohnung für einen Protegé erfolgreich hatte anregen können[74], waren unwiderruflich vorbei. Dennoch sind die Worte des preußischen Gesandten von Kamptz in Hamburg doch allzu abfällig (geben aber wohl die Zeitstimmung wieder): „Man glaubt in den Hansestädten, in der bisherigen konsularischen Vertretung etwas ganz besonderes besessen und dieses Gut durch das Bundesverhältnis verloren zu haben, und wer die hohe Idee kennt, die man hier in allen Dingen von sich hat, den kann eine solche Auffassung eigentlich nicht wunder nehmen. Der hiesige Senat reitet fortwährend das mittelalterliche, stolze hanseatische Roß, und tut, als merke er nicht, dass es im Laufe der Jahrhunderte vollständig lendenlahm geworden, so dass die Straßenbuben hinter ihm her spotten."[75]

Verständlich ist das Festhalten am eigenen Konsulatswesen, wie z. B. im Fall Hamburgs[76], aber dennoch war der konsequenten Entwicklung der Deutschen Einigung nicht Einhalt zu gebieten. Empfehlungen der Städte flossen weiterhin in die Entscheidungen bei Konsulatsbesetzungen ein, manche ihrer Konsuln wurden als Bundeskonsuln übernommen. Hatten die Städte vorher manchmal keine konforme Entscheidung gefällt und jeweils eigene Konsulatsposten besetzt, so mussten sie sich unter der Ägide des Norddeutschen Bundes nun zusammenfinden. Sie behielten die konstitutionellen Elemente der Einzelstaaten, wie Staatsvolk, Staatsgebiet und Staatsgewalt, aber es wurde ihnen ihre Souveränität beschnitten und ihre völkerrechtliche Handlungsfähigkeit nachhaltig beschränkt.

---

[73] Graßmann, Hanse weltweit, S. 53.
[74] Vgl. Anm. 23.
[75] Nach Budach, Hamburg und der Norddeutsche Bund, S. 67.
[76] Lange, Bismarck und die norddeutschen Kleinstaaten, S. 224.

Fraglich ist, ob die drei Hansestädte wirklich noch aktive Außenpolitik hätten leisten können in einer Welt der sich konsolidierenden Großmächte (1866 hatte Krüger noch das Recht zum Abschluss völkerrechtlicher Verträge für die Hansestädte gefordert!)[77]. Die Weiterentwicklung und die Zunahme von Handel und Verkehr erforderten mehr und mehr Rechtskenntnisse des Konsuls, die Amtsaufgaben ließen sich häufig nicht mehr neben einem Handelsgeschäft durchführen (auch wenn es weiterhin Wahlkonsuln gab). Auf jeden Fall konnten sich die Hansestädte zugute halten, das Institut der Konsulate erprobt und zum Vorteil nicht nur der Handelsbeziehungen auf dem Globus ausgebaut zu haben, sondern auch die Grundlage für das deutsche Konsulatswesen mit seiner weiten Verzweigung geschaffen zu haben.

Der widerstrebende Verzicht auf die Konsulate hatte überdies zu einem vorteilhaften Verhandlungsargument beim Beitritt zum Norddeutschen Bund genutzt werden können. Denn man muss die Konsulatsfrage auch im Zusammenhang mit den allgemeinen Verhandlungen bei der Bildung des Norddeutschen Bundes verstehen. Zudem musste das anfängliche Misstrauen gegen die Absichten Preußens und Bismarcks erst allmählich beseitigt werden.

Schmerzhaft blieb die Aufgabe des internationalen Kennzeichens auf den Weltmeeren, der Flagge, die der schwarz-weiß-roten Bundes- und Handelsflagge weichen musste.

Außenpolitik der Hansestädte war nur mehr im Rahmen des Bundesrats möglich[78].

Die Städte hätten eigene internationale Verträge schließen können. Aber hatte Bismarck nicht bei der ersten Konferenz zur Beratung des Verfassungsentwurfs zum Norddeutschen Bund im Dezember 1866 programmatisch verkündet: „Die unbeschränkte Selbständigkeit, die sich bei Stämmen und dynastischen Gebieten [und hier muss man ergänzen: den Hansestädten] entwickelt hat, bildet den wesentlichen Grund der politischen Ohnmacht"[79]? Diese Phase der deutschen Außenpolitik war vorbei. Insbesondere Hamburg und Bremen blieben trotzdem eine „wirtschaftspolitische Speerspitze" des Deutschen Reiches auf den Weltmeeren.

---

[77] 1869 sah die Situation schon anders aus: Hinsichtlich des Konsulats in Tamsui (Formosa) schien es den Hansestädten Lübeck und Bremen (nicht aber Hamburg!) „unter allen Umständen richtiger, die diesseitigen Interessen dem Bundeskonsulate anzuvertrauen, als unsere Specialvertretung dort fortdauern zu lassen" (AHL, Hanseatische Vertretung, Alte Reg. 01f). Daher wird dringend um Einrichtung eines Konsulats oder Vizekonsulats auf Formosa ersucht, wegen der „vielfach versuchten Übergriffe der chinesischen Behörden".

[78] Hans-Georg Schönhoff, Hamburg im Bundesrat, Hamburg 1967; Helmut P. Dahl, Lübeck im Bundesrat 1871–1914. Möglichkeiten und Grenzen einzelstaatlicher Politik im Deutschen Reich, Lübeck 1969.

[79] AHL, ASA NB/DR I A/1, Krüger an Curtius, 15. Dezember 1866.

Die Vorteile der neuen Entwicklung auf dem Gebiet des Konsularwesens überwogen schließlich die befürchteten Nachteile. Hatten die drei Städte auch meistens zu einer gemeinsamen Linie gefunden (und Lübeck hatte die hanseatischen Traditionen und den Gemeinschaftsgedanken dabei besonders vertreten), so war ihnen doch der Nutzen eines Rückhalts durch einen Souverän bei der Durchsetzung ihrer Präsenz in der sich mehr und mehr ausdehnenden Weltwirtschaft wohl bewusst geworden. Nicht nur das Erfordernis der Rechtskenntnisse, sondern auch die finanziellen Notwendigkeiten hätten die Städte allmählich überfordert. Der Begriff des Hanseaten behielt ohnehin seinen guten Klang in der Welt.

Also war der Übergang des Konsulatswesen an den Norddeutschen Bund und das Deutsche Reich zwar ein Verzicht, nicht aber ein Verlust, sondern im Grunde ein Gewinn für die Hansestädte, aber nicht nur für sie. Das von ihnen in alle Teile der Welt ausgedehnte Konsulatswesen bildete Vorstufe und Basis für die deutsche Außenpolitik, und die Hansestädte hatten damit eine Vorreiterrolle für den Auswärtigen Dienst von heute gespielt.

Meyers Konversationslexikon von 1896 fasst die Situation in treffende Worte: „Die Zersplitterung Deutschlands äußerte sich auf dem Gebiet der Konsulate in der empfindlichsten Weise. Die Hansestädte, welche zwar ein erhebliches Interesse daran hatten, im Ausland gut vertreten zu sein, besaßen nicht die nötigen Mittel, um ein Konsularwesen nach französischem Muster einzurichten, und Preußen zeigte nur für die Levante Interesse. Für die geschäftsmäßige Tüchtigkeit der konsularischen Vertreter wurde wenig gesorgt. Erst mit der Gründung des Norddeutschen Bundes trat in dieser Hinsicht ein vollständiger Umschwung ein, und die Ausbildung des deutschen Konsulatswesens ist eine der größten Errungenschaften der neuen Reichseinheit."[80]

---

[80] Meyers Konversationslexikon, 5. Aufl., Bd. 10, Leipzig/Wien 1896, S. 503.

Sebastian Damm
Landesaußenpolitik unter Waffen

Ein halbes Jahrhundert überdauerte das deutsche Kaiserreich und mit ihm ein Modell, das Außenpolitik auf zwei parallel geführten Ebenen kennen wollte – eine große, deutsche Reichsaußenpolitik und die fortbestehende Außenpolitik der deutschen Länder. Wie viel eigene Außenpolitik die Länder tatsächlich führten, wo Konfliktlinien zwischen Reichs- und Länderaußenpolitik verliefen, ist bereits von unterschiedlicher Seite beleuchtet worden[1]. Den Lackmustest für die Tragfähigkeit dieses Systems bilden seine großen Erschütterungen, wie sie sich in den militärischen Auseinandersetzungen zeigten: Die Kriege der Gründungsphase einerseits, der zum Zusammenbruch führende Erste Weltkrieg andererseits. Bewährte sich das Modell paralleler Außenpolitik oder brachen in den Ländern Kräfte hervor, die auf dessen Zusammenbruch hinarbeiteten? Oder Anders: Waren das Momente, in denen die deutschen Länder die Chance ergriffen, gegen den alles überwölbenden Primat der Außenpolitik des Reiches aufzubegehren? Diese Momente sind von der historischen Forschung bisher nicht im Zusammenhang untersucht worden, der vorliegende Beitrag versucht, Licht auf sie zu werfen[2].

Neutralisierung Sachsens – 1866

So unnatürlich uns die Frage retrospektiv anmuten mag, so deutlich bestand sie als Sorge gleich zu Beginn des Kaiserreiches: Würden die deutschen Länder, unter die Oberhoheit Berlins gerade gefügt, auch militärisch auf der Seite des Reiches stehen oder bestand Gefahr, dass sie eigene Wege gingen? Diese Sorge brach bereits in den Verhandlungen Preußens mit dem Königreich Sachsen 1866 hervor: Nach dem preußischen Sieg im deutsch-deutschen Krieg war Sachsen preußisch besetzt und Berlin bestand auf der Eingliederung des

---

[1] Die zeitgenössische Rechtswissenschaft hatte sich bereits der Frage aus einem theoretischen Blick angenommen, jüngst erst wieder die Habilitation Bardo Faßbenders, Der offene Bundesstaat: Studien zur auswärtigen Gewalt und zur Völkerrechtssubjektivität bundesstaatlicher Teilstaaten in Europa, Tübingen 2007. Während die hier gesammelten Aufsätze sich historischer Perspektiven annehmen, steht eine umfassende Arbeit noch aus.

[2] Der Aufsatz beruht auf einem am 3. August 2010 anlässlich des 90-jährigen Jubiläums des Politischen Archivs des Auswärtigen Amts gehaltenen Vortrag. Die Literaturhinweise beschränken sich auf das Nötigste.

Königreichs in den Norddeutschen Bund. Sachsen war, trotz seiner militärischen Niederlage im deutsch-deutschen Krieg, der einzige Staat, mit dem sich
Preußen auf ernsthafte Verhandlungen einlassen musste. Aber war akzeptabel,
Sachsen ein eigenes Bundeskontingent zu belassen, stets Ausdruck letzter ver-
bliebener Eigenständigkeit[3]? An den Verhandlungen tritt zutage, wie deutlich
die Sorge sächsischer Alleingänge in Berlin war: In einem möglichen Krieg
Preußens und Österreichs wollte König Johann neutral bleiben[4]. Bereits mit
dieser Neutralitätserklärung war wenig von einem unbedingten sächsischen
Schulterschluss an der Seite Berlins zu spüren. Dem stand Bismarck gegenüber, der, um Sachsen tatsächlich seine außenpolitische Handlungsfähigkeit
vollständig zu nehmen, gerade dessen militärische Eigenständigkeit aufzulösen
trachtete[5]. Mit einer eigenen Armee stand auch eine Zusicherung der Neutralität nur auf einem Blatt Papier, denn Preußen sah Sachsen schon als Vorhut
eines österreichischen Vorstoßes; wie sehr hätte Berlin tatsächlich dauerhaft
darauf vertrauen können, dass Dresden zwischen Preußen und Österreich
zumindest neutral bleiben würde[6]?

Am Ende verblieb Sachsen doch noch ein Bundeskontingent. Dies war nicht
nur auf das Beharren des sächsischen Königs zurückzuführen, sondern auf die
Stimmung in der sächsischen Beamtenschaft und dem Adel, bei zwanghafter
Einverleibung einem preußischen Herrn nicht wirklich loyal zu sein. Becker
hat in diesem Konflikt überdies das Potential gesehen, sich zu einem europäischen Konflikt zu entwickeln, weil der österreichische Kaiser, am Ende auch
Frankreich hinter Sachsen gestanden und offenbar gewillt gewesen wären, im
Zweifelsfalle für Sachsen Partei zu ergreifen[7]. Selbstverständlich: Frankreichs
Gesandtschaft in Dresden beobachtete die Militärverhandlungen und -verein-
barungen aufs Genaueste[8]. Für Frankreich war die Sache indes nicht so einfach,
denn in Einschätzung seines Gesandten seien, wenn es in der sächsischen Kö-

---

[3] Siehe hierzu Jan Hoffmann, Die sächsische Armee im Deutschen Reich 1871 bis 1918, Dresden 2007.

[4] Fritz Dickmann, Militärpolitische Beziehungen zwischen Preußen und Sachsen 1866–1870.
Ein Beitrag zur Entstehungsgeschichte des Norddeutschen Bundes, München 1929, S. 23 f.,
hat daraufhingewiesen, dass diese retrospektiv unannehmbare Forderung, neutral bleiben
zu dürfen, bereits einen starken Bruch der sächsischen Orientierung bedeutete, weil das
Land sonst oft genug gegen Preußen gestanden hatte.

[5] Otto Becker/Alexander Scharff, Bismarcks Ringen um Deutschlands Gestaltung, Heidelberg 1958, S. 202.

[6] Dickmann, Militärpolitische Beziehungen, S. 29, hat betont, dass Bismarck vor allem den
zu erwartenden Nachfolgern des sächsischen Königs misstraute.

[7] Becker/Scharff, Bismarcks Ringen, S. 205. Dickmann, Militärpolitische Beziehungen, S. 30
f., hat einzelne Fürsprachen fremder Dynastien für den sächsischen König angeführt.

[8] MAE, Affaires politiques, jusqu'en 1896, correspondance politique, Saxe électorale et royale,
Bde. 141–148, Forte-Rouen aus Dresden, Nr. 117, 28. September 1866.

nigsfamilie Sympathien für Frankreich gebe, diese sicher nicht bei König oder Prinz. Die französischen Quellen legen es näher, als habe die Geschichte vom Eingreifen fremder Mächte ihren Ursprung in preußischerseits gestützten Blättern, die dies der öffentlichen Meinung glauben machen wollten[9]. Mit den sich hinziehenden Verhandlungen wolle Preußen, so der französische Gesandte in Dresden, das Argument nähren, Sachsen konspiriere unter der Hand mit Frankreich und damit dessen Position diskreditieren. Dies verfing zwar in der öffentlichen Meinung Sachsens nicht, und es stellt ein großes Fragezeichen, wieweit hier der Kern eines europäischen Konfliktes angelegt war, in dem Sachsen einmal mehr gegen Berlin gestanden hätte. Gleichwohl: Dass man in Berlin dem Versuch nachging, daraus eine Geschichte zu machen, zeigt, dass die Wirklichkeit nicht allzu weit davon entfernt war. Es umschreibt die Wahrnehmung der Loyalität der Länder, mit der sie 1866/67 erst in den Norddeutschen Bund und dann 1870/71 nahtlos in das – weitgehend identisch verfasste – Deutsche Reich eintraten.

Luxemburger Krise 1867 – der Krieg auf Probe

Die nächste Gelegenheit, in der Reich und Länder auf die Probe gestellt wurden, ließ nicht lange auf sich warten. Im Frühjahr 1867 waren die Militärverhandlungen bereits zu Verfassungsartikeln geworden, über die der Reichstag des Norddeutschen Bundes gerade beriet. Der liberale Abgeordnete Waldeck meinte feststellen zu können, dass sich niemand dagegen wende, den preußischen König zum einzigen Oberkommandieren zu erheben; die Sachsen, so Waldeck, hätten „die vollständigste Einigkeit darin, daß die Centralgewalt in Militairsachen dem König von Preußen gehört"[10]. Das war natürlich Unsinn und neben sächsischen Widerworten äußerten sich wenig überraschend einige Hannoveraner über den militärischen Machtzuwachs Preußens skeptisch. Der Abgeordnete Eichholz fürchtete, „daß gerade die starke Kriegsmacht bei der herrschenden Neigung zu Erwerbungen und Eroberungen weniger den Frieden sichern als vielmehr den Krieg anregen würde. Ich fürchte, daß eine solche starke Kriegsmacht für den Norddeutschen Bund denselben Erfolg haben wird"[11].

---

[9] Ebd., Nr. 118, 28. September 1866.
[10] Franz Holtzendorff/Ernst Bezold, Materialien der Deutschen Reichs-Verfassung: Sammlung sämmtlicher auf die Reichs-Verfassung, ihre Entstehung und Geltung bezüglichen Urkunden und Verhandlungen, einschließlich insbesondere derjenigen des constituirenden Norddeutschen Reichstages 1867, Berlin 1872/73, Bd. 2, S. 275.
[11] Ebd., S. 315 f.

War es denn nun mit der „Centralgewalt" schon so weit, und gab es keine Widersacher mehr? Dies ließ sich sehr rasch testen: Die Luxemburger Krise war, während man im Berliner Abgeordnetenhaus beriet, längst angelaufen. Die Ereignisse sind allenthalben bekannt[12]: Für Frankreichs Zusage, sich nicht in Preußens Ambitionen einzumischen, zu einem deutschen Staat zu avancieren, wollte Bismarck sich aus Frankreichs Interessen in Belgien und Luxemburg heraushalten. Unter dieser Stillhaltezusage aus dem Osten bahnten Napoleon III. und der niederländische König Wilhelm III. einen Kaufvertrag über das unter niederländischer Oberhoheit stehende Luxemburg an. Als währenddessen indes die preußisch-süddeutschen Schutz- und Trutzbündnisse bekannt wurden, sah der Niederländer die Lage geändert, machte einen Rückzieher und den Kaufvertrag von der öffentlichen Zustimmung Bismarcks abhängig. Er fürchtete, über Nacht in einen preußisch-französischen Konflikt hineingezogen zu werden. Für die deutsche Öffentlichkeit war eine solche Stillhaltezusage natürlich undenkbar: Gegen deren Zeitgeist, die Luxemburg bei Deutschland sah, konnte Bismarck kein offenes Wort erheben. Napoleon III. fühlte sich hintergangen und ließ mobilmachen.

Fügten sich die Staaten des Norddeutschen Bundes auf Bismarcks Linie ein? Waren oder mussten sie sie vorbehaltlos mittragen, oder gehorchten die nichtpreußischen Heere einer ganz eigenen, gar gegen Preußen gerichteten Agenda? Von den Staaten, die, bisweilen *volens*, mitunter *nolens*, zum Norddeutschen Bund zählten, hatten sich einzelne Personen bereits auf die andere Seite geschlagen. Der ehedem sächsische Außenminister von Beust hatte sich nach Wien abgesetzt, war nunmehr österreichisch-ungarischer Außenminister und konnte sich der persönlichen Feindschaft Bismarcks sicher sein. Hier war eine innere Frontstellung aus dem Norddeutschen Bund in äußere Bündnisbildungen getrieben worden. Der französische Gesandte in Dresden vermerkte, von allen „anciens Collègues du Baron de Beust" sei allein von Falkenstein „celui qui est resté le plus fidèle à sa politique"[13]. Ein ähnliches Schicksal hatte der ehemals hannoversche König Georg V. erlitten. Er hatte seine Macht in Hannover ab-

---

[12] Siehe hier allein Jost Dülffer/Martin Kröger/Rolf-Harald Wippich, Vermiedene Kriege. Deeskalation von Konflikten der Großmächte zwischen Krimkrieg und Erstem Weltkrieg, 1865–1914, München 1997, S. 167–186. Die umfangreichste Arbeit zur Luxemburg-Krise hat noch immer Rothan, vor dem preußisch-französischen Krieg französischer Ministerresident in Hamburg, vorgelegt, Gustave Rothan, L'Affaire du Luxembourg. Le Prélude de la guerre de 1870, Paris 1882. Zur britischen (Nicht-) Haltung Klaus Hildebrand, No intervention: Die Pax Britannica und Preußen 1865/66–1869/70. Eine Untersuchung zur englischen Weltpolitik im 19. Jahrhundert, München 1997, S. 188 ff.

[13] Les Origines diplomatiques de la guerre de 1870–1871, 29 Bde., Paris 1905–1932, Bd. 14, Nr. 4010, Forth-Rouen aus Dresden, Nr. 4, 6. Januar 1867.

geben und mit seiner Welfenlegion im mal niederländischen, mal dänischen, mal österreichischen, mal französischen Exil gegen Preußen Stellung beziehen müssen[14]. Das war keine Kraft, die beanspruchen konnte, aus dem Inneren des Norddeutschen Bundes als Land zu sprechen; das einzige, was Hannover sich erhalten hatte, war seine mit dem Schriftsteller Oskar Meding besetzte Gesandtschaft in Paris, die zu einer Privatangelegenheit wurde, weil eine Zentrale fehlte.

Die verbliebenen deutschen Staaten zeigten sich in der Luxemburger Krise bemerkenswert distanziert zu den Vorgängen und identifizierten sich nicht mit ihnen. Das ist erstaunlich, hatten sie doch nur ein Jahr zuvor, am Vorabend des deutsch-deutschen Krieges, auch gegen Preußen gestanden. Sachsen, Hannover und Hessen-Darmstadt hatten so verloren, die Freie Stadt Frankfurt war noch rasch besetzt worden, Hamburg hatte bis zur letzten Minute an ein Zusammengehen mit Österreich oder zumindest an Neutralität gedacht. Davon war jetzt nicht mehr viel zu hören. Der braunschweigische Souverän Herzog Wilhelm schimpfte, ohne dass mehr dahinter stand, gegenüber dem französischen Gesandten, er hoffe, Preußen werde in dem erwarteten Krieg bis an die Memel zurückgetrieben[15]. Geffken, der hanseatische Botschafter in London, war zurückhaltender, sah in allem aber allein einen möglichen Krieg Preußens, keinen eigenen[16].

Die große Ausnahme bildete Hessen-Darmstadt[17]. Nichts veranlasste den hessischen Ministerpräsidenten Dalwigk, Architekt der hessischen Außenpo-

---

[14] Seit der Arbeit von Renate Duckstein, Die Welfenlegion: Die Politik des Königs Georg von Hannover in den Jahren 1866–1870 im Zusammenhang mit der großen europäischen Politik, Göttingen 1923, ist dieses Kapitel lange unberücksichtigt geblieben, abgesehen von mehr kursorischen Notizen, wie etwa bei Fritz Plumhoff, Die Welfenlegion 1866–1870 (König Georgs Legion), in: Zeitschrift für Heereskunde 51 (1987), S. 159–161. Vgl. nunmehr v. a. die neue quellenfundierte Untersuchung von Anne-Katrin Henkel, Die Hannoversche Legion (Welfenlegion) und Preußen: ein Beitrag zur welfischen Exilpolitik in der Phase der Reichsgründung (1866–1871), in: Braunschweigische Heimat 80 (1994), S. 3–87.

[15] Klaus Erich Pollmann, Das Herzogtum im Kaiserreich (1871–1914), in: Horst-Rudiger Jarck/Gerhard Schildt (Hrsg.), Die Braunschweigische Landesgeschichte. Jahrtausendrückblick einer Region, Braunschweig ²2001, S. 821–841, hier S. 822.

[16] Staatsarchiv Hamburg, 111-1 Senat, Cl. VI, No. 5, Vol. 4 b, Fasc. 36 b, 5. April 1867.

[17] Gemeinhin wird das Großherzogtum Hessen-Darmstadt den vier süddeutschen Staaten zugeschlagen. Doch war Hessen seit seiner Niederlage im deutsch-deutschen Krieg 1866 ungleich enger an den Norddeutschen Bund gebunden: Das eigene oberhessische Territorium gehörte dazu. Blieb Hessen außenpolitisch eigenständig, so war es in der Militärhoheit anders: Die Militärgesetze des Norddeutschen Bundes galten für Oberhessen und damit ebenso für den außerhalb verbliebenen Rumpfteil. Fremde Militärattachés gab es in Baden, Bayern und Württemberg, für Hessen brauchte es das nicht. Nicht

litik, keine militärischen Gegenbündnisse zu versuchen[18]. Der hessische Plan war ganz einfach: In einem nahe erwarteten preußisch-französischen Krieg würde Hessen-Darmstadt anfangs notgedrungen auf der Seite des Norddeutschen Bundes mitkämpfen, um sich dann gezielt von französischen Truppen vom Bundesheer abschneiden zu lassen. Das hessische Regiment sollte dann neutral bleiben oder eine profranzösische Position einnehmen. Gleichzeitig wollte Hessen-Darmstadt im Vorfeld Österreich zu einem Kriegseintritt bewegen, Preußen und den Norddeutschen Bund zurückdrängen, den Verlust des linken Rheinufers an Frankreich verhindern und zugleich als Feigenblatt benutzen, „aux yeux des peuples du midi, la couleur non pas d'une intervention française mais d'un mouvement autrichien appuyé sur la France"[19].

Als die Luxemburger Krise sich zum Jahreswechsel 1866/67 abzeichnete, ergriff Hessen in der Sache still für Frankreich Partei, und Dalwig beeilte sich bereits Anfang März 1867, die französische Seite frühzeitig vor möglichen preußischen Militärvorkehrungen zu warnen[20]. Wie aber stand Frankreich zu Hessens Avancen? In einem Wort: zurückhaltend. Selbst als Dalwig später die Gefahr zeichnete, Preußen könne Hessen-Darmstadt zum vollständigen Beitritt in den Norddeutschen Bund zwingen – und damit den Prager Frieden von 1866 verletzen –, wollte Frankreich dies, zu Dalwigs Enttäuschung, für einen Kriegsgrund nicht genügen lassen[21]. Im Dafürhalten des französischen Gesandten in Darmstadt, d'Astorg, bedurfte es eines geheimen französisch-hessischen Vertrages, denn „sans traité, les troupes hessoises appartiennent

---

Schutz- und Trutzverträge, sondern eine preußisch-hessische Militärkonvention, die nahezu vollständig der preußisch-sächsischen glich, waren das entscheidende Band. Kurz: In seiner Zwitterstellung zwischen Nord und Süd zählte Hessen-Darmstadt militärisch zum Norddeutschen Bund.

[18] Diese Politik Hessen-Darmstadts ist denn auch, nachdem Preußen nach dem Krieg einzelne Dokumente aus den französischen Archiven veröffentlichen ließ, in der zeitgenössischen Öffentlichkeit kontrovers diskutiert worden und dann mit der Veröffentlichung der Tagebücher ihres Hauptprotagonisten Dalwig 1905 einerseits und der französischen Aktenedition zum Vorlauf des „Siebziger Krieges" 1905–1932 andererseits von der historischen Wissenschaft aufgearbeitet worden. Vgl. zum einen Reinhard von Dalwig zu Lichtenfels, Die Tagebücher des Freiherrn Reinhard v. Dalwig zu Lichtenfels aus den Jahren 1860–71, Darmstadt 1920, hierzu Kurt Volz, Dalwig und die Politik der deutschen Mittelstaaten 1870/71, Heidelberg 1926, S. 21, und Ernst Vogt, Die hessische Politik in der Zeit der Reichsgründung (1863–1871). München 1914, S. 112. Zum anderen Les Origines diplomatiques de la guerre de 1870–1871 und die Aufarbeitung bei Walter Vogel, Die Tagebücher des Fhr. Reinh. v. Dalwig zu Lichtenfels als Geschichtsquelle, Vaduz 1933.

[19] MAE, Affaires politiques, jusqu'en 1896, correspondance politique, Hesse-Darmstadt, Bde. 29–31, d'Astorg aus Darmstadt, Nr. 16 bis, 3. April 1867.

[20] Ebd., 13. März 1867.

[21] Vogel, Tagebücher des Fhr. Reinh. v. Dalwig, S. 65.

à la Prusse"[22]. Für Frankreich bildete sich an der Zugehörigkeit Hessen-Darmstadts die Frage nach der Sicherheit der durch den Prager Frieden garantierten
Mainlinie ab, die den Norddeutschen Bund nach Süden begrenzte. Weil sie
durch hessisches Territorium verlief, hätte diesem für die Franzosen zwar eine
Schlüsselstellung zufallen können, es erwies sich jedoch als nicht bedeutend
genug: „Je ne fais ni comparaison entre la faiblesse de ce pays et l'étendu de
semblables vues politiques ni parallèle entre l'énergie du Ministre [Dalwigk]
d'un petit Etat et l'instabilité que les évènements peuvent venir si facilement
imposer malgré lui à son attitude."[23]

Während die Ideen um ein hessisch-französisches Militärbündnis außerhalb
Hessens auf keinen fruchtbaren Boden fielen, bleibt die Frage, was von alldem
Berlin wusste. Die antipreußische Haltung war zwar grundsätzlich niemandem
unbekannt, doch die preußischen Gesandtschaftsberichte deuten darauf hin,
dass Berlin nichts von den Gesprächen mit Frankreich – oder Österreich – im
Einzelnen wusste[24]. Dalwigk führte seine vertraulichen Gespräche mit Wentzel, dem preußischen Gesandten in Darmstadt, weiter und konnte darüber sein
Narrativ unterbringen, „daß er in Betreff eventueller Alliancen die Lage Preußens für sehr ungünstig ansehe"[25]. Es klang nur ein kleines Fragezeichen durch,
denn, so Wentzel, „[d]aß das Großherzogthum Hessen treu zu Preußen stehen werde, stellte er als selbstverständlich hin." Noch vermutete Wentzel den
hessisch-darmstädtischen Gesandten in Wien, von Gagern, den man für einen
verdeckten Fürsprecher Österreichs hielt[26]. Das Doppelspiel Hessens ging für
diese Krise noch auf, das tat es nicht mehr lange.

Preußisch-französischer Konflikt 1870/71

Nach den Ereignissen um Luxemburg in Frühjahr 1867 ließ die nächste preußisch-französische Auseinandersetzung nicht lang auf sich warten. Es war
dann jener Streit um die spanische Thronfolge, der im Sommer 1870 einen
Krieg Preußens und Frankreichs erneut in unmittelbare Nähe rückte. Die
Vorgeschichte ist allen im Gedächtnis: Der spanische Thron war seit längerem
vakant, und im Juni 1870 bot Spanien ihn Leopold aus dem Hause Hohenzollern-Sigmaringen an. Das Familienoberhaupt, König Wilhelm I. von Preußen,

---

[22] MAE, Affaires politiques, jusqu'en 1896, correspondance politique, Hesse-Darmstadt,
      Bde. 29–31, d'Astorg aus Darmstadt, Telegramm, 25. März 1867.
[23] Ebd., 27. Februar 1867.
[24] PA AA, R 3029, Wentzel aus Darmstadt, Nr. 14, 25. Februar 1867.
[25] Ebd., Nr. 37, 15. Juli 1867.
[26] Ebd., Notiz, 24. Juli 1867, A 3264.

stimmte zu. Als die Entscheidung am 1. Juli Paris bekannt wurde, nahm man dies allenthalben als unerwünschte Verbesserung der diplomatischen Stellung Preußens, das sich auf der iberischen Halbinsel über die Linie Sigmaringen etablieren würde. Mit Billigung Napoleons III. gab der französische Außenminister Gramont am 6. Juli die offizielle Erklärung ab, Frankreich erwarte den Verzicht Leopolds, andernfalls, so erklärte er, „nous saurions remplir notre devoir sans hésitation et sans faiblesse." Das war als Ultimatum für einen Krieg gemeint, und so wurde es auch verstanden.

Nicht die übliche Frage, wie Preußen reagierte, soll hier gestellt werden. Wie reagierten die Länder des Norddeutschen Bundes, als sie von den Vorgängen erfuhren? Standen sie, Landesregierungen und öffentliche Meinungen, fest, würden sie sagen, sie seien „heute alle Preußen"? In Sachsen habe, nach Einschätzung der französischen Diplomaten in Dresden, die veröffentlichte Meinung „commenc[ée] à devenir violent à notre égard"[27]. Dem indes standen sowohl öffentliche Meinung wie sächsische Regierung gegenüber. Die Stimmung gebe Preußen die Schuld an der Anspannung der Lage, weil es die Wahl Sigmaringens gebilligt habe und „qu'elle peut amener de graves complications sans qu'il y ait aucun profit à en tirer pour les intérêts de l'Allemagne". Noch mehr Distanz zeigte die sächsische Regierung, als der französische Gesandte Châteaurenard mit dem sächsischen Außenminister von Friesen sprach, der erklärt habe „que la demande de la France était, en effet, conforme aux précédents du droit public européen[28]". Der französische Gesandte in Hamburg, Rothan, beobachtete eine politische Führung, die von einer von Bismarck von langer Hand geplanten Intrige ausging, und „ils assurent que l'Allemagne ne fera rien pour aider au succès de l'intrigue de M. de Bismarck[29]".

Ressentiment – aber genug, um im Kriegsfall gegen Preußen durchzuhalten? Lange hielt sich in den Ländern die Hoffnung auf den Erhalt des Friedens, und, wenn man Châteaurenards und Rothans Beobachtungen in Dresden und Hamburg vertraut, so zerstob sie in dem Moment, als Bismarcks berühmte Emser Depesche bekannt wurde: Der französische Gesandte Benedetti hatte Wilhelm I. aufgesucht und ihm die Erklärung abzuringen versucht, sich für alle Zukunft darin zu versagen, einer spanischen Thronfolge durch das Haus Hohenzollern-Sigmaringen seine Zustimmung zu geben. Bismarck wies für den König diese Forderung mit jener Emser Depesche zurück und ließ das Ansinnen Benedettis am 13. Juli veröffentlichen, am 15. Juli erreichte es die französische Presse.

---

[27] Les Origines diplomatiques de la guerre de 1870–1871, Bd. 28, Nr. 8362, Châteaurenard aus Dresden, Nr. 148, 9. Juli 1870.

[28] Ebd., Nr. 8367, Châteaurenard aus Dresden, Nr. 36, 10. Juli 1870.

[29] Ebd., Nr. 8388, Meroux de Valois aus Kiel, Nr. 128, 10. Juli 1870.

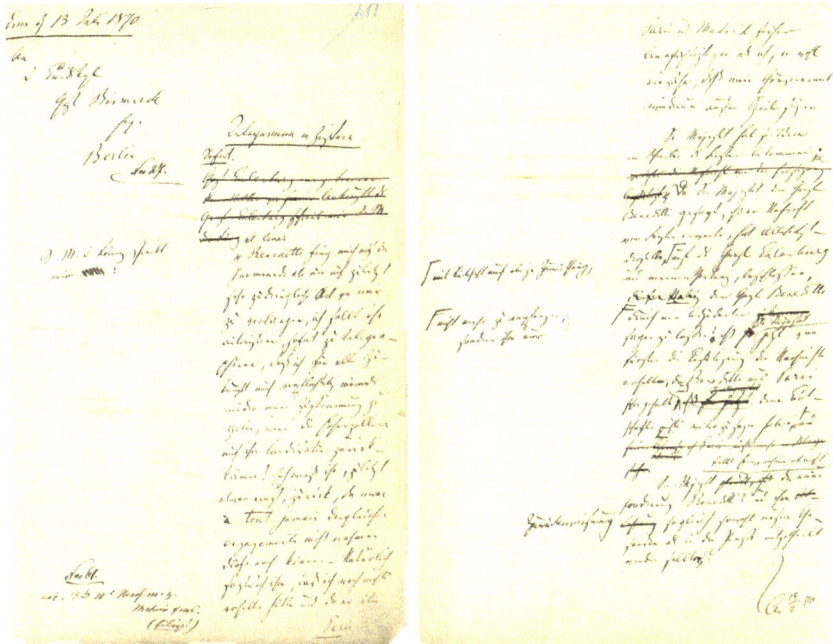

Abbildung 1: Konzept der „Emser Depesche"

In Dresden hatte die scharfe Presse noch immer keine Auswirkung auf die einen Krieg ablehnende Bevölkerung[30], und von Nostitz ergriff zwar für Preußens Haltung Partei, doch Châteurenard sah kein Wort gegen Frankreich darin. Doch als kurz darauf erstmals das Wort „Krieg" fiel, konnte von Nostitz allein auf „obligations fédérales" verweisen[31]. Alle innere Reserviertheit änderte nichts: Sachsen erhielt aus Berlin allein militärische Weisungen und wurde behandelt, als sei es ein Gliedstaat ohne eigenen Souverän[32].

Dann kam die französische Kriegserklärung, und sie brach an einigen Orten die lokale öffentliche Stimmung. Dies berichtete Rothan aus Hamburg und Lübeck. Was Geffken noch 1867 um Luxemburg in allgemeinem Dafürhalten für Hamburg als „Preußischen Krieg" gesehen hatte, nahm die öffentliche Meinung nunmehr als ihre Sache wahr. Rothan hatte Bedenken um die Sicherheit

---

[30] Ebd., Nr. 8558, Châteaurenard aus Dresden, Nr. 38, 15. Juli 1870.
[31] Ebd., Nr. 8559, Châteaurenard aus Dresden, Nr. 39, 15. Juli 1870.
[32] Ebd., Nr. 8665, Châteaurenard aus Dresden, Nr. 41, 19. Juli 1870.

der Franzosen in den Hansestädten, er selbst schiffte sich nach Le Havre ein[33]. In den Hansestädten musste diese Stimmung die lokalen Landesregierungen isolieren, deren Unbeteiligtheit nun bisweilen auch auf Unverständnis ihrer eigenen Bevölkerung stieß, „que dans les classes élevées on fait preuve de dignité et de courtoisie". Ihre Haltung war im Begriff, eine rein persönliche zu werden, die sie in der politischen Wirklichkeit nicht mehr umzusetzen vermochten. Doch selbst wo die lokale öffentliche Meinung ruhig blieb und die Geschehnisse als preußische Angelegenheiten sah, wie in Sachsen – „la grande masse [...] regret vivement la nécessité cruelle où se trouve leur pays de combattre pour la Prusse"[34] –, konnten sich die Landesregierungen Preußen nicht entziehen. Das Resignative dieser Haltung sah Rothan:

„Les résistances autonomes, si accentuées dans les États confédérés au lendemain de 1866, ont fait place depuis un an environ [...] à une espèce de résignation fataliste. On s'est rallié autour du pouvoir central, sans enthousiasme, il est vrai, et surtout sans désir de devenir prussien, mais avec la conviction que les événements de la guerre, fussent-ils contraires à la Prusse, ne rendraient pas aux pays englobés dans la Confédération du Nord la situation indépendante qu'ils occupaient autrefois. Ce sentiment de résignation [existe] dans toutes les classes de la société, [...] ils rempliraient patriotiquement leur devoir."[35]

Man darf eben nicht vergessen: Sachsen hatte ja noch 1866 gegen Preußen gestanden, Hamburg erst im letzten Moment, dem Frankfurter Schicksal zu entgehen, auf die Seite Preußens eingeschwenkt. Dasselbe war nun zu spüren, nur blieb es diesmal unter der Oberfläche. Bismarck war sich dessen sehr bewusst – und gab einen Schuss vor den Bug, indem er im potentiellen – wenn auch schwachen – Widersacher Mecklenburg-Strelitz den ehemaligen hannoverschen Offizier von Petersdorff in der Nacht des Kriegseintritts wegen des Verdachts auf Landesverrats verhaften ließ[36]. Mecklenburg-Strelitz ließ sich leicht an die Wand drücken, und im Norddeutschen Bund rührte sich niemand mehr.

Aus diesen Reihen erwartete Frankreich keine große Unterstützung[37]. Es blieb, einmal mehr, Hessen-Darmstadt. Diesmal hoffte Frankreich bis kurz vor Ausbruch des Krieges auf Schulterschluss oder Neutralität. Davon hatten sie die

---

[33] Les Origines diplomatiques de la guerre de 1870–1871, Bd. 29, Nr. 8619, Rothan aus Hamburg, Nr. 180, 17. Juli 1870.

[34] Les Origines diplomatiques de la guerre de 1870–1871, Bd. 28, Nr. 8665, Châteaurenard aus Dresden, Nr. 41, 19. Juli 1870.

[35] Ebd., Nr. 8453, Rothan aus Hamburg, Nr. 174, 12. Juli 1870.

[36] Carl August Endler, Die Geschichte des Landes Mecklenburg-Strelitz (1701–1933), Hamburg 1935, S. 91.

[37] MAE, Affaires politiques jusqu'en 1896, correspondance politique, série B, Hambourg, Bde. 156–160, Rothan aus Hamburg, Nr. 174, 12. Juli 1870.

Jahre zuvor nicht viel wissen wollen. Kurz vor Kriegsausbruch kamen dieselben Stimmen aus Darmstadt wieder hoch, und diesmal nahm man sie an:

„ ,Arrangez-vous pour nous couper de notre allié du Nord', me disait-on une autre fois. ,Nous lui ferons savoir que nous avons été paralysés; et nous ne nous plainderons point!' [...] ,Il vous faut vous saisir de l'Allemagne du Sud en l'isolant, vous en faite une alliée par surprise en quelque sorte et surtout arriver les premiers! Et puis, vous venez ce que deviendront nos traités!'"[38]

Frankreich war klar, dass diese hessischen Aufrufe nur Gültigkeit hatten, wo eine Aktivität seitens Österreich-Ungarns zu erwarten war, Frankreich selbst einzudämmen. Diese war indes nicht zu erwarten. Dieses Mal versuchte Frankreich, alles für Hessen ins Feld zu bringen: Der russische Zar, der, wohlgemerkt, einige Tage zuvor seinen Schwager Ludwig in Darmstadt inkognito aufgesucht hatte[39]? 1866 hatte der Zar sich dafür eingesetzt, Hessen möge nicht annektiert werden[40], aber heute? Was war mit der hessischen Armee zu gewinnen, „[où] les simples soldats sont antiprussiens, le Corps officiers d'aujourd'hui est dévoué aux idées nouvelles – et ailleurs le Chef de l'Armée est le Roi de Prusse!"[41]. Müsste die Bevölkerung nicht Preußen abgeneigt bleiben, „appauvrit et fatigue depuis quatre ans et qui serait particulièrement mal disposé pour leurs dominateurs actuels"[42]. Frankreich wollte den Beliebtheitswettbewerb gegen Preußen gewinnen und nur deutschsprachige Soldaten in Hessen einsetzen. Doch gegenüber dem unmittelbaren Nachbarn Preußen war Hessen in einer ausweglosen Situation. Als d'Astorg in der letzten Nacht vor dem Krieg um zwei Uhr ein Telegramm aus Paris erhielt, eilte er sofort zu Dalwigk – diesem blieb nicht mehr, als ihm um Verständnis bittend zu diktieren:

„Le Gouvernement hessois regretterait plus que personne le moment où le Grand Duché serait obligé de prendre part à une action de guerre contre la France et nos sympathies sont toujours les mêmes. Mais notre position nous rend la neutralité non seulement plus difficile qu'aux autres Etats du Sud, mais à peu près impossible vue que nous sommes sous le canon de Mayence et que

---

[38] MAE, Affaires politiques jusqu'en 1896, correspondance politique, Hesse-Darmstadt, Bde. 29–31, d'Astorg aus Darmstadt, Nr. 29, 10. Juli 1870.

[39] Ebd., d'Astorg aus Darmstadt, Nr. 20, 9. Juli 1870.

[40] Eckhart Franz, Der Weg nach Groß-Hessen. Staatsbildung und Landesbewußtsein im Hessischen 1803-1946, in: Blätter für deutsche Landesgeschichte 132 (1996), S. 71–90, hier S. 79, hat die Schonung Hessens sogar allein in der Fürsprache Russlands gesehen und die bisweilen überbewertete Rolle Österreichs und Frankreichs außer Acht gelassen. Die französischen Gesandtschaftsberichte stützen diese Ansicht und bewerten Frankreichs eigenen Beitrag als nur gering.

[41] MAE, Affaires politiques jusqu'en 1896, correspondance politique, Hesse-Darmstadt, Bde. 29–31, d'Astorg aus Darmstadt, Nr. 26, 5. Juli 1870.

[42] Ebd., d'Astorg aus Darmstadt, Nr. 29, 10. Juli 1870.

par la convention militaire notre troupe est dans l'armée Prussienne et même dans les mains de généraux et de colonels du nord. Ainsi la Hesse espère que l'Empereur ne jugera pas sa manière d'agir autrement que découlant de la necessité mais que votre Excellence sait que le G[ran]d Duc se réserverait la liberté de ses résolutions du moment où les évènements lui auront rendre l'indépendance de ses actes."[43]

Berlin wies Hessen an, die französischen Diplomaten in Darmstadt auszuweisen.[44] Mit dem Eintritt Hessens in den Krieg gegen Frankreich kippte denn auch die öffentliche Meinung in Hessen.[45] Dalwigk gab seine alte Linie auf, als absehbar militärisch nichts zu gewinnen war. Wentzel nahm Dalwigk noch immer ab, „daß er von frühester Jugend die deutsche Gesinnung bewahrt habe und daß [er hoffte, daß] die Zeit kommen werde, ein großes starkes deutsches Reich wiederherzustellen, mit einem hohenzollerischen Kaiser mächtiger als die Hohenstaufen zur Zeit ihrer höchsten Macht"[46]. Der letzte militärisch-außenpolitische Widerstand im Innern war gebrochen.

Der preußisch-französische Konflikt war zum „Siebziger Krieg" geworden, wie er zeitgenössisch hieß. Für die Briten ist er stets der „Franco-Prussian War" geblieben, wie es auch der „Austro-Prussian War" gewesen war. In Deutschland hieß er bald der „Deutsch-Französische Krieg". Sicher, alle Länder, die das spätere Deutschland bilden sollten, hatten an preußischer Seite mitgekämpft. Doch steht das „deutsch" stark für die retrospektiv dominante Folge des Krieges. Das war, würde man heute sagen, das verordnete Narrativ. In der gewollten Rezeption sollte er sich in die Reihe der drei „deutschen Einigungskriege" fügen, die ins Deutsche Reich mündeten. Am Konflikt selbst hatten die deutschen Länder keinen Anteil, geschweige denn am *casus foederis*. Als es im Juli 1870 zum Krieg kam, konnte Preußen sie mit in die Waagschale werfen, die alten Regierungen selbst standen unbeteiligt daneben. Damit zog im Sommer 1870 Frankreich gegen Preußen in den Krieg, dessen Übermacht zu brechen, weil „après une défaite éclatante [des armes prussiennes] nous verrions aussitôt reparaître avec une grande vivacité toutes les antipathies qu'inspire aux populations la domination prussienne. Les alliés de la Prusse ne lui sont donc pas attachés

---

[43] Ebd., d'Astorg aus Darmstadt, Nr. 31, 17. Juli 1870.

[44] MAE, Affaires politiques, jusqu'en 1896, correspondance politique, Suisse, Bd. 598, Commignes-Guitoud aus Bern, 25. Juli 1870.

[45] MAE, Affaires politiques jusqu'en 1896, correspondance politique, Hesse-Darmstadt, Bde. 29–31, d'Astorg, Darmstadt, Nr. 58, 19. Juli 1870.

[46] PA AA, R 3031, Wentzel aus Darmstadt, A 3914, 6. August 1870. Dalwigks politisches Schicksal war seinem Ende gleichwohl nah, als die Hintergründe nach dem Krieg ans Licht gerieten, vgl. Frank Zimmer, Bismarck und der Sturz des Ministers von Dalwig [zu Lichtenfels], in: Archiv für hessische Geschichte und Altertumskunde 51 (1993), S. 143–173.

indissolublement, *per fas et nefas*, et elle se ferait certainement des illusions si elle s'attendait de leur part aux sacrifices que suggère le désespoir."[47]

So kam es dann bekanntlich nicht. Wenn wir indes vom Krieg selbst sprechen und nicht von seiner rückwärtigen Wahrnehmung oder seinen Folgen, liegt es, angesichts der Rolle der Länder, näher, ihn wie den ihm vorausgegangenen Konflikt um den spanischen Thron zwischen Preußen und Frankreich zu bezeichnen und fürderhin, wie die Briten, vom „Preußisch-Französischen Krieg" zu sprechen.

Erster Weltkrieg

Szenenwechsel, gut vierzig Jahre später. Das Deutsche Reich war längst tief im Weltkrieg, und deutsche Reichsaußenpolitik konnte bei niemand als erfolgreiche Machtpolitik erscheinen, sondern die Rückschläge waren unübersehbar. War das der Moment, in dem die Länder außenpolitisch ausbrechen wollten? Die Ausgangslage war ja die gegenteilige von 1867/70, die Länder waren, nach vier Jahrzehnten, eingehegt. Dem hatte zunächst jene Krisen und Kriegen der 1860er und 1870er gedient. In den vierzig Jahren nach 1867 waren die Länder in ihrer militärischen Ordnung stark zusammengewachsen und hatten nach und nach jede eigene auswärtige Militärplanung aufgegeben. Sie hatte nach Reichsgründung durchaus noch fortexistiert, vor allem in den drei Königreichen. Man näherte sich langsam an: Offiziersaustausch, Ordensverleihung und Teilnahme an militärischen Einsätzen des Reiches in den Kolonien trugen je das ihre dazu bei, Ressentiments vor allem im bayerischen Offizierskorps gegenüber Preußen abzubauen. Gerade der Einsatz in auswärtigen Militäreinsätzen musste hierbei eine einheitliche Identifikation stärken und in gleichem Maße eigene auswärtige Militärplanungen der Länder unzeitgemäß erscheinen lassen. Dass Bayern in seinen Planspielen mit einem Angriff Österreich-Ungarns rechnete, ebbte nach der Jahrhundertwende ab[48]. Auch hatte Bayern keinen Schlieffenplan. Nach Jahrzehnten außenpolitischer Abstinenz hatten die deutschen Länder im Sommer 1914 noch formal einem Krieg zugestimmt, an eine Überzeugungsarbeit wie 1866 über einen *casus foederis* war kein Gedanke verschwendet worden. Im Krieg selbst blieben die Länder, trotz starker innerer Konflikte um die föderale

---

[47] Les Origines diplomatiques de la guerre de 1870–1871, Bd. 28, Nr. 8453, Rothan aus Hamburg, Nr. 174, 12. Juli 1870.

[48] Siehe hier nur Othmar Hackl, Der bayerische Generalstab (1792–1919), München 1999, und Heinrich Otto Meisner, Militärattachés und Militärbevollmächtigte in Preußen und im Deutschen Reich. Ein Beitrag zur Geschichte der Militärdiplomatie, Berlin 1957.

Verteilung eroberter Gebiete, stets hinter der durch das Reich, später durch die Oberste Heeresleitung vorgegebenen äußeren Linie[49].

Die außenpolitische Enthaltsamkeit wurde durch zwei Ereignisse im Spätverlauf des Krieges gebrochen, die das Vertrauen der Länder grundlegend zerstörten, in dem grundsätzlich auf zwei Ebenen möglichen auswärtigen System sich eigener außenpolitischer Gestaltung zugunsten des Reiches vollkommen zu enthalten. Was das Vertrauen brach, waren nicht die großen militärischen Niederlagen auf den Schlachtfeldern und die Millionen Gefallener. Es waren zwei kleine Anlässe, die für die Länder viel verrieten: Einmal war es die Sonderrolle, die das Reich Bayern in den Friedensverhandlungen von Brest-Litowsk einräumte, und dann war es die Luxburg-Affäre, die dafür stand, die Handelsinteressen der Hansestädte leichtfertig zu gefährden. Sie setzten, vornehmlich in Sachsen und in den Hansestädten, einen über Jahrzehnte angestauten Unmut frei, wie das Deutsche Reich in ihrem Namen Außenpolitik zunehmend geführt und gestaltet hatte, und sie führten dazu, dass die Länder ihre eigene auswärtige Agenda wiedereröffneten. Während die Bewegung aus Sachsen eine eigene Außenpolitik wollte, zielte diejenige aus den Hansestädten auf die deutsche Außenpolitik und suchte deren Reform. Die Momente beider Bewegungen sind hier anzuhalten und kurz zu betrachten – die Momente weilten nicht lang, denn die Länder kamen zu spät. Die von ihnen angestoßenen Prozesse nahmen ihren Anfang in einem ausgehenden Krieg, aber das Kaiserreich fand sein Ende, bevor sie sich hätten voll entwickeln können.

Sächsische Interessen auf dem Balkan

Sachsen hatte unter dem Weltkrieg wirtschaftlich am meisten gelitten.[50] Je länger das Reich nicht auf die spezifischen Belange Sachsens einging, desto mehr musste Sachsen, zumindest wirtschaftlich, sich nicht mehr angemessen vertreten fühlen. Dabei bot sich für Sachsen ein schier unendlich wirkender Raum nach Südosten an, wirtschaftlich – und dann auch politisch – selbst

---

[49] Karl-Heinz Janßen, Macht und Verblendung. Kriegszielpolitik der deutschen Bundesstaaten 1914/18, Göttingen 1963. Diese Monographie wurde vielfach für eine breitere Öffentlichkeit rezensiert. Janßen hat aufgearbeitet, wie sich die Länder intensiv untereinander darum bemühten, die territorialen Gewinne des Deutschen Reiches, seien sie tatsächlich oder prospektiv, untereinander aufzuteilen. Vermeintliche eigene Wege der Länder reihten sich indes hinter die Frontlinien des Deutschen Reiches.

[50] Vgl. nur Sang Wook Park, Sächsische Wirtschaftspolitik und -praxis im Weltkrieg 1914–1918, Dresden 2000. Siehe auch Peter Mertens, Zivil-militärische Zusammenarbeit während des Ersten Weltkriegs. Die Nebenregierungen der Militärbefehlshaber im Königreich Sachsen, Leipzig 2004.

Fuß fassen zu können. Als das sächsische Interesse auf dem Balkan erstmals öffentlich zur Sprache kam, indem es im Frühjahr 1916 in die sächsischen Medien lanciert wurde, war der Gegenwind aus Berlin empfindlich zu spüren. Daraufhin verhielt sich, trotz vitalen Eigeninteresses, Sachsen ruhig, selbst als sich im Folgejahr, spätestens von Mai 1917 an, für Sachsen unabweislich die Anzeichen mehrten, der stabilisierende Faktor und Verbündete Österreich-Ungarn könne zusammenbrechen und ein Machtvakuum hinterlassen, in dem sich jeder würde neu orientieren und behaupten müssen. Sachsen wollte seine Stellung sichern und muss informell in Berlin darum gebeten haben, den Reichsgesandtschaften auf dem Balkan sächsische Wirtschaftsattachés beizugeben. Immer stärker kam der ängstliche Blick Sachsens nach Bayern hinzu: Würde sich das Machtzentrum Deutschlands, des deutschsprachigen Europas, ja Europas insgesamt nach dem Krieg nach München verlagern? Sollte Bayern tatsächlich jenes Deutschböhmen und das gesamte Deutschösterreich zugeschlagen bekommen – wo bliebe dann Sachsen und sicherte sich seine Position zwischen den zwei erdrückenden preußischen und bayerischen Nachbarn? Doch Berlin tat nichts, Sachsen wirtschaftlich auf dem Balkan zu unterstützen.

Hier musste die Neuigkeit aus Brest-Litowsk den letzten Grund nehmen, weiter darin zu vertrauen, das Reich werde auch die sächsischen Auslandsinteressen gut besorgen. Berlin musste einräumen, in den Versailler Verhandlungen von 1870 Bayern das Sonderrecht eingeräumt zu haben, Friedensverhandlungen mit einem eigenen Unterhändler zu beschicken, wenn auch innerhalb der deutschen Delegation. Dies setzte München einerseits in eine stärkere Position gegenüber den übrigen Ländern. Denn musste es nicht in Dresden so scheinen, als könne sich Bayern in der Großaufteilung des europäischen Ostens seinen Teil sichern, mochte es auch immer wieder betonen, dort kein Eigeninteresse zu verfolgen? Viel schwerer musste andererseits wiegen, dass Berlin für Dresden alles Vertrauen verspielt hatte. Weshalb jemandem die Führung anvertrauen, der nicht im mindesten Verständnis für die eigene Situation aufbrachte und nun auch geheime Bevorzugungen der unheimlichen Konkurrenten einräumen musste? Hier brach Sachsen aus. Sachsen ging daran, zunächst in Sofia eine eigene Gesandtschaft zu eröffnen. Gerüchte entstanden, es seien auch Konstantinopel und Bukarest geplant. Über die sächsische Vertretung beim Reich und die bulgarische in Berlin wurde sondiert[51]. Was sukzessiv nach Berlin durchsickerte, belastete die Beziehungen nach Dresden noch mehr. Das Auswärtige Amt war besorgt, „[d]iese Maßnahme könne im Auslande den Eindruck erwecken, als fühlten sich die Bundesstaaten im Reichshause nicht mehr wohl und als lockerte sich das Gefüge des Reiches"[52].

---

[51] PA AA, R 2833, Oberndorff aus Sofia, A 34262, 11. August 1918.
[52] PA AA, R 3286, AA an Schwerin, A 35512, 24. September 1918.

War die Sorge wirklich abwegig? Vor dem Hintergrund des immer länger andauernden Ersten Weltkriegs wäre sie nur verständlich gewesen[53]. Wer konnte im Sommer 1918 mit Gewissheit sagen, was nach einem Krieg sein würde? Argwöhnte man in den Ländern etwa Unbill, und verließen die Ratten das sinkende Schiff? Drohte sich dort etwas dauerhaft zu verselbständigen? So setzte das Auswärtige Amt dann gegenüber dem preußischen Gesandten in Dresden auseinander: „Gerade während des Krieges wäre es angezeigt gewesen, einen solchen Eindruck zu vermeiden, der dazu beitragen kann, den Hoffnungen auf den inneren Zusammenbruch des Reiches, die von unseren Gegnern gehegt werden, Nahrung zuzuführen."[54]

Das Auswärtige Amt ging auf Sachsen zu und war nun offener für die einst von Dresden in Spiel gebrachten sächsischen Wirtschaftsattachés. Doch dafür war der Zug mittlerweile abgefahren, Sachsen war nicht mehr von seinem eigenen Weg abzubringen, „nun ist das Unheil nicht mehr abzuwenden", hieß es in der Wilhelmstraße[55]. Der bulgarische Zar Ferdinand begrüßte den Plan[56], und Rudolph Steinbach zog als ständiger sächsischer Geschäftsträger nach Sofia[57]. Ihm wurde mit Freiherrn von Tucher Personal beigegeben, der sächsische Kaufmann Klose wurde zum nichtdiplomatischen Handelsbeirat ernannt[58]. Im Auswärtigen Amt wollte man auf das Ableben Ferdinands warten und dann bereinigen[59]. Jedenfalls würde man dafür Sorge tragen, „die Vertretungen Bayerns und Sachsens am Balkan möglichst beim Friedensschluß wieder verschwinden zu lassen"[60]. Plakativ trat zutage, dass außenpolitisches Dafürhalten eines Bundesstaates dem Reiche gar nichts zählte. Auf einer Friedenskonferenz würde, soviel war sicher, Sachsen kein Wort mitzureden haben.

Dann sollte doch alles schneller und anders kommen als erwartet: Zwar wurde die Gesandtschaft Ende September mit Besuch des sächsischen Königs und von Nostitz-Wallwitz' in Sofia beim König Ferdinand noch eingerichtet[61]. Alsbald aber überschlugen sich die Ereignisse eines dräuenden Zusammenbruchs des deutschen Verbündeten Bulgarien, als kurz nach der Akkreditierung An-

---

[53] In diese Richtung auch etwa Hoffmann, Die sächsische Armee, S. 363.
[54] PA AA, R 3286, AA an Schwerin, A 35521, 24. September 1918.
[55] Ebd., Aufzeichnung, A 26597, 17. Juli 1918.
[56] Ebd., Schwerin aus Dresden, A 28886, 5. Juli 1918.
[57] Nach Einschätzung des preußischen Gesandten in Dresden gehörte Steinbach zu den „guten Nummern" Sachsens, der „insbesondere als ein genauer Kenner der wirtschaftlichen Fragen" galt: Ebd., Schwerin aus Dresden, A 35512, 22. August 1918.
[58] Ebd., Schwerin aus Dresden, A 37669, 7. September 1918.
[59] Mit dem Tod des Zaren wurde in nicht allzu weiter Ferne gerechnet, denn 1918 war er bereits 67 Jahre alt: Ebd., Schwerin aus Dresden, A 35512, 24. September 1918. Er sollte allerdings erst 1943, 92-jährig, sterben.
[60] Ebd., A 33831, undatierte Aufzeichnung von dem Bussches.
[61] Ebd., Oberndorff aus Sofia, A 39390, 18. September 1918.

fang September 1918 die Ententeoffensive an der mazedonischen Front herein-brach. Zwei Wochen später musste von Nostitz-Wallwitz aus Wien in seinem Bericht ausführen, dass für die Errichtung einer Gesandtschaft in Sofia freilich „Voraussetzung [...] der Fortbestand des monarchischen und uns verbündeten [bulgarischen] Regimes [war], und mit dieser Voraussetzung kann [...] kaum noch gerechnet werden"[62]. Mit dem bald folgenden Zusammenbruch Bulgari-ens war das Projekt begraben[63].

Sachsen hatte den ersten Vorstoß unternommen, stand aber nicht allein. Ber-lins Sorge, es könne der gefürchtete Flächenbrand entstehen, war nicht unbe-rechtigt: Konnte nun Bayern anders, als eben dieselben Pläne nun seinerseits ebenso nachdrücklich zu verfolgen? Und lag es damit nicht auch richtig[64]? Dass mit den unerwartet anderen äußeren Umständen der Nachkriegszeit alle ih-re Rechnung neu machen mussten, steht auf einem anderen Blatt Papier. Das Zwei-Ebenen-System deutscher Außenpolitik mit weitgehender Enthaltsamkeit der Länder war aus sich heraus ins Wanken geraten.

Gemeinsam für eine neue deutsche Außenpolitik

Wie von Süden her, so geriet das Reich in seiner auswärtigen Domäne von Nor-den her unter Beschuss. Die Nachrichten aus Hamburg erreichten Berlin Ende 1917. Die Mehrzahl der hamburgischen Übersee-Unternehmungen habe sich, schrieb Professor Bernhard Schädel, Leiter des Ibero-amerikanischen Instituts, zusammengetan und würde eine fundamentale Manöverkritik zur auswärti-

---

[62] Alfred Opitz, Der Zerfall der europäischen Mitte: Staatenrevolution im Donauraum. Be-richte der Sächsischen Gesandtschaft in Wien 1917–1919, Graz 1993, Nr. 103, Nostitz-Wallwitz aus Wien, 26. September 1918.

[63] PA AA, R 3286, Schwerin aus Dresden, A 28682, 1. November 1918.

[64] Bayern besetzte ab Mitte November 1918 nun auch seine Gesandtschaft in Bern neu und streckte mit Wilhelm Friedrich Foerster eigene Friedensfühler gen französische Sozialis-ten aus. Auch diese Episode, die nicht mehr im Kaiserreich stattfand, wurde vom Versailler Friedensvertrag fortgewischt und ist bislang nicht umfassend untersucht, siehe jetzt aus dem biographischen Kontext Maria Hoschek, Friedrich Wilhelm Foerster (1869–1966). Mit besonderer Berücksichtigung seiner Beziehungen zu Österreich, Frankfurt/M. ³2006, S. 119–127, aus dem bayerischen vgl. allein die kurzen Ausführungen bei Wolfgang Benz, Bayerische Auslandsbeziehungen im 20. Jahrhundert. Das Ende der auswärtigen Gesandt-schaften Bayerns nach dem 1. Weltkrieg, in: Zeitschrift für bayerische Landesgeschichte 32 (1969), S. 962–994, hier S. 971. Überdies schien sich in einzelnen Bundesstaaten die Idee zu verbreiten, sich mit Konsulaten oder Gesandtschaften in dem neu entstehenden Polen selbst zu vertreten, vgl. das HStAS, E 50/00, Büschel 45, Moluda aus Duschnik bei Posen, 22. Juli 1918.

gen Politik des Deutschen Reiches an das Auswärtige Amt herantragen[65]. So sollte es denn auch nur wenige Wochen später kommen[66]. Nahezu sämtliche nennenswerten Unternehmen sollten sich beteiligen. Darunter die Namen von Berenberg, das Hamburger Afrika-Institut, Jacobi, Nottebohm, O'Swald, Hugo Preuss, Max Warburg und Albert Ballin. Betroffene Unternehmen aus Bremen und Lübeck sollten sich anschließen und im Verlaufe auch die Senate der drei Hansestädte mit in ihr Petitum hineinziehen. Hinter ihnen standen, meist schweigend, die Unternehmensverbände und Bundesstaaten[67].

Die Denkschriften und Petitionen, die in den folgenden Monaten die Führungsspitze des Auswärtigen Amtes erreichen sollten, forderten eines: Der kaiserliche diplomatische Dienst müsse grundlegend reformiert werden[68]. Die Unternehmen forderten nicht weniger als einen ganz neuen Typus Diplomat. Sie wollten Diplomaten, nicht Verwaltungsbeamte. Ihr Vorbild war das Foreign Office, von dem das Auswärtige Amt 1870 immerhin seinen Namen entlehnt hatte. Es entlud sich ein über Jahrzehnte angestauter Unmut über als unfähig perzipierte Diplomaten des Kaiserreichs, gegen die die Bundesländer Stimme und Macht verloren hatten[69].

Auslöser war der Vorfall „Luxburg-Affäre", der zeitweise zur zweiten Zimmermann-Depesche zu werden drohte[70]. Ihr vorausgegangen war eben die

---

[65] PA AA, R 139814, Schädel an Kühlmann, 18. Dezember 1917.

[66] Vorab war bereits eine erste Eingabe der hamburgischen Kaufmannschaft Hamburg eingegangen, ebd., 29. November 1917.

[67] Ebd., Quandt aus Hamburg, 25. Mai 1918. Vgl. etwa auch die Bitte der Handelskammer Hannover, alle Akteure Deutschlands mit einzubeziehen, ebd., 16. April 1918.

[68] Kurt Doß, Das deutsche Auswärtige Amt im Übergang vom Kaiserreich zur Weimarer Republik, Düsseldorf 1977, S. 310. Dabei hatte es zuvor bereits einige Versuche seitens des Reichstages gegeben, die indes nicht eine vergleichbare Vehemenz besaßen, vgl. zeitgenössisch H. Weber, Zur Reform des Auswärtigen Dienstes, in: Das Größere Deutschland 1 (1914), S. 242–247, hier S. 242. Doß hat die bisher einzige deutschsprachige Untersuchung zu diesen Vorgängen vorgelegt und sie auf eine sehr breite Quellengrundlage gestellt, die die einzelnen Vorgänge genau wiedergibt. Er hat sich indes nicht mit den inhaltlichen Forderungen auseinandergesetzt. Dies bleibt ein Forschungsdesiderat. Sonst findet sich hierzu allein Paul Gordon Lauren, Diplomats and Bureaucrats. The First Institutional Responses To Twentieth Century Diplomacy in France and Germany, Stanford 1976, der die Umstrukturierungen im Auswärtigen Amt und im Quay d'Orsay institutionengeschichtlich aufgearbeitet hat.

[69] Deutlich strich dies Dauch in seiner Rede vom 17. April 1918, HStAS, E 40/16, Büschel 678, gegenüber von Kühlmann heraus, indem er betonte, die alsbald aus dem Krieg zurückkehrenden Männer würden ein Aufbegehren in sich tragen, dem das Auswärtige Amt mit einer tatsächlichen, von allen Gesellschaftskreisen getragenen Reform vorgreifen müsse, „was Sie mit einer Palliativ-Reform heraus niemals erreichen können".

[70] Eine weiterführende Ausarbeitung bietet soweit nur Doß, Das deutsche Auswärtige Amt, S. 17 ff. Überdies hat Klaus Kannapin, Die Luxburg-Affäre, in: Wissenschaftliche Zeitschrift der Humboldt-Universität zu Berlin, Gesellschafts- und Sprachwissenschaftliche

Zimmermann-Depesche, jenes chiffrierte Telegramm des deutschen Unterstaatssekretärs des Äußeren Alfred Zimmermann, mit dem er Mexiko ermunterte, ein Bündnis einzugehen für den Fall, dass die Vereinigten Staaten von Amerika Deutschland den Krieg erklären würden. Als deutscher Bündnispartner sollte Mexiko sich der deutschen Unterstützung gewiss sein, würde es Befriedigung in seinen 1848 im Vertrag von Guadalupe Hidalgo an die USA verlorenen Gebiete suchen wollen. Alles kam heraus, weil der Code längst bekannt war, und die Geschichte wurde zu einem zentralen Auslöser für den Kriegseintritt der USA[71].

Nun hatte sich, wenig später, dasselbe in Argentinien wiederholt. Der deutsche Gesandte Graf Luxburg sprach in seinen Drahtberichten eine deutliche Sprache auf Linie des Auswärtigen Amtes: In ihnen empfahl er, die argentinischen Schiffe „zum Umkehren zu zwingen, sie ohne Spuren zu versenken oder passieren zu lassen"[72]. Die Gegenseite las wieder mit, denn es war ja dieselbe Codierung wie bei Zimmermann. Und es kam wieder alles heraus. Wenig glaubhaft war, dass das Auswärtige Amt Luxburg sogleich fallen ließ und die Depeschen als dessen Privatmeinung darzustellen versuchte[73]. Was sich tatsächlich abgespielt hatte, ist bis heute nicht sicher zutage gefördert worden, spielt hier aber auch keine Rolle. Die in Argentinien besonders aktive hamburgische Kaufmannschaft musste fürchten, einen zentralen Markt zu verlieren, weil der deutsche Diplomat etwas arg leichtfertig ein offensichtlich entschlüsseltes System benutzt hatte[74].

Reihe 12 (1964), S. 879–882, eine kurze Aufarbeitung vorgelegt, die indes der spezifischen Perspektive der jungen DDR verhaftet ist.

[71] Ausführlich Martin Nassua, „Gemeinsame Kriegführung. Gemeinsamer Friedensschluß". Das Zimmermann-Telegramm vom 13. Januar 1917 und der Eintritt der USA in den Ersten Weltkrieg. Frankfurt/M. 1992.

[72] Abdruck der Telegramme bei Doß, Das deutsche Auswärtige Amt, S. 49, Anm. 95.

[73] Dazu hatte dann bereits gefehlt, dass das Auswärtige Amt die Gesandtschaftsberichte Luxburgs sogleich inhaltlich von sich gewiesen hätte, was dem Auswärtigen Amt denn auch vorgeworfen wurde, vgl. die Eingabe der hamburgischen Kaufmannschaft, wie Anm. 66.

[74] Ebd. Deutlich drückte es ein Vertreter der hamburgischen Handelskammer aus, der, unter „frenetischem Beifall" erklärte: „Der Handel sei müde, sich seine Arbeit weiter zerschlagen zu lassen." (HStAS, E 40/16, Büschel 678.) Wenig verständlich ist der Kritik bei Doß, Das deutsche Auswärtige Amt, S. 57, Luxburg habe sich nicht ausreichend diplomatisch auszudrücken gewusst. Denn jener gemeinte „diplomatische Ausdruck" kannte im Telegramm einen wohl sehr anderen Empfänger als den der Öffentlichkeit. Es wäre gerade ein gutes Zeichen, könnte man Luxburgs Telegramme als einen internen vertraulichen Diskurs behandeln. Im Gegenteil ist indes davon auszugehen, dass Luxburg glaubte, dass gerade diese Ausdrucksweise sehr gut auf die Linie des Auswärtigen Amtes passte.

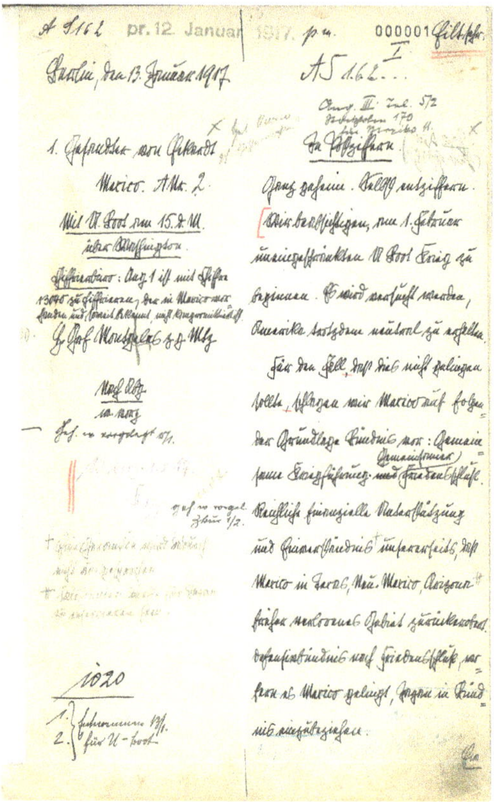
pr. 12. Januar 1917 000001

Abbildung 2: Das „Zimmermann-Telegramm"

Was hier seinen Ausgang nahm, war mehr als nur hanseatisches Unverständnis. Die Hanseaten empörten sich und sahen keinen Weg umhin, als in das Gebaren des Reiches einzugreifen. Die Leichtfertigkeit Luxburgs und die Verstimmung in Argentinien – größere Folgen blieben aus – spielten selbst keine Rolle mehr, sondern waren Auslöser für eine grundlegende Manöverkritik seitens derer, die schon immer in Übersee tätig gewesen waren, an jenen, die seit den vergangenen Jahrzehnten die deutsche Außenpolitik als Reichsdiplomaten prägten.

Der Unmut war grundlegender, und er hatte sich über Jahrzehnte angestaut. Es sei, schrieb Schädel, die lange „Unzufriedenheit mit der Vertretung unserer politischen, kulturpolitischen und Handelsinteressen im Ausland"[75]. Was aber

[75] PA AA, R 139814, Schädel an von Kühlmann, 18. Dezember 1917.

Abbildung 3: Karl von Luxburg
(1872–1956), deutscher Gesandter
in Buenos Aires

warfen die Hansestädte dem Auswärtigen Amt vor[76]? Die Kritik lässt sich nicht, wie bisweilen angeführt worden ist, auf den Vorwurf reduzieren, die kaiserlichen Diplomaten verfügten nicht über ausreichend Wirtschaftskenntnis. Gerade zu Beginn war das ein untergeordneter Gesichtspunkt, der nur einen aktuellen, praktischen Mangel kennzeichnete[77]. Bei seinem Personal habe „das

[76] Wenn im nachfolgenden in einiger Ausführlichkeit erstmals die inhaltlichen Positionen der Petitionen wiedergegeben werden, so nicht, um sich mit ihnen in der Sache auseinanderzusetzen, dort sind sie sicher oft mit Zweifeln zu belegen. Es soll jedoch eine Idee davon vermittelt werden, wie grundlegend die Kritik war, die über Jahre stumm hinter der vom Reich geführten Außenpolitik latent in den Ländern bestand. Hier ist einer der wenigen Momente, in der sie durchscheint und einen sonst nicht erfassbaren Eindruck über das interne Spannungsverhältnis vermittelt.

[77] Daher verwahrte sich der Ausschussvorsitzende Dauch in seiner Rede am 17. April 1918 gegenüber Unterstaatssekretär Kühlmann deutlich dagegen, es gehe den Unternehmen allein um eine bessere Interessenvertretung. Seine Redeausführungen in HStAS, E 40/16, Büschel 678, machen sehr deutlich, dass es ihm um einen grundlegend für erforderlich gehaltenen Wandel ging. Erst später wurde, insbesondere im Aufgreifen durch das Auswärtige Amt, das Petitium darauf verkürzt.

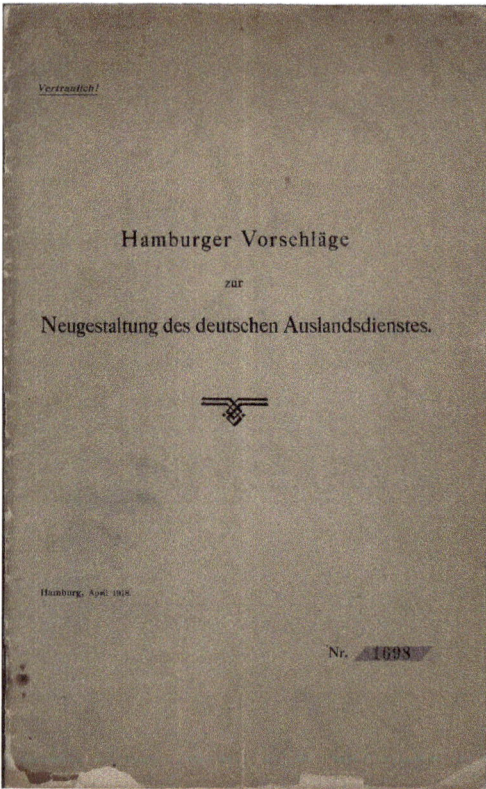

Abbildung 4: Die „Hamburger Vorschläge"

Auswärtige Amt in der Auswahl [...] häufig eine recht unglückliche Hand gezeigt"[78].

Der Unmut der Kaufleute und ihrer Parlamente lud sich zuvörderst an der Persönlichkeit des kaiserlichen Diplomaten ab. Die großen Denkschriften machten sich die Mühe, aus vielen Einzelzuschriften wiederkehrende Merkmale zu abstrahieren[79]. Da war zunächst der Vorwurf, die kaiserlichen Diplomaten des Wilhelminismus ließen nur sich selbst gelten und blickten auf andere hinab.

---

[78] PA AA, R 139814, erste Eingabe der hamburgischen Kaufmannschaft, 29. November 1917.

[79] Das hob so denn auch Dauch in seiner Rede (HStAS, E 40/16, Büschel 678) hervor, man wolle „positive Arbeit leisten", und das „schließt aus, dass man Personen ohne Notwendigkeit blosstellt [sic]. Dieser Grundsatz ist insonderheit für unser Material aufgestellt, das an Reichhaltigkeit und überzeugender Beweiskraft seinesgleichen sucht."

Der kaiserliche Diplomat „vertritt nicht mehr dynastische, sondern nationale und volkswirtschaftliche Interessen [...] Wo Höfe bestehen, ist ihr früherer, ausschlaggebender Einfluss in der Politik auf die verantwortliche Regierung, auf Parlament und öffentliche Meinung übergegangen [...] Heute wird nicht der geschmeidige, auf eine bestimmte Gesellschaftsklasse eingestellte offizielle Vertreter Erfolge erzielen, desto eher aber jener Diplomat oder Konsul, der mit allen Volksschichten Fühlung genommen hat und sich genügende Kenntnisse angeeignet hat, um nicht auf andere Kreise als minderwertig herabzublicken, sondern an sie als etwas Andersartiges rein sachlich heranzutreten."[80]

Das war zugleich der Vorwurf, verpasst zu haben, dass sich die außenpolitisch entscheidenden Kreise fortwährend verschoben hatten, von der engen Entourage eines Souveräns auf Wirtschaft, öffentliche Meinung und andere mehr. Niemand wollte aus eigenem, inneren Dafürhalten das diplomatische Arbeiten an Höfen einstellen, weil man erkannt hatte, dass es nicht mehr dort entscheidend stattfand. Wie absurd wäre es gewesen, die Fühlungnahme und gutes Auskommen mit den im Gastland maßgeblichen Gruppen nicht zu wollen, weil sie nicht ins eigene Werteschema zu pressen wären. Der schlichte Vorwurf war, man versuche Politik, wo nicht mehr oder nur noch teilweise Politik gemacht werde.

Dieser Vorwurf war eng verknüpft mit der Beobachtung einer hybriden Selbstgeltung deutscher Reichsdiplomaten, „[d]ie Diplomaten verkehren fast nur unter sich, wir sehen sie lediglich 1–2mal im Jahr bei offiziellen Gelegenheit im deutschen Club"[81]. Wozu sollten sie auch Veranstaltungen außerhalb des eigenen Kreises wahrnehmen, wenn der Vorwurf zutrifft, die kaiserlichen Diplomaten hätten nicht nur die entscheidenden Kreise verkannt, sondern sie – und alle übrigen – mit Herablassung behandelt. Der Blick der Kaufleute ging erneut auf Großbritannien, hier seien „die Engländer uns [...] weit voraus". Wie hatte es dazu kommen können? Es ist nachvollziehbar, dass dies dort besonders gut Platz greifen können musste, wo sich ein alter Kreis überlebt hatte und nichts Inhaltliches mehr zu seiner eigenen Legitimation beitragen konnte. Wenn außer dem alten Namen nichts in der Person trug und jedes im einzelnen Selbst und in eigenen Fähigkeiten gegründete Selbstbewusstsein, das für sich selbst hätte stehen können, fehlte, dann gab es nichts, was den einzelnen in seiner Person *adelte, dazuzugehören*[82]. So musste eine eng inklusive Gruppe

---

[80] PA AA, R 139816, Hamburger Vorschläge zur Neugestaltung des deutschen Auslandsdienstes, S. 9. Ebenso etwa im Staatsarchiv Hamburg, Senat 111-1, Cl.1 Lit. T, No. 6, Vol. 3 Fasc. 21, 9.

[81] PA AA, R 139815, Westenholz an Kühlmann, 20. Juni 1918.

[82] Dies im bei José Ortega y Gasset, Aufstand der Massen, Frankfurt/M. 1930, gebrauchten Sinne.

definiert werden, die sich selbst als Elite *qua auctoritate* bestimmte. Für diese Reichsdiplomaten zählte nur das eigene, enge hierarchische System, das nichts außer sich selbst zuließ.

Die Unternehmen forderten nicht ihren politischen Wunschtypen, sondern das, worin sie eine unbedingte Leistungsauswahl sahen. Denn für sie waren profunde Kenntnisse der Garant, mit anderen Kreisen nicht herablassend umzugehen, seien sie für das diplomatische Geschäft erheblich oder nicht. Anderen lasse sich nur vernünftig begegnen, wenn sich die eigene, notwendigerweise herausgehobene Stellung nicht in der autoritativen Funktion begründete, sondern in der Fähigkeit des Einzelnen, der auch ohne Funktion eine Augenhöhe mit dem Gegenüber nicht scheuen muss.

Den anderen großen Mangel sahen die Unternehmen in der Art und Weise, wie die Reichsdiplomaten ihre Funktion auszufüllen versuchten. Sie empfanden ein Übermaß des Bürokratischen und Verwalterischen, es sei „dem Irrtum entgegenzutreten, als ob der Diplomat seinen Beruf auch sehr gut ausfüllen könne, ohne staatsmännisch zu denken. Das ist ganz unmöglich, denn jede diplomatische Handlung steht im Rahmen kleiner oder großer Geschehnisse, die überblickt und nach ihren wesentlichen Konsequenzen beurteilt werden müssen. Handlanger sind keine Diplomaten."[83] Dieser Vorwurf lässt sich besonders schlecht nachprüfen. Zumindest warf niemand den Diplomaten vor, historisch blind und unbewandert zu sein und damit des Blickes zu entbehren, Entscheidungen langfristig zu übersehen. Doch meinte der Vorwurf eben mehr: Der Erfüllungsgehilfe ohne eigenen, freien Geist war das Schreckensbild, das die Denkschrift zeichnete, denn will „man wirklich bedeutende Köpfe für den diplomatischen Dienst des Reiches gewinnen, so muß man ihnen eine gewisse Selbständigkeit und Bewegungsfreiheit lassen. Bei uns besteht eine zu straffe Zentralisation. Sie ist die Folge der modernen Verkehrsmittel. Diese ermöglichen es, daß die Gesandten wegen jeder Kleinigkeit beim Auswärtigen Amt anfragen können. Solche Anfragen werden […] fast immer gestellt, teils, weil es vom Auswärtigen Amt gewünscht wird, teils, weil der Diplomat die Verantwortung für seine Handlungen scheut. Das ist aber ein falsches Prinzip […]."[84]

Von dieser Art der Organisation hielten die Autoren wenig, weil sie eine Welt vor Augen hatten, die sich fortwährend änderte und nur schwer aus der Ferne nach starren Prinzipien zu ordnen war, sie fassten ihre Denkschrift mit dem alten Slogan der Whigs zusammen und wollten „Men, not measures"[85].

---

[83] PA AA, R 139816, Hamburger Vorschläge, S. 19 f.
[84] Ebd., S. 26.
[85] Deutlich in der Rede Dauchs vom 17. April 1918 bei dem Besuch Kühlmanns in Hamburg, HStAS, E 40/16, Büschel 678.

Diese Persönlichkeits- und Organisationsanalyse fand einen Grund in der Auswahl der kaiserlichen Diplomaten und deren „unzureichenden Kenntnisse" und hatte damit dann auch mangelnde Wirtschaftskenntnisse im Blick. Insgesamt seien die Reichsdiplomaten „überhaupt mehr auf das Inland und die dafür geltenden Begriffe als auf die Welt" ausgerichtet[86]. Viel Unmut luden die Unternehmen am Juristen ab. Auch intern beklagte ein Diplomat, „eine einseitige juristische Ausbildung [bringe] nur hemmende Einflüsse für die Mentalität des zukünftigen Konsuls mit sich"[87]. Denn es seien „in der Welt Verhältnisse, die den rein als Gerichtsassessor ausgebildeten Herrn – mag er auch 1½–2 Jahre im Auswärtigen Amt ‚ausgebildet' sein – vor Aufgaben stellen wird, deren Lösung ihm zum mindesten sehr schwierig werden wird." Bei auswärtiger Politik handele es sich doch „nicht wie in einem Zivilprozeß um Tatbestände, die nach feststehenden Gesetzen zu beurteilen sind, sondern um lebendig sich entwickelnde Kräfte, die sich ihre Gesetze selbst schaffen wollen [...]"[88].

Da wurde noch mehr ins Feld geführt, doch wollten die Kaufleute mit ihren Verbesserungsvorschlägen vor allem bei der Auswahl ansetzen. Da ging es darum, jedem die Chance auf einen Eintritt zu eröffnen[89]. Erstmals entstand die Idee, eine gemeinsame Ausbildung für den konsularischen und diplomatischen Dienst zu schaffen, auch wenn die Unternehmen in ihren konkreten Vorschlägen selbst in formelhafte, sehr eng gefasste Schemata verfielen. Dies fügte sich nicht damit, eigenständige Charaktere suchen zu wollen[90]. Die Stimme eines Max Warburg, jeder einzelne sei darauf zu prüfen, wo er auf einem eigenen Weg individuell etwas Besonderes geleistet habe, stand in dieser Zeit noch sehr allein[91]. Die Vorschläge ging man tatsächlich noch in den letzten

---

86 PA AA, R 139816, Hamburger Vorschläge, S. 8.
87 PA AA, R 139814, Pfosenwick aus Rotterdam, 1. Mai 1918.
88 PA AA, R 139816, Hamburger Vorschläge, S. 9.
89 Der diplomatische Dienst war, im Vergleich mit allen anderen beruflichen Optionen, ein Monopol, das noch keinen Gedanken daran verschwenden musste, attraktiv bleiben zu müssen, um ausreichend qualifizierten Nachwuchs zu finden. Ausnahme war hier allein die schlechte Bezahlung, die die Unternehmen eigens beanstandeten. Hier bewegte sich das Auswärtige Amt auch recht zügig und notierte, die Gehälter erhöhen zu müssen, „da es sonst nicht möglich sein wird, wirklich auserlesene Anwärter zu gewinnen", PA AA, R 139815, Hertling an Wilhelm II., 2. Juli 1918.
90 Dieses Problem haben etwa W. Meissner/W. Drascher, Gedanken über die Gestaltung unseres Auslandsdienstes, in: Deutsche Levante-Zeitung 2 (1918), S. 35–38, hier S. 37, gesehen und vorgeschlagen, zumindest in gewisser Anzahl andere Einstiegsmöglichkeiten vorzusehen, etwa ein eigenständiges Studium in Nationalökonomie oder Ingenieurwesen oder Seiteneinstiege besonders Befähigter, „hervorragend geschulte Männer des praktischen Lebens, Kaufleute, Seeoffiziere oder auch unter Umständen tüchtige Journalisten [...]".
91 PA AA, R 139814, Warburg aus Hamburg, März 1918.

Monaten des Kaiserreiches an. Das Auswärtige Amt wollte die Urheber empfangen und bekundete, dieselben Erwägungen zu teilen[92]. Unterstaatssekretär
Kühlmann und Mitglieder des Reichstag stellten sich den hanseatischen Un-
terzeichnern[93]. Eine in der Sache ähnliche Kritik war schon vorher regelmäßig
an das Auswärtige Amt herangetragen worden, nur nicht mit Länderunterstüt-
zung[94]. Das Auswärtige Amt behielt sich dann aber immer betonter vor, die
Angelegenheit eigentlich selbst und allein lösen zu wollen und reduzierte seine
Vorschläge darauf, sich für eine stärkere Berücksichtigung und Verständnis der
Wirtschaft einzusetzen[95]. Zwischen das Reformerische mischte sich so von Anfang an Abwehrendes. So suchte man fortwährend, vergeblich, nach dem Kopf
der Initiative[96]. Was dann indes neu ansetzte, wurde nicht durch den Untergang
des Kaiserreiches als Zäsur getrennt, sondern war bereits seinerseits das Neue
einer neuen Zeit. Mit dem Untergang des Kaiserreiches verlor die hanseatische
Initiative ihr Momentum und wurde durch eine eigene Initiative des Auswärtigen Amtes ersetzt, die es schon sehr früh wieder ergriff und unter dem Namen
der „Schülerschen Reform" dann in den 1920ern selbst gestaltete[97]. Hier hatten
Kräfte aus den Ländern den Beginn einer Umformung der auswärtigen Politik
eingeleitet. Sie sollte sich, sachte, auf neue Grundlagen stellen.

---

[92] Dahin geht eine der ersten Reaktionen des Hauses, siehe PA AA, R 139814, Aufzeichnung,
27. Dezember 1917.

[93] Ausführlich zum Besuch Doß, Der deutsche Auswärtige Dienst, S. 121–146.

[94] Vgl. etwa die zeitgenössische Zusammenfassung der Vorkriegsjahre bei Weber, Zur Reform
des AuswärtigenDienstes, S. 244.

[95] Die internen Berichte sprachen so von Anbeginn mehrheitlich allein von den Versäum-
nissen im Wirtschaftsverständnis des Auswärtigen Amtes, siehe etwa PA AA, R 139814,
internes Schreiben, 25. Januar 1918.

[96] PA AA, R 139814, Quandt aus Hamburg, 25. Mai 1918. Man vermutete auch die eigenen
Reihen und einen „Dr. Meissner", hierzu Doß, Der deutsche Auswärtige Dienst, S. 102 ff.
Es ist bezeichnend, dass sich niemand als Urheber der Schrift zu erkennen geben wollte.
Die Urheber schätzten ihre Kritik offenbar als inopportun ein.

[97] Vgl. etwa die Haltung des Auswärtigen Amtes im Juni 1918 in Hamburg, sich selbst und
allein reformieren zu wollen, Vossische Zeitung vom 21. Juni 1918, „Die Reform des Auslandsdienstes". So bereits die Sorge Dauchs, der eine allein vom Auswärtigem Amt geführte
Reform fürchtete, „das hiesse [...] die Gesetzgebung und die Ausführung des Gesetzes in
die Hand des Objektes legen [...] Was im Physikalischen das Gesetz der Trägheit, das Be-
harrungsvermögen ist, das äußert sich in solchem Falle als passive Resistenz [...]", HStAS,
E 40/16, Büschel 678.

Resümee

Das preußisch besetzte Sachsen, die Luxemburger Krise, der preußisch-französische Konflikt 1870, Brest-Litowsk und Luxburg: Das waren fünf Ereignisse, in denen das Deutsche Reich nach außen militärisch in der Bredouille stand und die Länder Raum hatten, ihrer außenpolitischen Gestaltung neue Grenzen zu setzen.

Als sich der Norddeutsche Bund formierte, widersetzten sich einzelne seiner Länder der Einengung ihrer eigenen Außenpolitik. Während das Engagement der meisten allein auf viel Rhetorik angelegt war, ging Hessen-Darmstadt darüber hinaus. Militärisch bereits seit 1867 in den Norddeutschen Bund eingefügt, war die Luxemburger Krise im Februar 1867 der erste Testfall. Die politische Führung in Hessen-Darmstadt um Ludwig III. und seinen Ministerpräsidenten Dalwigk legten es darauf an, Frankreich in einen Krieg mit Preußen zu drängen, bei dem sie sich auf die französische Seite schlagen wollten. Erfolgreich war dies nicht: Bei allem Willen sah Frankreich nicht, dass Hessen-Darmstadt diese Position auch tatsächlich hätte durchhalten können.

Wenn es nach Hessen-Darmstadt gegangen wäre, hätte der preußisch-französische Konflikt im Sommer 1870 daran anschließen können. Doch von ihren verschiedenen Posten in den norddeutschen Staaten bekamen die französischen Diplomaten den Eindruck, dass zwar die Landesregierungen nicht mit Begeisterung hinter Preußen standen, gleichwohl nicht mehr die Selbstbestimmtheit mitbrachten, eigene Wege zu gehen. Der noch 1866/67 spürbare Widerwillen, die eigenen auswärtigen Beziehungen aufzugeben, war einer Resignation gewichen. Mit dem Krieg wollte Frankreich auch die alte Opposition einiger Länder wiederherstellen. Seine Niederlage und ein um sich greifender nationaler Patriotismus ließen dieses Ziel Vergangenheit werden. Der preußisch-französische Konflikt wurde im Rückblick zu einem deutsch-französischen Krieg.

Den nächsten Raum bot dann erst wieder der Spätverlauf des Ersten Weltkrieges. Es war nicht das Ergreifen der erstbesten Gelegenheit, sondern brauchte zwei Funken, damit die Länder neu aktiv wurden. Die bayerische Sonderrolle in den Friedensverhandlungen von Brest-Litowsk und die Luxburg-Affäre bestärkten die Skepsis der Länder gegen die Reichsaußenpolitik. Sachsen, gefolgt von Bayern, entschieden sich für die Wiedereröffnung ihrer eigenen außenpolitischen Agenda und zielten darauf, selbst in Südosteuropa Fuß zu fassen. Die Hansestädte drängten auf eine fundamentale Umgestaltung des deutschen auswärtigen Dienstes und verfolgten damit einen eigenen Weg nach innen. Sie forderten „men, not measures". In beiden Bewegungen trat erkennbar zutage, dass sich über die vergangenen Jahrzehnte unter der Oberfläche großes Misstrauen angestaut hatte über die Form, in der das Deutsche Reich Außenpolitik betrieben hatte. Beide Bewegungen, die sächsisch-bayerische und die der Hansestädte, wurden von den Ereignissen des Kriegsendes überholt.

Die deutschen Länder billigten eine Reichsaußenpolitik auch in ihrem Namen nur solange, wie sie tatsächlich dahinter stehen konnten oder mussten. Dabei waren sie durchaus bereit, aus dem System auszubrechen und dabei die besonderen Umstände des Krieges zu nutzen. In den Gründungskriegen standen ihnen noch militärische Mittel zu Gebote, im Weltkrieg reaktivierten sie alte diplomatische Strukturen. Als Kontrollinstanz diente das System doppelter Außenkompetenz nur dort, wo spezifische Interessen der Länder bedroht waren. In seinem kritischen Scheitelpunkt zeigte sich das System nicht als ein Nebeneinander, sondern als treuhänderisches Verhältnis.

Martin Kröger

Zur Gründung des Politischen Archivs des Auswärtigen Amts[1]

Das Auswärtige Amt ist eine gleichermaßen selbst- wie traditionsbewusste Institution. In seiner Öffentlichkeitsarbeit stellt sich das Ministerium stets in eine geschichtliche Linie seit 1871, wenn nicht gar in eine Kontinuität mit der preußischen Vorgängerbehörde.

Dass sich das Amt manchmal auch schwer getan hat mit seiner Geschichte und den richtigen Formen des Gedenkens, ist bekannt. Eine verantwortungsbewusste Rückschau auf die Vergangenheit gelingt aber nur, wenn verlässliche Informationen aus dieser Zeit zur Verfügung stehen. Das Gedächtnis des Auswärtigen Amts ist sein Archiv, das heute vor 90 Jahren seine Arbeit aufnahm.

Das soll der Anlass sein, um einen Blick in die ganz frühe Gründungsgeschichte des Politischen Archivs werfen – genauer: in die geschichtspolitischen Umstände, die zu seiner Gründung führten. Tatsächlich ist das Auswärtige Amt ja das einzige Ministerium, das über sein eigenes Archiv verfügt. Diesem Umstand sind wohl auch Missverständnisse zuzuschreiben, wie die Vorstellung vom „Nibelungenhort" (so Heribert Prantl in einem Kommentar der Süddeutschen Zeitung), der Vorwurf der „Geheimniskrämerei" (so Norbert Frei in einem Interview mit dem Deutschlandfunk) oder das Bedauern darüber, dass die Personalakten aktiver Mitarbeiter nicht einzusehen waren (so Hans-Ulrich Wehler in einem Interview mit dem Spiegel)[2]. Wer selbst einmal in seinem Lesesaal gearbeitet hat, weiß, dass das Politische Archiv heute eine

---

[1] Der Vortrag ist in der Zeitschrift für Geschichtswissenschaft 56 (2008), S. 1024–1034 bereits einmal veröffentlicht worden. Hier erscheint der Text in einer nur geringfügig veränderten und um Abbildungen ergänzten Fassung.

[2] Süddeutsche Zeitung vom 7. April 2005, S. 4, „Die AA-Affäre", Deutschlandfunk vom 1. April 2005, Spiegel online vom 31. März 2005 und Der Spiegel 15/2005, S. 35, „Ende der Vertuschung". Inzwischen hat eine 2005 von Bundesminister Fischer eingesetzte Kommission zur Erforschung der Rolle des Auswärtigen Dienstes während der NS-Diktatur und des Umgangs mit dieser Vergangenheit nach der Wiedergründung des Auswärtigen Amts 1951 eine Studie herausgegeben (Eckart Conze, Norbert Frei, Peter Hayes, Moshe Zimmermann, Das Amt und die Vergangenheit. Deutsche Diplomaten im Dritten Reich und in der Bundesrepublik, München 2010). Hierzu u. a. Johannes Hürter, Das Auswärtige Amt, die NS-Diktatur und der Holocaust. Kritische Bemerkungen zu einem Kommissionsbericht, in: Vierteljahrshefte für Zeitgeschichte 59 (2011), S. 167–192, Richard Evans, The German Foreign Office and the Nazi Past, in: Neue Politische Literatur 56 (2011), S. 165–183 und Marie-Luise Recker, Das Auswärtige Amt und seine Vergangenheit. Über Karrieren, Komplizenschaften und Netzwerke, in: Historische Zeitschrift 293 (2011), S. 125–136.

wissenschaftliche Forschungseinrichtung ist, in der historisch Interessierte im Rahmen gesetzlicher Vorgaben ihre Studien betreiben können wie in anderen Archiven auch. Ursprünglich hatte es allerdings einen ganz anderen Charakter. Deshalb also zurück in das Jahr 1918: Erster Weltkrieg, Niederlage, der Kaiser in Holland, auf dem Auswärtigen Amt in der Wilhelmstraße wehen rote Fahnen. Alles bekannt, aber was hat das mit dem Politischen Archiv zu tun?

Zu den essentiellen Kennzeichen einer gelungenen Revolution zählt neben der Beseitigung des Herrschers und seiner Regierung sowie dem möglichst weit gehenden Elitenaustausch auch eine geschichtspolitische Neujustierung. Zur Grundausstattung staatlicher Macht gehört nun einmal die Deutungshoheit über die Geschichte, zur historischen Herleitung und damit Legitimation des politischen Handelns, zur Abqualifizierung des vorrevolutionären Regimes, manchmal zur Bestrafung seiner Funktionsträger, immer aber zur Sinnstiftung der neu angebrochenen Zeit aus einer ebenso neu konstruierten Erinnerung an die nationale Vergangenheit. Dazu bedarf es unabdingbar der festen Hand auf dem Stoff, aus dem man Geschichte schreibt, auf den Akten nämlich.

Ohne Zweifel gibt es in politischen Umbruchzeiten wie denen des November 1918 wichtigeres als die Beschlagnahme von Archiven. Und doch beschloss die Reichsregierung bereits am 26. November, „daß alle politischen Archive, d.h. die des Auswärtigen Amtes, des Militärkabinetts und des Oberkommandos in den Marken unter die Obhut des Rats der Volksbeauftragten gestellt werden"[3].

Wenn dieser Beschluss auch revolutionärer Handlungslogik entsprach, so ging ihm innerhalb des Kabinetts doch ein mehrstufiger Entscheidungsprozess voran. Einige Tage zuvor, am 18. November, hatte einer der Vorsitzenden der preußischen Revolutionsregierung, Heinrich Ströbel, angekündigt, dass auf seine Veranlassung hin der Historiker Gustav Mayer die Geheimarchive des preußischen Innenministeriums prüfen werde. „Mayer habe", so führte Ströbel aus, „denselben Wunsch für die Geheimarchive des Auswärtigen Amtes". Man wies ihn im Kabinett jedoch darauf hin, „dass zu dieser Arbeit die Vertrauensmänner Kautsky und David in erster Linie berufen wären"[4].

Der SPD-Politiker Eduard David war seit Mitte Oktober als Parlamentarischer Unterstaatssekretär im Auswärtigen Amt tätig[5]. Karl Kautsky von der USPD hatte der Rat der Volksbeauftragten gerade zum Beigeordneten in diesem Ministerium ernannt; seinen Dienst aber hatte er noch nicht an-

---

[3] PA AA, R 138919, Baake (Unterstaatssekretär in der Reichskanzlei) an das Auswärtige Amt, Abschrift des Beschlusses vom 26. November 1918, gezeichnet Ebert, Haase (Abb. 23).

[4] Susanne Miller/Heinrich Potthoff (Bearb.), Die Regierung der Volksbeauftragten 1918/19, Teil 1, Düsseldorf 1969, S. 102.

[5] Maria Keipert/Peter Grupp (Hrsg.), Biographisches Handbuch des deutschen Auswärtigen Dienstes 1871–1945, Bd. 1, Paderborn 2000, S. 402.

Abbildung 1: Baake an AA,
Abschrift des Beschlusses vom
26. November 1918 gez. Ebert,
Haase

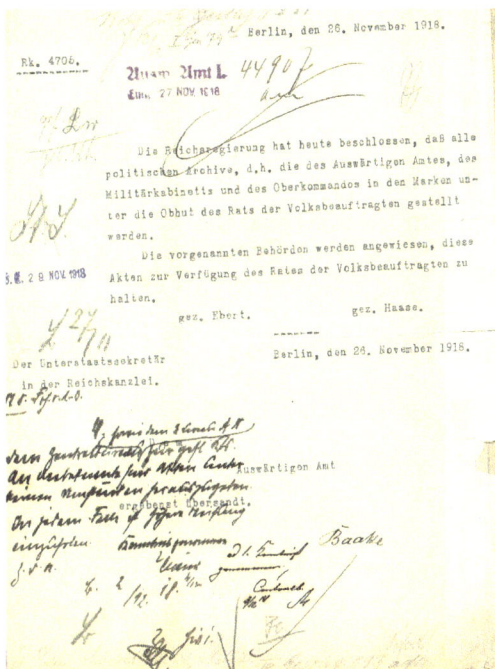

getreten[6]. Auch war über die inhaltliche Ausfüllung und Kompetenz seiner neu geschaffenen Stellung bis dahin kein Beschluss gefasst worden[7]. Dessen ungeachtet ruhte auf diesen beiden Personen offenbar die Zuversicht der neuen Regierung, dem Auswärtigen Amt ein anderes Gesicht zu geben, es von Grund auf zu reorganisieren. Hier, bei den Diplomaten, vermutete man die Täter der Julikrise, jene erzkonservative Adelsclique preußisch-junkerlicher Abkunft, die Deutschland in den Krieg getrieben habe. In der besagten Kabinettssitzung am 18. November wurde deshalb Kautskys Auftrag konkretisiert: Jetzt sollte er die Akten zum Kriegsausbruch sammeln und veröffentlichen. Am 23. November verlangte Hugo Haase erstmals die Beschlagnahme der Archive des Auswärtigen Amts. Er berichtete dem Kabinett, dass die österreichische Regierung mit Publikationen aus geheimen Akten begonnen habe, „die das alte österreichische Regime stark belasteten, die deutsche Regierung aber stark entlasteten. Es gebe in den Archiven nichtregistrierte Dokumente. Eine Ab-

---

[6] Dies. (Hrsg.), Biographisches Handbuch des deutschen Auswärtigen Dienstes 1871–1945, Bd. 2, Paderborn 2004, S. 490.
[7] Miller/Potthoff (Bearb.), Regierung der Volksbeauftragten, S. 139.

Abbildung 2: Karl Kautsky (1854–1938)

ordnung des Arbeiter- und Soldatenrates sei heute erschienen, in der Absicht, Hand auf diese Archive zu legen. Er [Haase] habe geantwortet: ‚Kümmert Euch nicht darum, geht nach Hause, wir sorgen schon dafür, daß nichts abhanden kommt'."[8] So darf die letztliche Beschlagnahme der Akten auch als direkte Folge der geschilderten Episode, als Konsequenz einer kleinen gewaltsamen Nachhilfe der aufständischen Basis angesehen werden.

Offenbar sollte es jetzt rasch gehen. Noch am Tag des Beschlagnahmedekrets erschien ein Mitarbeiter Kautskys im Auswärtigen Amt und holte als erstes die soeben aus Brüssel eingetroffenen Akten der zivilen deutschen Besatzungsverwaltung in Belgien ab[9].

Hiermit beginnt die Ur- und Frühgeschichte des Politischen Archivs in den Tagen der Revolution. Zuvor hatte es im Auswärtigen Amt kein eigentliches Archiv gegeben, eher so etwas wie eine Großregistratur: das schon 1837 im preußischen Ministerium der auswärtigen Angelegenheiten eingerichtete Zentralbüro der Politischen Abteilung[10]. Dort waren die Akten kurrentes Schriftgut des Ministeriums gewesen, es handelte sich also weder nach damaligen Vorstellungen noch nach heutigen Definitionen um ein echtes Archiv, wenngleich

---

[8] Ebd., S. 139–140.

[9] PA AA, R 138919, Quittungsnotizen von Leopold und May, 26. November 1918, zu I 43543.

[10] Hierzu und zu dessen vorarchivischen Ordnungsprinzipien vgl. Hans Philippi, Das Politische Archiv des Auswärtigen Amtes, in: Der Archivar 11 (1958), Sp. 141–145.

das Wort (meist im Plural) in den diesbezüglichen Akten bereits seit etwa den 1890er-Jahren gebräuchlich ist[11]. Jetzt wurden die Akten erstmals zu einem anderen als dem laufenden Verwaltungszweck - nämlich dem der Publikation – jenseits des ausschließlichen Zugriffs der aktenbildenden Behörde zusammengeführt. Nicht jedoch in einem behördlich eigenständigen Nationalarchiv, denn auch das Reichsarchiv gab es zu diesem frühen Zeitpunkt ja noch nicht. Vielmehr sichtete Kautskys Kommission das Material in Büros in der Wilhelmstraße bzw. in Räumen der ehemaligen königlichen Bibliothek in der Dorotheenstraße. Alle Kosten hierfür trug das Auswärtige Amt[12]. Insofern behielt sich Staatssekretär Solf als Behördenleiter auch das Recht vor, „durch ein ‚K‘ diejenigen Geschäftsstücke zu bezeichnen, die [...] Herrn Kautsky vorgelegt werden sollen"[13]. Tatsächlich änderte sich Ende November 1918 noch fast nichts: die Akten lagerten faktisch am bisherigen Ort, dem Zentralbüro; es verwalteten hier die gleichen Registraturbeamten wie bislang die Akten ihres Hauses; dass sie fortan zusätzlich der Kautsky-Kommission vorgelegt wurden, war lediglich eine Erweiterung des Dienstbetriebs.

Trotzdem liegt hier der Nukleus des Politischen Archivs. Die Akten sollen vor der Öffentlichkeit als materieller Beleg geschichtlicher Ereignisse dienen, und zwar nicht in Form des traditionellen und amtlichen Farbbuchs, sondern als Ergebnis einer Bewertung durch Geschichtswissenschaftler wie Gustav Mayer sowie die preußischen Staatsarchivare Hermann Meyer[14] und Richard Wolff[15].

Übrigens sah sich Kautsky ebenfalls in der Rolle eines Historikers. Er schrieb rückblickend: „Ich hatte in dem Archiv des Auswärtigen Amtes nicht gearbeitet als sein Beamter, sondern als freier Historiker." Kautsky fuhr fort: „Ein Historiker, der ein Archiv benutzt, ist keinem Vorgesetzten Rechenschaft darüber schuldig, welchen Gebrauch er von den Früchten seiner Arbeit macht."[16] Genau um diese Früchte kam es jedoch zu Auseinandersetzungen. Nicht nur im Auswärtigen Amt sah man darin wohl eher lästiges Fallobst. Noch während der Vorarbeiten zur geplanten Aktenpublikation argumentierte im Januar und März 1919 Max Weber gegen das Unternehmen. Andere wichtige Publizisten folgten anschließend diesem Beispiel[17].

---

[11] Vgl. PA AA, R 138916, Sicherung der *Archive* des Auswärtigen Amtes [Hervorhebung durch den Autor].

[12] PA AA, R 138919, Baake (im Auftrage des Kabinetts) an das Auswärtige Amt, 13. Dezember 1918. PA AA, Personalakte 7100, Notiz betr. Tätigkeit der Frau Kautsky im Auswärtigen Amt, 4. Dezember 1918.

[13] Ebd., Verfügung Solfs, 27. November 1918 (Abb. 25).

[14] Wolfgang Leesch, Die deutschen Archivare 1500–1945, Bd. 2, München 1992, S. 404.

[15] Ebd., S. 679 f.

[16] Karl Kautsky, Wie der Weltkrieg entstand, Berlin 1919, S. 11.

[17] Sacha Zala, Geschichte unter der Schere politischer Zensur, München 2001, S. 53. Zur

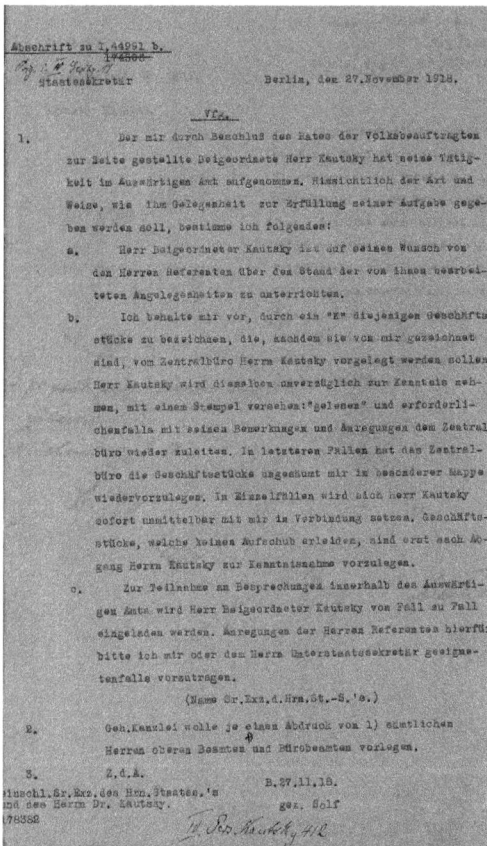

Abbildung 3: Verfügung Solfs vom 27. November 1918

Am 26. März soll die Edition weitgehend druckreif gewesen sein. Zum einen behauptete Kautsky dies später[18]. Zum anderen zeigen die Geschäftsgangsakten seiner Kommission deren langsame Auflösung seit März/April 1919[19]. Ihr Arbeitseifer war den Beamten des Auswärtigen Amts zuletzt gegen den Strich gegangen: „Diese Herren", schreibt Bernhard Wilhelm von Bülow am 15. April, „sind anscheinend mit der Bearbeitung des eigentlichen Materials fertig und

---

Auseinandersetzung um die Kautsky-Edition vgl. Ulrich Heinemann, Die verdrängte Niederlage, Göttingen 1983, S. 74–78, ferner Wolfgang Jäger, Historische Forschung und politische Kultur in Deutschland, Göttingen 1984, S. 34–43 und Peter Grupp, Deutsche Außenpolitik im Schatten von Versailles 1918–1920, Paderborn 1988, S. 86–112.

[18] Kautsky, Wie der Weltkrieg entstand, S. 8.
[19] PA AA, R 138319.

fangen jetzt an Akten zu lesen, die nur in sehr indirektem Zusammenhange mit ihren Arbeiten stehen."[20] Der Vertreter des Auswärtigen Amts in der Waffenstillstandskommission, Graf Oberndorff, begutachtete offensichtlich als erster die Sammlung Kautskys. Sein Fazit: „Es ist klar, daß dieses Bild, wie es aus den gesammelten Akten entgegentritt, nicht günstig wirkt und uns leicht dem Vorwurf aussetzen kann, daß wir durch unsere eigensinnig schroffe Haltung in der serbischen Frage den Weltkrieg jedenfalls leichtsinnig herbeigeführt haben, selbst wenn wir ihn nicht gerade suchten."[21] Der ursprüngliche Entschluss, die Akten zum Kriegsausbruch zu veröffentlichen, war schon mit dieser Einschätzung hinfällig geworden. Den Herausgeber hielt man zunächst hin, erst in einer Ministerbesprechung am 7. Juli 1919 schaffte man Klarheit. Die Dokumentensammlung wurde als vorläufig nicht druckreif erklärt. Eine Neubearbeitung sollten Maximilian Graf von Montgelas, Walter Schücking und Hans Delbrück vornehmen. Die Entscheidung wurde mit den geänderten politischen Rahmenbedingungen begründet. „Im gegenwärtigen Moment", so hieß es, könne eine Veröffentlichung schädlich wirken und Grund neuer Forderungen der Siegermächte sein[22].

Dies zeigt deutlich, wie rasch der anfängliche Impuls, der alten Geheimdiplomatie so etwas wie Öffentlichkeit entgegenzustellen, wieder verdrängt wurde. An seine Stelle trat ein politischer Affekt, nämlich dem Schuldvorwurf des Versailler Vertrags, ebenfalls öffentlich, aber nicht in aufklärerischer, sondern propagandistischer Weise zu begegnen. Im Laufe der Zeit entwickelte sich hieraus eine groß angelegte Propagandamaschine. Deren Schaltzentrale war das so genannte Schuldreferat des Auswärtigen Amts, Schmiermittel waren über viele Jahre Gelder aus dessen Etat[23]. Mit seinen propagandistischen Aktivitäten in Sachen Niederlagenbewältigung hat fortan das Auswärtige Amt die Erinnerungskultur maßgeblich in eine ganz bestimmte Richtung gesteuert und damit verhindert, dass kritische Stimmen sich hätten entfalten können[24]. So besehen erhält die Bezeichnung „Schuldreferat" durchaus eine gewisse Doppeldeutigkeit. Schon am Beginn der Kampagne gegen die so bezeichnete Kriegsschuldlüge zeigte es sich, dass der gesteuerte Zugang zu Unterlagen des Auswärtigen Amts ein probates propagandistisches Mittel sein würde, und dass

---

[20] PA AA, R 20291, Aufzeichnung Bülows, 15. April 1919.
[21] PA AA, R 20312, Aufzeichnung Oberndorffs, 26. März 1919.
[22] ADAP, Serie A, Bd. 2, Göttingen 1984, Nr. 89, Aufzeichnung Freytags, 7. Juli 1919. Vgl. ebd. Nr. 88, Aufzeichnung Freytags, ohne Datum.
[23] Imanuel Geiss, Die manipulierte Kriegsschuldfrage, in: Militärgeschichtliche Mitteilungen 2 (1983), S. 31–60.
[24] Boris Barth, Dolchstoßlegenden und politische Desintegration. Das Trauma der deutschen Niederlage im ersten Weltkrieg 1914–1933, Düsseldorf 2003. Jäger, Historische Forschung, S. 46–68.

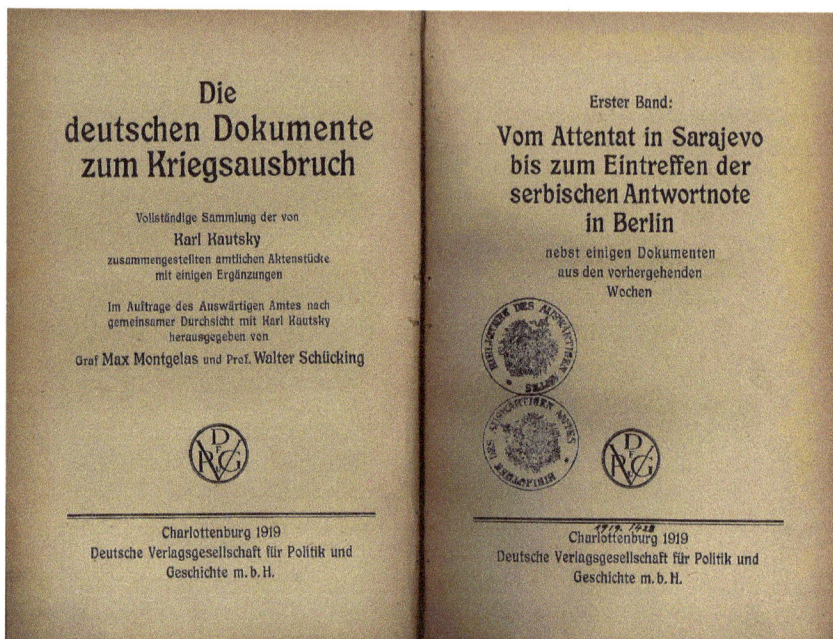

Abbildung 4: „Die deutschen Dokumente zum Kriegsausbruch"

es hierfür eines neuartigen Archivs für das Ressort bedurfte. Ein solches Archiv aber gab es noch nicht.

Deshalb musste sich auch die deutsche Friedensdelegation unter hohem Zeitdruck das dokumentarische Material beschaffen, mit dem sie ihre Position in Paris zu untermauern hoffte. Schon seit dem 26. März[25], an diesem Tag schloss Karl Kautsky seine Arbeiten ab, arbeitete ein Sonderbüro unter Leitung von Bernhard Wilhelm von Bülow an der Aufarbeitung der Julikrise. Lange bevor er Karriere als Staatssekretär machte, war Bülow der erste Spezialist des Auswärtigen Amts für die heikle Materie der Kriegsschuld. In einem Brief aus Versailles, aus dem ein längeres Zitat gerechtfertigt ist, schilderte er die Aufgabe jenes Büros, und was seiner Meinung nach zukünftig aus dessen Vorarbeiten erwachsen müsse.

„Wie Sie wissen," schrieb er dem für das Zentralbüro zuständigen Referenten, „besitzen wir aus den verschiedensten Quellen 5000–6000 vielleicht auch mehr russische Urkunden von mannigfaltigstem Inhalt und sehr ungleichem Werte.

[25] PA AA, R 138916, Verfügung vom 25. März 1919.

Abbildung 5: Bernhard Wilhelm von Bülow (1885–1936)

[...] Von dem ursprünglichen Material ist leider im Lauf der Zeit aus System-
losigkeit und Unverstand vieles gute verloren gegangen. Vor allem war aber das
weitaus meiste wertlos, da es nicht geordnet war. [...] Ziel des Unternehmens
war, ein russisches Archiv zu schaffen, das auch ein Nichtrusse benutzen und
fortlaufend ergänzen kann. Dieses Archiv – eine Reihe von 20–30 Aktenbän-
de[n] – sollte sobald fertiggestellt im Centralbüro untergebracht werden. [...] In
welcher Zeit? Das ist sehr schwer zu sagen. Es genügt ja die primitivste Form
der Registrierung, wenn nur einmal die Materie geordnet ist. [...] Versieht man
die [Akten] mit einem guten Rotulus und legt daneben ein Register (oder eine Kartothek) an, das die Stücke chronologisch und nach Datum, Abgangsort
und Nummer anführt, um neue Sachen einordnen und Duplikate feststellen zu
können, dann genügt das m. E. vollkommen. [...] Mir scheint, es ist jetzt Zeit,
dass Herr [...] Freytag, der mein Referat übernommen hat und es ausbauen
soll, sich der Sache annimmt. [...] Auf Grund meiner Erfahrungen als ‚Amts-
archivar' und Vater aller ‚Enthüllungen' lege ich [...] grosses Gewicht darauf,
dass die [...] Sache einmal gründlich durchgeführt wird, natürlich ohne über-
flüssigen Aufwand. Diese Angelegenheit darf nicht, wie so manches im Amt,
auf halbem Wege aufgegeben werden. Ist sie einmal durchgeführt, dann hat
man etwas davon und kann auch mühelos (und selbst bei flüchtiger Arbeit ohne grossen Schaden) dies Archiv fortlaufend ergänzen. Solange wir leben, wird
man sich um die ‚Schuldfrage' streiten. Für uns muss Russland – das zaristische
wohlverstanden – der Sündenbock bleiben. Jedes Land lässt sich aber mit Erfolg
nur auf Grund seiner eigenen Akten belasten. Ich mache mich anheischig aus
den Akten eines jeden Landes schlüssig zu ‚beweisen', dass dies, und nur dieses,
am Kriege bzw. an was Sie wollen Schuld sei!"[26]

Was spricht aus diesem letzten Satz? Unterschwelliges Schuldbewusstsein?
Ein religiöser Mensch würde wohl ein schlechtes Gewissen vermuten, ein skep-
tischer Kenner des Menschen eher böse Absicht wider besseres Wissen: Immerhin publizierte Bülow in den nächsten Jahren eine ganze Anzahl von Büchern
und Aufsätzen zum Themenkreis Kriegsausbruch, Kriegsschuld und Friedensverhandlungen[27]. Wie auch immer! Vor allem schilderte er in dem Schreiben
ausführlich die Vorarbeiten für ein propagandistisch ausgerichtetes Archiv, auf
deren Grundlage jetzt von seinem Nachfolger Hans Freytag[28] weiter gearbeitet
werden sollte.

Tatsächlich verzögerten sich, „wie so manches im Amt", die Vorarbeiten
des Ressortarchivs. Zum einen scheint die Tätigkeit des Spezialbüros doch

---

[26] Ebd, Bülow an Köpke, 31. Mai 1919.
[27] Keipert/Grupp (Hrsg.), Biographisches Handbuch, Bd. 1, S. 328.
[28] Seit dem 29. April 1919 war Freytag für die Bearbeitung der Kriegsschuldfrage zuständig:
Ebd., Bd. 1, S. 609.

Abbildung 6: Hans Freytag (1869–1954)

komplizierter, schwieriger und zeitaufwändiger gewesen zu sein, als dies Bülow vorgeschwebt hatte. Zum anderen stand das ganze Jahr 1919 im Zeichen der Umgestaltung des Auswärtigen Amts mit dem Ziel einer strafferen, effektiveren Führung[29]. Erst im Dezember meldete Freytag den Abschluss der Arbeiten des Spezialbüros[30]. Zur selben Zeit legte er der Amtsleitung die Frage nach der weiteren institutionellen Ausgestaltung von Schuldreferat und Archiv zur Entscheidung vor. Das Schuldreferat, so Freytag, sei mit der Aufgabe einge-richtet worden, „das Material zur Frage über die Verantwortlichkeit am Kriege zu bearbeiten, Denkschriften und Weißbücher zusammenzustellen, in dieses Gebiet fallende Propaganda-Schriften vorzubereiten und schließlich alles für die Friedensverhandlungen Notwendige aus den Akten zu sammeln". Weitere Arbeit sei dem Referat aber dadurch erwachsen, „daß es zahlreichen Stellen Aktenauskünfte vermitteln muß". Hierzu war man seit der Unterzeichnung des Versailler Vertrags durch dessen Art. 230 auch verpflichtet. „Diese ganze Tätigkeit", so Freytag, „hat dazu geführt, daß das Schuldreferat auch schon Vor-arbeiten für ein politisches Archiv mit hat übernehmen müssen". Er bezeichnete die Arbeiten des Spezialbüros als „Grundstock zu einem solchen Archiv"[31].

Im selben Monat erschien auch endlich die seinerzeit *coram populo* ange-kündigte und ursprünglich von Kautsky vorbereitete Edition unter dem Titel „Die deutschen Dokumente zum Kriegsausbruch". Jetzt begannen im Auswär-tigen Amt auch die Arbeiten an der „Großen Politik der Europäischen Kabinette

---

[29] Kurt Doß, Das deutsche Auswärtige Amt im Übergang vom Kaiserreich zur Weimarer Republik. Die Schülersche Reform, Düsseldorf 1977, S. 222.
[30] PA AA, R 138916, Aufzeichnung Freytags, 2. Dezember 1919, A 31014 (Abb. 29).
[31] Ebd., Aufzeichnung Freytags, 2. Dezember 1919, A 31015.

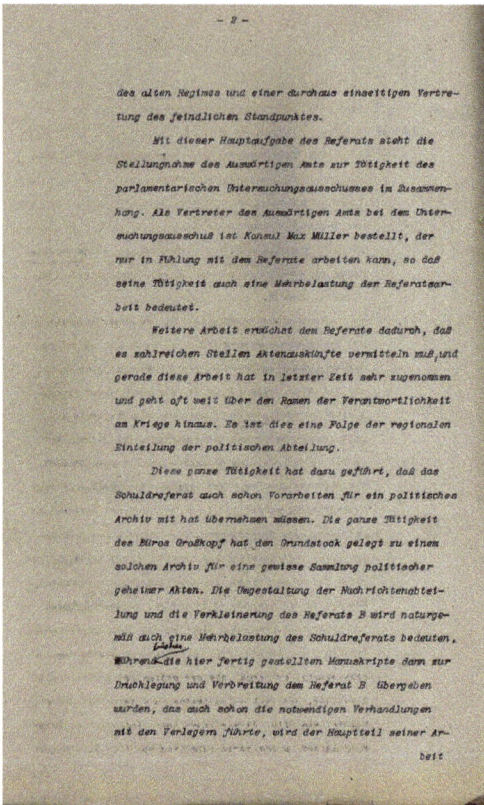

Abbildung 7: Aufzeichnung Freytags vom 2. Dezember 1919

1871–1914". Um die Initiative im Kampf um die Kriegsunschuld nicht wieder abzugeben, intensivierte das Amt seine publizistischen Anstrengungen.

Schon am 30. Dezember 1919 war die Bildung eines Hauptarchivs verfügt, seine Notwendigkeit mit der „Umformung des Auswärtigen Amtes" erklärt worden[32]. Diese „Umformung", nach dem damaligen Leiter der Personal- und Verwaltungsabteilung „Schülersche Reform" genannt, folgte einem Regionalprinzip. Zuvor galt die schon im Preußischen Ministerium der auswärtigen Angelegenheiten angelegte Teilung nach sachlichen Kriterien. So gab es ursprünglich eine Abteilung Politische Sachen sowie eine Abteilung Handels-, Rechts- und Konsularsachen. Diese Organisationsstruktur wurde dann im Laufe der Zeit differenzierter, stets aber entlang sachlicher Merkmale: Politik, Personal, Handel, Recht, Kolonien, Presse.

---

[32] PA AA R 26764, Verfügung, 30. Dezember 1919, I 39188, Abschrift (Abb. 31).

Abbildung 8: „Die Große Politik der Europäischen Kabinette"

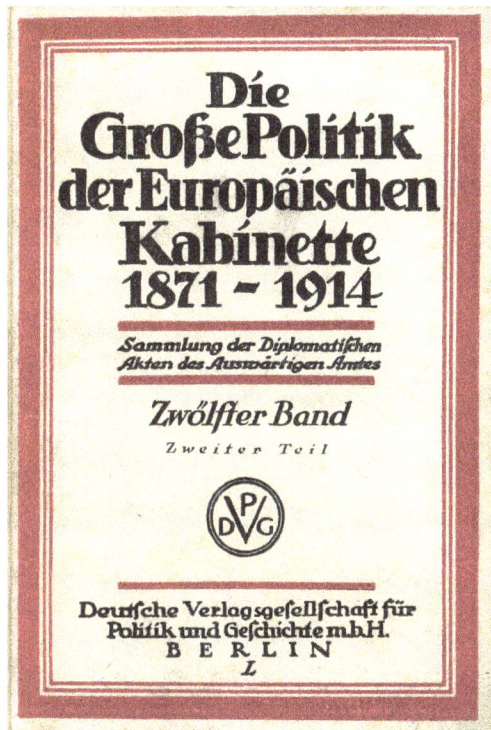

Der Weltkrieg war noch nicht zu Ende, wohl aber das Zarenreich zerfallen, da rechnete der Personalreferent im Auswärtigen Amt schon „mit vielen neuzuschaffenden diplomatischen Posten, mit denen allerlei phantastische, neuentstehende Staaten zu beschicken sein werden"[33]. Der veränderte politische Kontext, in dem fortan eine deutsche Außenpolitik stattfinden würde, zwang die Akteure nicht nur zu einer Wandlung ihrer außenpolitischen Konzepte, sondern auch zu einer Reorganisation des gesamten diplomatischen Instrumentariums. Weil man nicht einfach fortfahren konnte, wo die Diplomatie 1914 geendet hatte, musste sich auch organisatorisch etwas ändern. Dabei wurde die geänderte politische Geographie Europas aufgenommen und die Behörde nach regionalen Merkmalen umstrukturiert. Das Hauptziel war es, politische, handels- und wirtschaftspolitische sowie rechtliche und kulturelle Beziehungen zu fremden Staaten nicht mehr getrennt in verschiedenen Sachabteilungen, sondern an einer einzigen Stelle, dem für ein Land oder eine

---

[33] PA AA, Personalakte 10613, Wedel an Neurath, 8. Juli 1918.

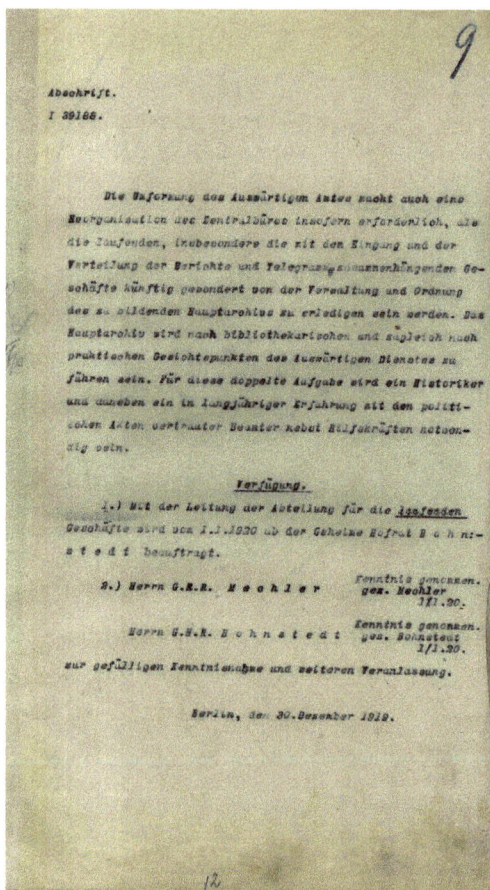

*Abbildung 9: Abschrift einer Ver-
fügung vom 30. Dezember 1919*

Ländergruppe jeweils zuständigen Referat in neu geschaffenen Regionalabtei-
lungen einheitlich zu bearbeiten und wirtschaftliche Fragen insgesamt stärker
als früher zu berücksichtigen[34]. Das regionale Ordnungsprinzip veränderte
die Organisation des Auswärtigen Amts grundlegend. Ganz konkrete Konsequenzen hatten diese Veränderungen für den Aktenplan und die Archivierung.
Deshalb ist in der Überlieferung auch 1920 eine tiefer greifende Zäsur als die
Jahre 1914 oder 1918.

Erste „Grundsätze für die Errichtung eines Politischen Archivs im Auswärtigen Amt" stammten aus dem Schuldreferat und wurden im Januar 1920

---

[34] Zur Organisationsstruktur des AA vgl. Keipert/Grupp (Hrsg.), Biographisches Handbuch,
Bd. 1, S. XXI ff.

erarbeitet. In vier Punkten sind hier die Aufgaben umrissen worden: Das Politische Archiv habe als Aufbewahrungsstelle der archivreif gewordenen politischen Akten zu dienen, es stelle die Auskunftsstelle für die geschichtlichen Fragen im Dienste des Amts dar, sei die zuständige Stelle für geschichtliche Veröffentlichungen, und erledige die Anfragen geschichtlichen Belanges von privater Seite[35]. Für den „sehr wichtigen Posten des Oberarchivars"[36] suchte man zur selben Zeit nach einem geeigneten Kandidaten. Der Generaldirektor der preußischen Staatsarchive Paul Kehr empfahl „als hervorragenden Organisator"[37] seinen Kollegen, den Direktor des Staatsarchivs Koblenz Max Bär, der zuvor bereits das Staatsarchiv Danzig aufgebaut und hier das nach ihm benannte Bärsche Prinzip für Ordnung und Verzeichnung der Bestände entwickelt hatte, das eine schnelle Bearbeitung großer Aktenmengen ermöglichte[38]. Dem Auswärtigen Amt erschien Bär (Jahrgang 1855) jedoch als zu alt. Ministerialdirektor Schüler bezeichnete die Gewinnung eines Archivorganisators ersten Ranges als „Lebensfrage" für sich und seine Reform[39]. Ihm sei der Archivrat am Geheimen Staatsarchiv Melle Klinkenborg[40] empfohlen worden. Klinkenborg, der bereits amtserfahrene Hermann Meyer und der stellvertretende Direktor des Zentralbüros Johannes Bohnstedt[41] bildeten Ende Januar eine Kommission „für die Organisation des künftigen Zentralarchivs"[42]. In den folgenden Monaten beschäftigte sich dieses Dreiergremium mit Aufbau und Arbeitsplan des neuen Hauptarchivs[43].

Zunächst wurden die alten Registraturen geschlossen und die Aktenbestände und sämtliche Registraturhilfsmittel der durch die „Schülersche Reform" aufgelösten alten Abteilungen im Archiv zusammengeführt. Ein von den Archivaren erarbeiteter neuer Aktenplan legte für die zukünftig abzugebenden Akten fest,

---

[35] PA AA, R 139037, Schuldreferat, Grundsätze für die Errichtung eines Politischen Archivs im Auswärtigen Amt, Entwurf (Abb. 32).

[36] Ebd., Bemerkungen zum Entwurf aus dem Schuldreferat betreffend das Archiv des Auswärtigen Amts.

[37] PA AA, R 139037, Telegramm Herffs an Schüler, 14. Januar 1920.

[38] Leesch, Archivare, S. 43. Adolf Brenneke, Archivkunde. Ein Beitrag zur Theorie und Geschichte des europäischen Archivwesens, hrsg. v. Wolfgang Leesch, Leipzig 1953, S. 83–85, 386 f., 393 f.

[39] PA AA, R 139037, Telegramm Schülers an Herff, 22. Januar 1920.

[40] Leesch, Archivare, S. 316.

[41] Keipert/Grupp (Hrsg), Biographisches Handbuch, Bd. 1, S. 212–213.

[42] PA AA, Personalakte 9942, Verfügung, 31. Januar 1920.

[43] Verschiedene Denkschriften hierzu in PA AA, R 139037 und R 26731. Im neuen Geschäftsverteilungsplan vom April 1920 wurden das Schuldreferat und ein zu diesem Zeitpunkt nur beabsichtigtes Archiv bereits getrennt ausgewiesen, vgl. ADAP, Serie A, Band 3, Göttingen 1985, S. 614 und 622.

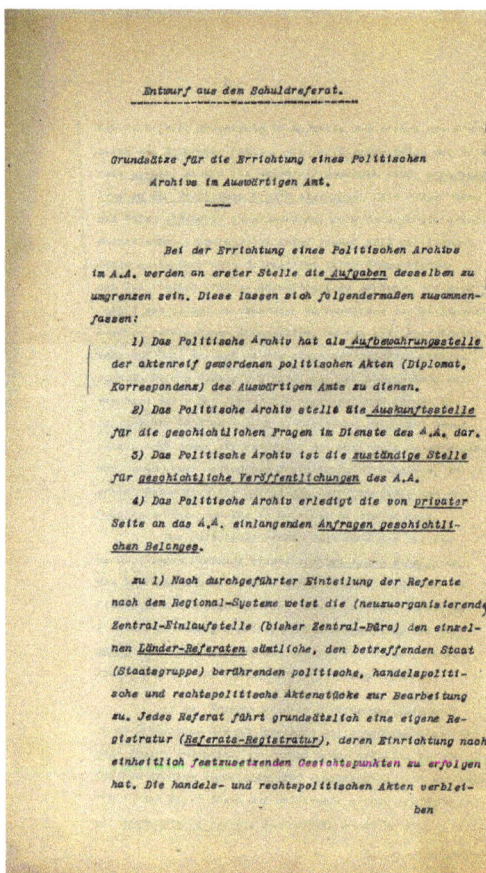

Abbildung 10: Entwurf aus dem Schuldreferat „Grundsätze für die Errichtung eines Politischen Archivs im Auswärtigen Amt"

dass sie im Großen und Ganzen nach Ländern gegliedert – also entsprechend der veränderten Behördenstruktur – in das Archiv kamen[44].

Aus dieser Ordnung lassen sich durchaus einige interessante Rückschlüsse ziehen. Zuerst zwei Beispiele aus dem Westen. In der Sortierung der Vorkriegszeit findet man Elsass-Lothringen betreffende Akten noch zwischen „B" wie Bremen und „H" wie Hansestädte, also unter den Beziehungen Preußens zu den anderen deutschen Teilstaaten. Jetzt sortiert man sie hinter Frankreich und seinen Kolonien ein, als handele es sich um etwas wie Marokko oder Tunis. Analog dazu würde man Eupen-Malmedy vielleicht hinter Belgien eingeordnet vermuten. Dem ist nun aber nicht so. Zuvor gab es für diese Region

---

[44] PA AA, R 26764, Aufzeichnung vom 8. Februar 1925, Anlage zu P. A. 71/25.

kein eigenes Aktenzeichen, war sie doch Bestandteil des preußischen Staates. Jetzt findet man es unter dem Rubrum „Besetzte Gebiete", wie Rheinland, Saar- oder Ruhrgebiet. Beide vom Deutschen Reich abgetrennten Territorien werden also auf unterschiedliche Weise als Teil von etwas anderem verortet. Ganz anders bei den österreichischen Nachfolgestaaten im Südosten. Alles die Tschechen, Ungarn oder Kroaten Betreffende trug vorher ein Aktenzeichen mit dem Oberbegriff „Österreich". Nun sind die jungen Staaten alphabetisch um das kleiner gewordene Österreich gruppiert: Jugoslawien, Österreich, Rumänien, Tschechoslowakei, Ungarn. Wieder anders in Osteuropa. Hier werden jetzt Oberschlesien und Danzig Polen nachgeordnet, so wie Elsass-Lothringen Frankreich. Mit Blick auf die Akten zu Eupen-Malmedy wäre zumindest für Oberschlesien eine gesonderte Einordnung als besetztes Gebiet zu erwarten, was aber nicht geschehen ist. Die Sowjetunion heißt zu diesem frühen Zeitpunkt noch nicht so, für die Akten bleibt sie aber auch für die Zukunft nur „Russland". Die kurzlebigen Staaten an den Rändern folgen mit den nur mehr oder weniger spezifizierten Bezeichnungen Georgien, Kaukasus, Sibirien, Ukraine, Weißrussland und Weißruthenien. Diese Aktenserien werden dann mit dem jeweiligen Ende der örtlichen Staatlichkeit oder doch kurz danach wieder geschlossen, nicht aber nachträglich zu Russland eingeordnet. Dass auch die baltischen Staaten aus dem russischen Imperium erwachsen sind, zeigt sich in ihrer Einordnung hinter Russland. Finnland bekommt dagegen sogleich einen eigenen Platz zwischen den skandinavischen Staaten zugewiesen.

Auf diese Weise ist nicht bloß der Zerfall der Kaiserreiche als Folge des Weltkriegs schon auf den Aktendeckeln abzulesen. In den Bezeichnungen und ihrer Einordnung an bestimmten Stellen der Registraturordnung zeigt sich auch das jeweils unterschiedliche Verständnis von der und für die objektive Staatlichkeit der neuen Nationen oder wenn man so will von der Wertigkeit, die man ihnen jeweils subjektiv bereit war zuzubilligen. Besonders eindrücklich wird dies am Oberbegriff für das Baltikum als „Randstaaten", und als Reim darauf im zeitgenössischen Jargon: „Schandstaaten".

Nun war die Sortierung der Akten nicht allein die Kopfgeburt von Archivaren, sondern ging doch wesentlich auf die entsprechenden Zuständigkeiten in den Abteilungen und Referaten zurück. So wurde eben Elsass-Lothringen ganz so wie Marokko vom Frankreichreferenten bearbeitet, und Eupen-Malmedy vom Referat Besetzte Gebiete usw. Hier korrespondierten lediglich der Aktenplan und die Geschäftsverteilung auf das innigste.

Nachdem die angesprochene Organisationskommission ihre Arbeit abgeschlossen hatte, wurde Hermann Meyer zum ersten Archivleiter bestellt[45], und am 3. August 1920 nahm das Hauptarchiv seine Arbeit auf.

---

[45] PA AA, Personalakte 9942, Verfügung, 2. August 1920, I A 2115 (Abb. 33).

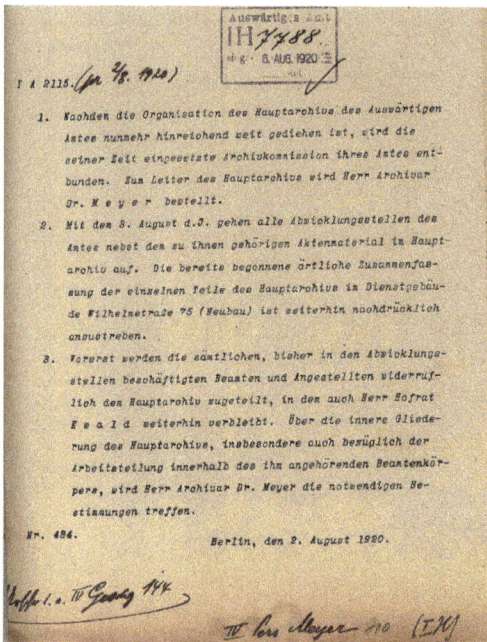

Abbildung 11: Verfügung vom 2. August 1920

In der Zwischenzeit war in Potsdam auch das Reichsarchiv gegründet worden[46], welches alsbald seine Ansprüche auf die Akten des Auswärtigen Amts geltend machte. Obwohl das Archiv von Beginn an mit Personal-, vor allem aber mit Raummangel zu kämpfen hatte, gab es keine regelmäßigen Abgaben an das Reichsarchiv[47]. Für die politischen Akten ab 1867 wurde als Ausnahme geregelt, dass diese „mit Rücksicht auf deren Besonderheit" und weil sie „für fortlaufende Arbeiten so oft in Anspruch genommen werden" im Auswärtigen Amt verbleiben sollten[48]. Für die damalige Diplomatie waren der Weltkrieg und seine sehr lange Vorgeschichte eben keine abgeschlossene Vergangenheit. Das darf man

---

[46] Walter Vogel, Der Kampf um das geistige Erbe. Zur Geschichte der Reichsarchividee und des Reichsarchivs als „geistiger Tempel deutscher Einheit", Bonn 1994.

[47] Zu den Abgaben an das Reichsarchiv in den Jahren 1924 bis 1941, die Akten der Personal- und Verwaltungs-, der Handels- und der Rechtsabteilung aus der Zeit bis 1890 umfassten vgl. Matthias Herrmann, Das Reichsarchiv (1919–1945). Eine archivische Institution im Spannungsfeld der deutschen Politik, Diss. Berlin 1993, S. 198, Anm. 347, S. 365–368, 517–519, 527.

[48] PA AA, R 2483, Haniel an das Reichsarchiv, Verwaltungsabteilung, 12. Januar 1920, zu A 288. PA AA, R 139021, Schüler an das Reichsarchiv, 22. März 1920, zu I A 554.

Abbildung 12: Hermann Meyer
(1883–1943), Leiter des Politi-
schen Archivs von 1920 bis 1926

jedoch nicht allzu voreilig als bloß mentale Kriegsfolge der über die Revolution geretteten außenpolitischen Funktionselite abtun, die politischen Verwerfungen im Nachkriegseuropa waren ja durchaus real. Deshalb erschien der ständige aktenmäßige Rückgriff auch auf weit zurückliegende politische Vorgänge wünschenswert zu sein.

Als am 1. Februar 1924 die noch heute gebräuchliche Bezeichnung „Politisches Archiv" eingeführt wurde, sollte dies auch nach außen deutlich machen, dass keineswegs nur archivtechnische Arbeiten zu leisten waren, sondern dass politische Aspekte eine maßgebliche Rolle bei der Aktenauswertung spielten. Das Politische Archiv war eben zu gleichen Teilen ein Kind der Revolution, aber auch ein Bastard der Propaganda.

Anhänge

A. Akten zu den auswärtigen Beziehungen Preußens zu den anderen Bundesstaaten im Politischen Archiv des Auswärtigen Amts (1866–1920)

Zusammengestellt von Martin Kröger

Anhalt (Herzogtum)

Betreff	Bde.	Laufzeit	Signaturen
Allgemeine Angelegenheiten Anhalts	1	1879–1920	R 2609
Herzoglich Anhaltinische Familie	2	1886–1918	R 2610–R 2611
Staatsmänner	1	1893–1918	R 2612
Erbfolgefrage im Herzogtum Anhalt	1	1896–1918	R 2613

Baden (Großherzogtum)

Betreff	Bde.	Laufzeit	Signaturen
Allgemeine Angelegenheiten Badens	24	1868–1920	R 2614–R 2638
Kirchen- und Schulangelegenheiten Badens	10	1881–1918	R 2639–R 2648
Erzbistum Freiburg	4	1886–1908	R 2649–R 2652
Badische Presse	4	1880–1919	R 2653–R 2656
Gerücht von der Erhebung Badens zu einem Königreich	1	1881–1897	R 2657
Finanzen Badens	2	1881–1918	R 2658–R 2659
Großherzogliche Familie	14	1885–1919	R 2660–R 2673
Erbfolgefrage	1	1901–1907	R 2674
Staatsmänner	4	1887–1919	R 2675–R 2678
Journalisten	1	1888–1912	R 2679
Badische Vertretung in Berlin	2	1890–1910	R 2680–R 2681
Parlamentarische Angelegenheiten	17	1886–1919	R 2682–R 2698
Militärangelegenheiten	1	1909–1919	R 2699

Bayern (Königreich)

Betreff	Bde.	Laufzeit	Signaturen
Allgemeine Angelegenheiten Bayerns	34	1868–1920	R 2700–R 2704; R 2708; R 2710–R 2737
Projektierter Verkauf der Bayerischen Staatseisenbahnen	1	1872	R 2705
Bayerisches Königshaus	25	1866–1923	R 2706–R 2707; R 2793–R 2815
Beabsichtigte Zusammenkunft des Fürsten von Bismarck mit König Ludwig von Bayern	1	1873	R 2709
Verfahren gegen Tobias Axelrod wegen Hochverrats	1	1919–1920	R 2738
Militärangelegenheiten	25	1881–1919	R 2739–R 2763
Presse	10	1880–1920	R 2764–R 2773
Verkauf der Allgemeinen Zeitung	1	1892	R 2774
Kirchen- und Schulangelegenheiten Bayerns	13	1881–1920	R 2775–R 2787
Finanzen	3	1883–1920	R 2788–R 2790
Eisenbahnen	2	1883–1885	R 2791–R 2792
Regentschaft des Prinzen Luitpold, Regentschaft des Prinzen Ludwig	1	1886–1913	R 2816
Fürst von Thurn und Taxis	1	1888–1913	R 2817
Staatsmänner	8	1885–1920	R 2818–R 2825
Landtagsabgeordnete	1	1887–1917	R 2826
Hochgestellte Persönlichkeiten	1	1888–1918	R 2827
Journalisten	1	1889–1920	R 2828
Bayerische Ministerien	3	1886–1920	R 2829–R 2831
Diplomatische Vertretung Bayerns im Ausland	4	1885–1920	R 2832–R 2835
Das diplomatische Korps in München	6	1886–1920	R 2836–R 2841
Bayerns Verhältnis zur Kurie	2	1886–1920	R 2842–R 2843
Parlamentarische Angelegenheiten	7	1887–1920	R 2844–R 2850
Zentrumspartei	3	1887–1920	R 2851–R 2853
Bayerische Gesandtschaft in Berlin	1	1890–1919	R 2854
Gemäldegalerie des Grafen von Schack in München	1	1894–1910	R 2855
Das offizielle Flaggen in Bayern am Geburtstag des Kaisers und an sonstigen deutsch-nationalen Festtagen	1	1900–1913	R 2856
Der bayerisch-russische Auslieferungsvertrag vom 1. Oktober 1885	1	1909	R 2857

Braunschweig (Herzogtum)

Siehe auch: Oldenburg.

Betreff	Bde.	Laufzeit	Signaturen
Das Braunschweigische Bundeskontingent	2	1869–1881	R 2858–R 2859
Erbfolge im Herzogtum Braunschweig	39	1867–1917	R 2860–R 2898
Allgemeine Angelegenheiten Braunschweigs	6	1879–1919	R 2899–R 2904
Die Regenten von Braunschweig	4	1890–1918	R 2905–R 2908
Das Herzoglich braunschweigische Haus nach Aufhebung der Regentschaft	1	1913–1918	R 2909
Ministerien	1	1883–1914	R 2910
Die braunschweigische Gesandtschaft in Berlin	1	1914–1918	R 2911

Bremen (Freie Hansestadt)

Siehe auch: Hansestädte.

Betreff	Bde.	Laufzeit	Signaturen
Allgemeine Angelegenheiten Bremens	2	1890–1919	R 2912–R 2913

Elsass-Lothringen (Reichsland)

Betreff	Bde.	Laufzeit	Signaturen
Ausweisungen deutschfeindlicher Elemente und Maßregeln gegen Franzosen	3	1885–1916	R 2914–R 2916
Im Reichsland lebende Franzosen	1	1887–1913	R 2917
Gesetz gegen Ausländer in Elsass-Lothringen	1	1887–1913	R 2918
Schweizer in Elsass-Lothringen	1	1888–1891	R 2919
Maßnahmen gegen die in den Reichslanden sich aufhaltenden französischen Deserteure	1	1898	R 2920
Statthalter Elsass-Lothringens	1	1885–1918	R 2921
Beamte	2	1887–1918	R 2922–R 2923
Diverse Personalien	2	1889–1917	R 2924–R 2925
Schule und Kirche	14	1886–1919	R 2926–R 2939
Die Universität in Straßburg	9	1894–1920	R 2940–R 2948
Mission von Hertling	1	1898–1899	R 2949

Betreff	Bde.	Laufzeit	Signaturen
Innere Angelegenheiten	36	1887–1920	R 2950–2980
Grenzverletzungen	6	1887–1888	R 2981–R 2986
Angebliche Vorbereitungen zu einer Insurrektion in Elsass-Lothringen	3	1887–1894	R 2987–R 2989
Landesverratsprozesse	5	1887–1901	R 2990–R 2994
Presse	2	1888–1915	R 2995–R 2996
Berichterstattung des Königlichen Statthalters in Straßburg über politische Vorgänge	2	1891–1894	R 2997–R 2998

Hansestädte

Siehe auch: Bremen, Hamburg, Lübeck.

Betreff	Bde.	Laufzeit	Signaturen
Die Verhältnisse des beiderstädtischen Amtes Bergedorf	1	1865–1868	R 2999
Allgemeine Angelegenheiten der Hansestädte	2	1866–1878	R 3000–R 3001

Hamburg (Freie und Hanse-Stadt)

Siehe auch: Hansestädte.

Betreff	Bde.	Laufzeit	Signaturen
Presse	1	1881–1893	R 3003
Allgemeine Angelegenheiten Hamburgs	8	1879–1920	R 3002; R 3004–R 3011
Streik der Hafenarbeiter in Hamburg	1	1896–1897	R 3012

Hannover (von Preußen annektiert)

Betreff	Bde.	Laufzeit	Signaturen
Verwaltung des Königreichs Hannover durch preußische Kommissarien – Umtriebe des Hannoverschen Hofes	15	1868–1884	R 3013–R 3027
Verhandlungen mit Agenten des Königs Georg	1	1870	R 3028

Hessen (Großherzogtum)

Betreff	Bde.	Laufzeit	Signaturen
Allgemeine Angelegenheiten Darmstadts	6	1867–1878	R 3029–R 3038
Allgemeine Angelegenheiten Hessens	8	1879–1920	R 3039–R 3045
Militärangelegenheiten	1	1881–1920	R 3046
Kirchen- und Schulangelegenheiten	3	1882–1919	R 3047–R 3049
Bistum Mainz	1	1886–1904	R 3050
Finanzen	1	1883–1918	R 3051
Eisenbahnen	1	1884–1911	R 3052
Großherzoglich Hessische Familie	11	1886–1919	R 3053–R 3063
Prinz Alexander von Battenberg	7	1888–1919	R 3064–R 3070
Erbfolge im Großherzogtum Hessen	1	1900–1908	R 3071
Staatsmänner	1	1887–1919	R 3072
Die diplomatische Vertretung Hessens im Ausland	1	1895	R 3073
Das diplomatische Korps in Darmstadt	1	1888–1920	R 3074
Parlamentarische Angelegenheiten	4	1887–1920	R 3075–R 3078
Presse	1	1889–1919	R 3079
Hessische Gesandtschaft in Berlin	1	1902–1911	R 3080

Lippe (Fürstentum)

Betreff	Bde.	Laufzeit	Signaturen
Allgemeine Angelegenheiten	1	1880–1918	R 3099
Die Lipp'sche Sukzessionsfrage	29	1888–1913	R 3100–R 3129
Die Fürstliche Familie	3	1883–1918	R 3130–R 3132
Staatsmänner	1	1885–1912	R 3133

Lübeck (Freie und Hanse-Stadt)

Siehe auch: Hansestädte.

Betreff	Bde.	Laufzeit	Signaturen
Allgemeine Angelegenheiten Lübecks	1	1895–1919	R 3139

Mecklenburg

Siehe auch: Mecklenburg-Schwerin, Mecklenburg-Strelitz.

Betreff	Bde.	Laufzeit	Signaturen
Mecklenburgische Verfassungsreform	3	1872–1918	R 3140–R 3142

Mecklenburg Schwerin (Großherzogtum)

Siehe auch: Mecklenburg.

Betreff	Bde.	Laufzeit	Signaturen
Allgemeine Angelegenheiten von Mecklenburg-Schwerin	3	1879–1918	R 3143–R 3145
Großherzogliche Familie	6	1885–1919	R 3146 R 3151
Regentschafts- und Thronfolgefrage	1	1891–1901	R 3152
Stadt Wismar	2	1874–1904	R 3153–R 3154

Mecklenburg-Strelitz (Großherzogtum)

Siehe auch: Mecklenburg.

Betreff	Bde.	Laufzeit	Signaturen
Allgemeine Angelegenheiten von Mecklenburg-Strelitz	1	1881–1919	R 3155
Großherzogliche Familie	1	1889–1918	R 3156

Oldenburg (Großherzogtum)

Betreff	Bde.	Laufzeit	Signaturen
Allgemeine Angelegenheiten Oldenburgs und Braunschweigs	6	1867–1878	R 3157–R 3160; R 3162; R 3172
Allgemeine Angelegenheiten Oldenburgs	7	1879–1919	R 3163–R 3169
Herzog Elimar von Oldenburg und die Regelung der Verhältnisse seiner Familie	1	1876–1894	R 3170
Differenzen im Offizierskorps der Oldenburgischen Garnison	1	1882–1883	R 3171

Betreff	Bde.	Laufzeit	Signaturen
Die Großherzogliche Familie	11	1885–1919	R 3161; R 3173–R 3181; R 3184
Staatsmänner	1	1888–1916	R 3183
Erbfolgefrage	3	1889–1917	R 3182; R 3185–R 3186

Reuß (Fürstentümer älterer und jüngerer Linie)

Betreff	Bde.	Laufzeit	Signaturen
Allgemeine Angelegenheiten der Fürstentümer Reuß	2	1879–1920	R 3187–R 3188
Die Fürstliche Familie	2	1887–1918	R 3189–R 3190
Regentschafts- und Erbfolgefrage	1	1892–1913	R 3191

Sachsen (Königreich)

Betreff	Bde.	Laufzeit	Signaturen
Allgemeine Angelegenheiten des Königreichs Sachsen	35	1867–1920	R 3192–R 3203; R 3206–R 3228
Das Welfische Element in der Königlich-Sächsischen Armee	2	1878–1887	R 3204–R 3205
Memoiren des Königlich Sächsischen Staatsministers a. D. Freiherr von Friesen unter dem Titel „Erinnerungen aus meinem Leben"	1	1880	R 3229
Presse	6	1880–1920	R 3230–R 3235
Militärangelegenheiten	5	1881–1919	R 3236–R 3240
Kirchen- und Schulangelegenheiten	3	1882–1919	R 3241–R 3243
Finanzen	5	1881–1919	R 3244–R 3248
Eisenbahnen	2	1883–1920	R 3249–R 3250
Sächsisches Königshaus	26	1885–1918	R 3251–R 3277
Staatsmänner	5	1885–1920	R 3278–R 3282
Journalisten	1	1888–1919	R 3283
Ministerien	2	1888–1920	R 3284–R 3285
Diplomatische Vertretung Sachsens im Ausland	1	1886–1919	R 3286
Diplomatisches Korps in Dresden	2	1885–1919	R 3287–R 3288

Betreff	Bde.	Laufzeit	Signaturen
Parlamentarische Angelegenheiten	10	1886–1920	R 3289–R 3298
Königlich Sächsische Gesandtschaft in Berlin	1	1891–1919	R 3299
Akten der Königlich Preußischen Gesandtschaft in Dresden	1	1905	R 3300

Sachsen (Großherzogtum)

Betreff	Bde.	Laufzeit	Signaturen
Allgemeine Angelegenheiten des Großherzogtums Sachsen	11	1866–1920	R 3301–R 3311
Die Großherzogliche Familie	7	1885–1919	R 3312–R 3318
Staatsmänner	1	1889	R 3319
Die in den Jahren 1881–1885 an die Königliche Gesandtschaft in Weimar gesandten handschriftlichen politischen Erlasse	1	1881–1885	R 3320
Thronfolgefrage	1	1901–1912	R 3321

Sachsen-Altenburg (Herzogtum)

Betreff	Bde.	Laufzeit	Signaturen
Allgemeine Angelegenheiten von Sachsen-Altenburg	1	1879–1920	R 3322
Herzoglich Sachsen-Altenburgsche Familie	2	1886–1918	R 3323–R 3324

Sachsen-Coburg-Gotha (Herzogtum)

Betreff	Bde.	Laufzeit	Signaturen
Allgemeine Angelegenheiten von Sachsen-Coburg-Gotha	2	1881–1920	R 3325–R 3326
Herzogliche Familie	7	1887–1918	R 3271; R 3327–R 3332
Staatsmänner	1	1887–1914	R 3333
Erbfolge in Sachsen-Coburg-Gotha	3	1871–1917	R 3334–R 3336

Sachsen-Meiningen (Herzogtum)

Betreff	Bde.	Laufzeit	Signaturen
Allgemeine Angelegenheiten von Sachsen-Meiningen	2	1879–1920	R 3337–R 3338
Herzogliche Familie	2	1886–1918	R 3339–R 3340
Erbfolge in Sachsen-Meiningen	1	1896–1914	R 3341

Schaumburg-Lippe (Fürstentum)

Betreff	Bde.	Laufzeit	Signaturen
Allgemeine Angelegenheiten	1	1881–1918	R 3134
Die Fürstliche Familie	3	1882–1918	R 3135–R 3137
Staatsmänner	1	1879–1898	R 3138

Schwarzburg-Rudolstadt (Fürstentum)

Betreff	Bde.	Laufzeit	Signaturen
Allgemeine Angelegenheiten in Schwarzburg-Rudolstadt	1	1881–1914	R 3342
Fürstliche Familie	2	1890–1914	R 3343; R 3345
Staatsmänner	1	1888–1909	R 3344

Schwarzburg-Sondershausen (Fürstentum)

Betreff	Bde.	Laufzeit	Signaturen
Allgemeine Angelegenheiten von Schwarzburg-Sondershausen	1	1879–1920	R 3346
Erbfolgefrage in den beiden Fürstentümern Schwarzburg	2	1890–1916	R 3347–R 3348

Waldeck (Fürstentum)

Betreff	Bde.	Laufzeit	Signaturen
Allgemeine Angelegenheiten des Fürstentums Waldeck	1	1880–1918	R 3349

Württemberg (Königreich)

Betreff	Bde.	Laufzeit	Signaturen
Allgemeine Angelegenheiten Württembergs	26	1868–1920	R 3350–R 3375
Finanzen	2	1881–1919	R 3376–R 3377
Presse	2	1882–1917	R 3378–R 3379
Militärangelegenheiten	10	1883–1920	R 3380–R 3389
Kirchen- und Schulangelegenheiten	5	1883–1914	R 3390–R 3394
Württembergisches Königshaus	15	1885–1919	R 3395–R 3409
Staatsmänner	6	1887–1918	R 3410–R 3415
Ministerien	1	1887–1919	R 3416
Diplomatische Vertretung Württembergs im Ausland	1	1886–1918	R 3417
Das diplomatische Korps in Stuttgart	2	1888–1919	R 3418–R 3419
Parlamentarische Angelegenheiten	7	1887–1919	R 3420–R 3426
Württembergische Gesandtschaft in Berlin	1	1886–1916	R 3427
Akten der Königlich Preußischen Gesandtschaft in Stuttgart	3	1863–1912	R 3428–R 3430

B. Rechtsquellen zur „Verreichlichung" des Konsularwesens

Zusammengestellt von Holger Berwinkel

I. Verfassung des Norddeutschen Bundes vom 16. April 1867

Artikel 4
Der Beaufsichtigung Seitens des Bundes und der Gesetzgebung desselben unterliegen die nachstehenden Angelegenheiten: […]

7) Organisation eines gemeinsamen Schutzes des Deutschen Handels im Auslande, der Deutschen Schiffahrt und ihrer Flagge zur See und Anordnung gemeinsamer konsularischer Vertretung, welche vom Bunde ausgestattet wird;

[…] Artikel 56
Das gesammte Norddeutsche Konsulatwesen steht unter der Aufsicht des Bundespräsidiums, welches die Konsuln, nach Vernehmung des Ausschusses des Bundesrathes für Handel und Verkehr, anstellt.

In dem Amtsbezirk des Bundeskonsuln dürfen neue Landeskonsulate nicht errichtet werden. Die Bundeskonsuln üben für die in ihrem Bezirk nicht vertretenen Bundesstaaten die Funktionen eines Landeskonsuls aus. Die sämmtlichen bestehenden Landeskonsulate werden aufgehoben, sobald die Organisation der Bundeskonsulate dergestalt vollendet ist, daß die Vertretung der Einzelinteressen aller Bundesstaaten als durch die Bundeskonsulate gesichert von dem Bundesrathe anerkannt wird.

BGBl. 1867, S. 1–23, hier S. 4, 17 = Huber, Nr. 198, hier S. 273, 282.

II. Vertrag zwischen dem norddeutschen Bunde, Bayern, Württemberg, Baden und Hessen, die Fortdauer des Zoll- und Handelsvereins betreffend, vom 8. Juli 1867

Art. 28
Die Seehäfen der Staaten des Norddeutschen Bundes sollen dem Handel der Angehörigen der übrigen vertragenden Theile gegen völlig gleiche Abgaben, wie solche von den eigenen Angehörigen entrichtet werden, offen stehen; auch sollen die in fremden See- und anderen Handelsplätzen angestellten Konsuln eines oder des anderen der vertragenden Theile veranlaßt werden, der Angehörigen der übrigen Vereinsstaaten sich in vorkommenden Fällen möglichst mit Rath und That anzunehmen.

Geheimes Staatsarchiv Preußischer Kulturbesitz, III. HA, MdA II 2664 (Urschrift) und PA AA, MultR 320 (Ratifikationsurkunden) = BGBl. 1867, S. 81–106, hier S. 105.

III. Gesetz, betreffend die Organisation der Bundeskonsulate sowie die Amtsrechte und Pflichten der Bundeskonsuln vom 8. November 1867

I. Organisation der Bundeskonsulate

§ 1

Die Bundeskonsuln sind berufen, das Interesse des Bundes, namentlich in Bezug auf Handel, Verkehr und Schiffahrt thunlichst zu schützen und zu fördern, die Beobachtung der Staatsverträge zu überwachen und den Angehörigen der Bundesstaaten, sowie anderer befreundeter Staaten in ihren Angelegenheiten Rath und Beistand zu gewähren. Sie müssen hierbei nach den Bundesgesetzen und den ihnen ertheilten Instruktionen sich richten und die durch die Gesetze und die Gewohnheiten ihres Amtsbezirks gebotenen Schranken einhalten.

§ 2

Unter Konsul im Sinne dieses Gesetzes ist der Vorsteher eines Generalkonsulats, Konsulats oder Vizekonsulats zu verstehen.

§ 3

Die Bundeskonsuln sind der Aufsicht des Bundeskanzlers unterworfen. In Angelegenheiten von allgemeinem Interesse berichten sie an den Bundeskanzler und empfangen von ihm ihre Weisungen. In dringlichen Fällen haben sie gleichzeitig die erforderlichen Anzeigen über erhebliche Thatsachen unmittelbar an die zunächst betheiligten Regierungen gelangen zu lassen.

In besonderen, das Interesse eines einzelnen Bundesstaates oder einzelner Bundesangehöriger betreffenden Geschäftsangelegenheiten berichten sie an die Regierung des Staates, um dessen besonderes Interesse es sich handelt, oder dem die betheiligte Privatperson angehört; auch kann ihnen in solchen Angelegenheiten die Regierung eines Bundesstaates Aufträge ertheilen und unmittelbare Berichterstattung verlangen.

§ 4

Die Bundeskonsuln werden vor Antritt ihres Amtes dahin vereidet, daß sie ihre Dienstpflichten gegen den Norddeutschen Bund nach Maaßgabe des Gesetzes und der ihnen zu ertheilenden Instruktionen treu und gewissenhaft erfüllen und das Beste des Bundes fördern wollen.

§ 5

Die Bundeskonsuln können ohne Genehmigung des Bundespräsidiums weder Konsulate fremder Mächte bekleiden, noch Geschenke oder Orden von fremden Regierungen annehmen.

§ 6

Bundeskonsuln, welche sich von ihrem Amte ohne Urlaub entfernt halten, werden so angesehen, als ob sie die Enthebung von ihrem Amte nachgesucht hätten.

§ 7

Zum Bundeskonsul (*consul missus*) kann nur derjenige ernannt werden, welchem das Bundesindigenat zusteht und welcher zugleich

1) entweder die zur juristischen Laufbahn in den einzelnen Bundesstaaten erforderliche erste Prüfung bestanden hat und außerdem mindestens drei Jahre im inneren Dienste oder in der Advokatur und mindestens zwei Jahre im Konsulatsdienste des Bundes oder eines Bundesstaates beschäftigt gewesen ist, oder

2) die besondere Prüfung bestanden hat, welche für die Bekleidung des Amtes eines Berufskonsuls einzuführen ist. Die näheren Bestimmungen über diese Prüfung werden von dem Bundeskanzler erlassen.

Die vorstehenden Bestimmungen kommen jedoch erst vom 1. Januar 1873 ab zur Anwendung.

§ 8

Die Berufskonsuln erhalten Besoldung nach Maaßgabe des Bundeshaushalts-Etats.

Reise- und Einrichtungskosten, sowie sonstige Dienstausgaben werden ihnen aus Bundesmitteln besonders erstattet.

Die Familien der Berufskonsuln werden, wenn letztere während ihrer Amtsdauer sterben, auf Bundeskosten in die Heimath zurückbefördert.

Die Berufskonsuln erheben die in dem Konsular-Tarife vorgesehenen Gebühren für Rechnung der Bundeskasse.

Die Berufskonsuln dürfen keine kaufmännischen Geschäfte betreiben.

In Bezug auf den Amtsverlust, die Dienstentlassung, die Versetzung in den Ruhestand und die Amtssuspension unterliegen die Berufskonsuln bis zum Erlaß eines Bundesgesetzes den in dieser Beziehung für die Preußischen diplomatischen Agenten zur Zeit geltenden Vorschriften mit der Maaßgabe, daß die in diesen Vorschriften dem Ministerium der auswärtigen Angelegenheiten beiwohnenden Zuständigkeiten dem Bundeskanzler und die nach denselben dem Disziplinarhofe und dem Staatsministerium beiwohnenden Zuständigkeiten dem Bundesrathe gebühren.

§ 9

Zu Wahlkonsuln (*consules electi*) sollen vorzugsweise Kaufleute ernannt werden, welchen das Bundesindigenat zusteht.

§ 10

Die Wahlkonsuln beziehen die in Gemäßheit des Konsular-Tarifs zu erhebenden Gebühren für sich.

Dienstliche Ausgaben können ihnen aus Bundesmitteln ersetzt werden.

Ihre Anstellung ist jederzeit ohne Entschädigung widerruflich.

§ 11

Die Konsuln können mit Genehmigung des Bundeskanzlers in ihrem Amtsbezirke konsularische Privatbevollmächtigte (Konsular-Agenten) bestellen.

Den Konsular-Agenten steht die selbstständige Ausübung der in diesem Gesetze den Konsuln beigelegten Rechte nicht zu.

Den Konsular-Agenten können die von ihnen nach Maaßgabe des Konsular-Tarifs erhobenen Gebühren ganz oder theilweise belassen werden.

II. Amtsrechte und Pflichten der Bundeskonsuln

§ 12

Jeder Bundeskonsul hat über die in seinem Amtsbezirke wohnenden und zu diesem Behufe bei ihm angemeldeten Bundesangehörigen eine Matrikel zu führen.

So lange ein Bundesangehöriger in die Matrikel eingetragen ist, bleibt ihm sein heimathliches Staatsbürgerrecht erhalten, auch wenn dessen Verlust lediglich in Folge des Aufenthalts in der Fremde eintreten würde.

§ 13

Die Befugniß der Konsuln zu Eheschließungen und zur Beurkundung der Heirathen, Geburten und Sterbefälle der Bundesangehörigen bestimmt sich bis zum Erlaß eines diese Befugniß regelnden Bundesgesetzes nach den Landesgesetzen der einzelnen Bundesstaaten.

Wenn nach den Landesgesetzen die Befugniß von einer besonderen Ermächtigung abhängig ist, so wird die letztere von dem Bundeskanzler auf Antrag der Landesregierung ertheilt.

§ 14

Die Bundeskonsuln sind befugt zur Legalisation derjenigen Urkunden, welche in ihrem Amtsbezirke ausgestellt oder beglaubigt sind.

§ 15

Die schriftlichen Zeugnisse, welche von den Bundeskonsuln über ihre amt-
lichen Handlungen und die bei Ausübung ihres Amtes wahrgenommenen
Thatsachen unter ihrem Siegel und ihrer Unterschrift ertheilt sind, haben die
Beweiskraft öffentlicher Urkunden.

§ 16

Den Bundeskonsuln steht innerhalb ihres Amtsbezirks in Ansehung der Rechts-
geschäfte, welche Bundesangehörige errichten, inbesondere auch derjenigen,
welche dieselben mit Fremden schließen, das Recht der Notare zu, dergestalt,
daß die von ihnen aufgenommenen und mit ihrer Unterschrift und ihrem Siegel versehenen Urkunden den innerhalb der Bundesstaaten aufgenommenen
Notariats-Urkunden gleich zu achten sind.

§ 17

Bei Aufnahme der Urkunden (§ 16) haben die Bundeskonsuln zwei Zeugen
zuzuziehen, in deren Gegenwart die Verhandlung vorzulesen und von den
Betheiligten durch Unterschrift oder im Falle der Schreibensunerfahrenheit
durch Handzeichen zu vollziehen ist.

   Die Befolgung die Vorschriften muß aus der Urkunde hervorgehen, widri-
genfalls dieselbe nicht die Kraft einer Notariats-Urkunde hat. Diese Kraft man-
gelt auch in dem Falle, wenn der Konsul oder seine Frau oder einer von seinen
oder seiner Frau Verwandten oder Verschwägerten in auf- oder ansteigender
Linie oder in der Seitenlinie bis zum Grade des Oheims oder Neffen einschließlich bei der Verhandlung betheiligt war, oder wenn darin eine Verfügung zu
Gunsten einer der vorgenannten Personen oder der hinzugezogenen Zeugen
getroffen ist.

§ 18

Die Bundeskonsuln sind berufen, der in ihrem Amtsbezirke befindlichen
Verlassenschaften verstorbener Bundesangehöriger, wenn ein amtliches Ein-
schreiten wegen Abwesenheit der nächsten Erben oder aus ähnlichen Gründen
geboten erscheint, sich anzunehmen; sie sind hierbei insbesondere ermächtigt,
den Nachlaß zu versiegeln und zu inventarisiren, den beweglichen Nachlaß,
wenn die Umstände es erfordern, in Verwahrung zu nehmen und öffentlich
zu verkaufen, sowie die vorhandenen Gelder zur Tilgung der feststehenden
Schulden zu verwenden.

§ 19

Die Bundeskonsuln können innerhalb ihres Amtsbezirks an die dort sich aufhaltenden Personen auf Ersuchen der Behörden eines Bundesstaates Zustellun-

gen jeder Art bewirken. Durch das schriftliche Zeugniß des Konsuls über die erfolgte Zustellung wird diese nachgewiesen.

§ 20
Zur Abhörung von Zeugen und zur Abnahme von Eiden sind nur diejenigen Bundeskonsuln befugt, welche dazu vom Bundeskanzler besonders ermächtigt sind. Die von diesen Konsuln aufgenommenen Verhandlungen stehen den Verhandlungen der zuständigen inländischen Behörden gleich.

§ 21
Bei Rechtsstreitigkeiten der Bundesangehörigen unter sich und mit Fremden sind die Bundeskonsuln berufen, nicht allein auf Antrag der Parteien den Abschluß von Vergleichen zu vermitteln, sondern auch das Schiedsrichteramt zu übernehmen, wenn sie in der durch die Ortsgesetze vorgeschriebenen Form von den Parteien zu Schiedsrichtern ernannt werden.

§ 22
Den Bundeskonsuln steht eine volle Gerichtsbarkeit zu, wenn sie in Ländern residiren, in welchen ihnen durch Herkommen oder durch Staatsverträge die Ausübung der Gerichtsbarkeit gestattet ist.

Der Konsulargerichtsbarkeit sind alle in den Konsular-Jurisdiktionsbezirken wohnenden oder sich aufhaltenden Bundesangehörigen und Schutzgenossen unterworfen. In Betreff der politischen Verbrechen und Vergehen jedoch nur, wenn diese nicht innerhalb des Norddeutschen Bundes oder in Beziehung auf denselben verübt sind.

§ 23
Die Jurisdiktionsbezirke der einzelnen Konsuln werden von dem Bundeskanzler nach Vernehmung des Ausschusses des Bundesrathes für Handel und Verkehr bestimmt.

§ 24
Bis zum Erlasse eines Bundesgesetzes über die Konsulargerichtsbarkeit wird dieselbe von den Bundeskonsuln nach Maaßgabe des über die Gerichtsbarkeit der Konsuln in Preußen erlassenen Gesetzes vom 29. Juni 1865 (Gesetz-Samml. S. 681)[1] ausgeübt. Die nach diesem Gesetze den Preußischen Ministern und Gesandten übertragenen Befugnisse stehen jedoch dem Bundeskanzler zu.

---

[1] Gesetz-Sammlung für die königlichen Preußischen Staaten 1865, Nr. 6120.

Neue Bundesgesetze erlangen in den Konsular-Jurisdiktionsbezirken nach Ablauf von sechs Monaten, von dem Tage gerechnet, an welchem dieselben durch das Bundesgesetzblatt verkündet worden sind, verbindliche Kraft.

§ 25
Die Bundeskonsuln sind befugt, den in ihrem Amtsbezirke sich aufhaltenden Bundesangehörigen Pässe auszustellen, sowie Pässe zu visiren, die Pässe fremder Behörden jedoch nur zum Eintritt in das Bundesgebiet.

§ 26
Hülfsbedürftigen Bundesangehörigen haben die Bundeskonsuln die Mittel zur Milderung augenblicklicher Noth oder zur Rückkehr in die Heimath nach Maaßgabe der ihnen ertheilten Amtsinstruktion zu gewähren.

§ 27
Die Bundeskonsuln haben den Schiffen der Bundes-Kriegsmarine, sowie der Besatzung derselben Beistand und Unterstützung zu gewähren. Insbesondere müssen sie die Befehlshaber derselben von den in ihrem Amtsbezirke in Bezug auf fremde Kriegsschiffe bestehenden Vorschriften und Ortsgebräuchen, sowie von etwa dort herrschenden epidemischen und ansteckenden Krankheiten unterrichten.

§ 28
Wenn Mannschaften von Kriegsschiffen desertiren, so haben die Bundeskonsuln bei den Orts- und Landesbehörden die zur Wiederhabhaftwerdung derselben erforderlichen Schritte zu thun.

§ 29
Die Bundeskonsuln haben zum Schutze der von ihnen dienstlich zu vertretenden Interessen, insbesondere zum Transport von Verbrechern und hülfsbedürftigen Personen, den Beistand der Befehlshaber der Kriegsschiffe in Anspruch zu nehmen.

§ 30
Die Bundeskonsuln haben die Innehaltung der wegen Führung der Bundesflagge bestehenden Vorschriften zu überwachen.

§ 31
Sie haben die Meldung der Schiffsführer entgegen zu nehmen und an den Bundeskanzler über Unterlassung dieser Meldung zu berichten.

§ 32
Sie bilden für die Schiffe der Bundes-Handelsmarine im Hafen ihrer Residenz die Musterungsbehörde.

§ 33
Sie sind befugt, über diese Schiffe die Polizeigewalt auszuüben.

§ 34
Wenn Mannschaften von solchen Schiffen desertiren, so haben die Bundes-konsuln auf Antrag des Schiffers bei den Orts- oder Landesbehörden die zur Wiederhabhaftwerdung derselben erforderlichen Schritte zu thun.

§ 35
Die Bundeskonsuln sind befugt, an Stelle eines gestorbenen, erkrankten oder sonst zur Führung des Schiffes untauglich gewordenen Schiffers auf den Antrag der Betheiligten einen neuen Schiffsführer einzusetzen.

§ 36
Sie sind befugt, die Verklarungen aufzunehmen, und bei Unfällen, von welchen die Schiffe betroffen werden, die erforderlichen Bergungs- und Rettungsmaaß-regeln einzuleiten und zu überwachen, sowie in Fällen der großen Haverei auf Antrag des Schiffsführers die Dispache aufzumachen.

§ 37
In Betreff der Befugniß der Konsuln zur Mitwirkung bei dem Verkaufe eines Schiffes durch den Schiffer und bei Eingehung von Bodmereigeschäften, sowie in Betreff der einstweiligen Entscheidung von Streitigkeiten zwischen Schiffer und Mannschaft sind die Vorschriften Art. 499, 537, 547, 686 des Allgemeinen Deutschen Handelsgesetzbuches[2] maaßgebend; in Betreff ihrer Befugniß zur

---

[2] Als Bundesgesetz des Norddeutschen Bundes am 1. Januar 1870 in Kraft getreten, BGBl. 1869, S. 404–602.Art. 499: „Die Befugniß zum Verkaufe des Schiffs hat der Schif-fer nur im Falle dringender Nothwendigkeit, und nachdem dieselbe durch das Ortsgericht nach Anhörung von Sachverständigen und mit Zuziehung des Landeskonsuls, wo ein sol-cher vorhanden, festgestellt ist. […]".Art. 537: „Der Schiffsmann darf den Schiffer vor einem fremden Gericht nicht belangen. […] Er kann in Fällen, die keinen Aufschub leiden, die vorläufige Entscheidung des Landeskonsuls oder desjenigen Konsuls, welcher dessen Ge-schäfte zu versehen berufen ist, und in Ermangelung eines solchen die des Konsuls eines anderen Deutschen Staates nachsuchen. […]".Art. 547: „[…] In einem anderen Lande darf der Schiffsmann, welcher seine Entlassung fordert, nicht ohne Genehmigung des zustän-digen Konsuls (Artikel 537) den Dienst verlassen."Art. 686: „Ist vor der Ausstellung des Bodmereibriefs die Nothwendigkeit der Eingehung des Geschäfts von dem Landeskonsul oder demjenigen Konsul, welcher dessen Geschäfte zu versehen berufen ist, und in dessen

Ertheilung von interimistischen Schiffscertifikaten bewendet es bei den Vorschriften des Bundesgesetzes, betreffend die Nationalität der Kauffahrteischiffe
und ihre Befugniß zur Führung der Bundesflagge, vom 25. Oktober 1867[3].

§ 38
Die von den Bundeskonsuln zu erhebenden Gebühren werden durch Bundesgesetz festgestellt. Bis zum Inkrafttreten eines solchen Gesetzes erfolgt die Gebüh-
renerhebung nach einem von dem Bundeskanzler im Einvernehmen mit dem
Ausschusse des Bundesrathes für Handel und Verkehr zu erlassenden proviso-
rischen Tarife.

BGBl. 1867, S. 137–144.

IV. Organisationserlass des Bundeskanzlers Bismarck vom 10. Januar 1870

1. Die verfassungsmäßige Aufsicht über das Konsulatwesen wird fortan durch
das Auswärtige Amt ausgeübt werden.

Bei Anstellung der Konsuln tritt die durch die Vernehmung des Bundesraths-
Ausschusses für Handel und Verkehr[4] (Artikel 56 der Bundes-Verfassung) bedingte Mitwirkung des Bundeskanzler-Amtes ein.

Der mit Bearbeitung der Consulatssachen bisher im Bundeskanzler-Amte
betraute Legationsrath von Gersdorff[5] wird, unter Belassung in seiner etatsmä-
ßigen Stellung, einstweilen dem Auswärtigen Amte zur Hülfeleistung überwie-

---

Ermangelung von dem Gerichte oder der sonst zuständigen Behörde des Orts der Ausstellung, sofern es aber auch an einer solchen fehlt, von den Schiffsoffizieren urkundlich
bezeugt, so wird angenommen, daß der Schiffer zur Eingehung des Geschäfts in dem vor-
liegenden Umfange befugt gewesen ist. Es findet jedoch der Gegenbeweis statt."
[3] BGBl. 1867, S. 35–39. § 16 bestimmte: „Wenn ein außerhalb des Bundesgebietes befindliches
fremdes Schiff durch den Uebergang in das Eigenthum einer Person, welcher das Bundesin-
dignat zusteht, das Recht, die Bundesflagge zu führen, erlangt, so können die Eintragung
in das Schiffsregister und das Certifikat durch ein von dem Bundeskonsul, in dessen Bezirk
das Schiff zur Zeit des Eigenthumsüberganges sich befindet, über den Erwerb des Rechts,
die Bundesflagge zu führen, ertheiltes Attest, jedoch nur für die Dauer eines Jahres seit dem
Tage der Ausstellung des Attestes und über dieses Jahr hinaus nur für die Dauer einer durch
höhere Gewalt verlängerten Reise, ersetzt werden. So lange Landeskonsulate noch bestehen,
ist zur Ausstellung des Attestes auch der Konsul des Bundesstaates befugt, welchem der Er-
werber angehört, und in Ermangelung eines solchen Konsuls, sowie in Ermangelung eines
Bundeskonsuls, der Konsul eines anderen Bundesstaates (Art. 56 der Bundesverfassung)".
[4] „Verkehr" am Rande nachgetragen für gestrichenes „Gewerbe".
[5] Wolf-Ferdinand von Gerstorff (sic!, 1819–1871). Vgl. Johann Caspar Struckmann/Eckart
Henning, Preußische Diplomaten im 19. Jahrhundert. Biographien und Stellenbesetzungen
der Auslandsposten 1815–1870, Berlin 2003, S. 102.

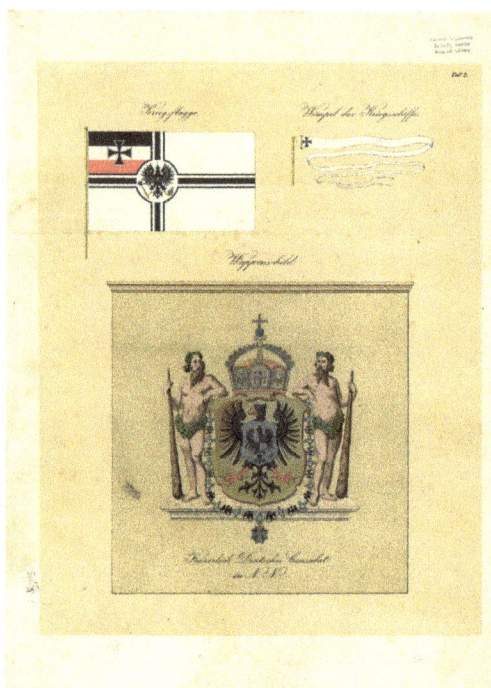

Abbildung 1: Flagge, Wimpel und Wappen der Bundeskonsulate

sen, um hier die gleichen Funktionen zu übernehmen, unter Mitzeichnung des Kassenraths rücksichtlich aller die bezahlten Consulate betreffenden Verfügungen.

2. Die Bearbeitung der handelspolitischen Angelegenheiten verbleibt im bisherigen Umfange dem Bundeskanzler-Amte.

Die an das Auswärtige Amt zu richtenden Jahresberichte der Consuln werden hier nur mit Rücksicht auf die Persönlichkeit des Berichterstatters geprüft und dann ohne Verzug an das Bundeskanzler-Amt abgegeben. Andere Berichte der Consuln, welche auf Handelspolitik Bezug haben, werden zur Kenntnis des Bundeskanzler-Amtes gebracht.

3. Die bisher im Bundeskanzler-Amte bearbeiteten, aus dem nicht preußischen Bundeslande kommenden Intercessionssachen werden dem Auswärtigen Amte überwiesen.

4. Diese Verfügung tritt am 10. des Monats in Kraft.

PA AA, R 19770, Bl. 127 (Abschrift) = Auswärtiges Amt (Hrsg.), 100 Jahre Auswärtiges Amt 1870–1970, Bonn 1970, S. 63 (Faksimile).

V. Runderlass an die Bundeskonsulate Nr. 1818 des Staatssekretärs Thile[6] vom 30. Januar 1870

Die Konsulate des Norddeutschen Bundes werden hierdurch benachrichtigt, daß das Königlich Preußische Ministerium der Auswärtigen Angelegenheiten in seinen gesammten Beziehungen zum Bundes-Auslande mit dem 1. des Monats auf den Norddeutschen Bund übergegangen ist und unter der Bezeichnung: „Auswärtiges Amt des Norddeutschen Bundes" unter die unmittelbare Leitung des Bundeskanzlers tritt.

Die bisher von dem Bundeskanzler-Amte ausgeübte Aufsicht über das Konsular-Wesen ist dem Auswärtigen Amte des Norddeutschen Bundes übertragen.

Die Konsulate werden deshalb ergebenst ersucht, alle gesetz- und instructionsmäßig[7] an mich zu richtenden Berichte, sowie die nach § 3 des Bundes-Konsular-Gesetzes vom 8. November 1867 für die Königlich Preußische Regierung bestimmten, künftig ebenfalls an mich zu adressirenden Berichte, mit dem Zusatze „Auswärtiges Amt" auf der äußeren Adresse: „An den Kanzler des Norddeutschen Bundes etc. (Auswärtiges Amt)" versehen zu lassen.

100 Jahre Auswärtiges Amt, S. 65 (Faksimile).

VI. Protokoll, betreffend die Vereinbarung zwischen dem Norddeutschen Bunde, Baden und Hessen über die Gründung des Deutschen Bundes und Annahme der Bundesverfassung vom 15. November 1870

[...] Im Übrigen wurden nachstehende, im Laufe der Verhandlungen abgegebene Erklärungen in gegenwärtiges Protokoll niedergelegt: Man war darüber einverstanden, [...]

6) zu Artikel 56 der Verfassung bemerkten die Bevollmächtigten des Norddeutschen Bundes auf Anfrage der Großherzoglich Badischen Bevollmächtigten, daß das Bundespräsidium schon bisher, nach Vernehmung des zuständigen Ausschusses des Bundesrathes, Bundeskonsulate errichtet habe, wenn eine solche Einrichtung an einem bestimmten Platze durch das Interesse auch nur Eines

---

[6] Karl Hermann von Thile (1812–1889), seit 1862 Unterstaatssekretär des Königlich Preußischen Ministeriums der Auswärtigen Angelegenheiten, 1870–1872 Staatssekretär des Auswärtigen Amts.

[7] Allgemeine Dienst-Instruction für die Konsuln des Norddeutschen Bundes vom 15. März 1868, Berlin 1868, S. 6–8 = Philipp Zorn (Hrsg.), Die Konsulargesetzgebung des Deutschen Reichs, ³Berlin 1911, Nr. 4, hier S. 39–43. Vgl. Joachim Grassmann, Deutsche Konsular-Berichterstattung, Berlin 1910, S. 16–40.

Bundesstaates geboten worden sei. Sie verbanden damit die Zusage, daß in diesem Sinne auch in Zukunft werde verfahren werden; [...].

BGBl. 1870, S. 650–653, hier S. 652 = Huber, Nr. 219, hier S 328.

VII. Schlussprotokoll zum Vertrag, betreffend den Beitritt Bayerns zur Verfassung des Deutschen Bundes, vom 23. November 1870

XII. Zu Artikel 56 der Bundesverfassung wurde allseitig anerkannt, daß den einzelnen Bundesstaaten das Recht zustehe, auswärtige Konsuln bei sich zu empfangen und für ihr Gebiet mit dem Exequatur zu versehen.

Ferner wurde die Zusicherung gegeben, daß Bundeskonsuln an auswärtigen Orten auch dann aufgestellt werden sollen, wenn es nur das Interesse eines einzelnen Bundesstaates als wünschenswerth erscheinen läßt, daß dies geschehe.

PA AA, BilatR BAY 8 = BGBl. 1871, S. 9–29, hier S. 25 = Huber, Nr. 221, hier S. 334.
Unter den Ziffern VII und VIII enthält das Schlussprotokoll außerdem Bestimmungen zu den bayerischen diplomatischen Auslandsvertretungen.

VIII. Protokoll zum Vertrag zwischen dem Norddeutschen Bunde, Baden und Hessen einerseits, Württemberg andererseits, über den Beitritt Württembergs zur Verfassung des Deutschen Bundes, vom 25. November 1870

[...] haben sich die unterzeichneten Bevollmächtigten über nachstehende Punkte verständigt:

1) die in dem Protokoll d. d Versailles den 15. November d. J. zwischen den Bevollmächtigten des Norddeutschen Bundes, Badens und Hessens getroffenen Verabredungen beziehungsweise von den Bevollmächtigten des Norddeutschen Bundes abgegebenen Erklärungen: [...]

e) zu Artikel 56 der Verfassung, [...]

finden auch auf Württemberg Anwendung.

BGBl. 1870, S. 657 = Huber, Nr. 224, hier S. 338.

IX. Verfassung des deutschen Bundes vom 1. Januar 1871

Art. 80

Die nachstehend genannten, im Norddeutschen Bunde ergangenen Gesetze werden zu Gesetzen des Deutschen Bundes erklärt und als solche von den nachstehend genannten Zeitpunkten an in das gesammte Bundesgebiet [...] eingeführt [...], nämlich:

I. vom Tage der Wirksamkeit der gegenwärtigen Verfassung an: [...]
4) das Gesetz, betreffend die Organisation der Bundeskonsulate, sowie die
Amtsrechte und Pflichten der Bundeskonsuln, vom 8. November 1867, [...].

BGBl. 1870, S. 627–649, hier S. 647. Die Bestimmungen der Bundesverfassung zum
Konsularwesen in Art. 4 Nr. 7 und Art. 56, ebd. S. 629, 641, blieben, abgesehen von
begrifflichen Anpassungen, gegenüber der Verfassung des Norddeutschen Bundes
unverändert und finden sich, nochmals angepasst, auch in der endgültigen Reichsverfassung wieder, BGBl. 1871, S. 63–85, hier S. 66, 79 = Huber, Nr. 261, hier S. 386,
397.

X. Gesetz, betreffend die Einführung Norddeutscher Bundesgesetze in Bayern vom 22. April 1871

§ 3
Das Gesetz vom 8. November 1867, betreffend die Organisation der Bundeskonsulate, sowie die Amtsrechte und Pflichten der Bundeskonsuln, tritt mit dem
Tage der Wirksamkeit des gegenwärtigen Gesetzes in Kraft. Der § 24 erhält jedoch folgenden Zusatz:
Die durch den ersten Absatz begründete Zuständigkeit des Preußischen
Obertribunals geht vom 1. Juli 1871 an auf das Bundes-Oberhandelsgericht
über. Wird in den an dasselbe gelangenden Sachen eine Mitwirkung der Staats-
anwaltschaft erforderlich, so ist zu deren Vertretung von dem Präsidenten
des Bundes-Oberhandelsgerichts ein Mitglied des letzteren, ein in Leipzig
angestellter Staatsanwalt oder ein dort wohnender Advokat zu ernennen.

BGBl. 1871, S. 87–90, hier S. 88.

Autorenverzeichnis

Sebastian C. Damm, LLM, seit 2008 Diplomat im Auswärtigen Dienst und derzeit Erster Sekretär an der Deutschen Botschaft in Beirut. Studium der Rechte und Geschichte in Hamburg, Kairo und Cambridge, Forschungsschwerpunkte zur deutschen Außenpolitik und zu islamischem Recht am MPI Hamburg.

Prof. Dr. Antjekathrin Graßmann, bis 2005 Direktorin des Stadtarchivs Lübeck.

Dr. Gerhard Hetzer, Direktor des Hauptstaatsarchivs, Bayerisches Hauptstaatsarchiv, Schönfeldstraße 5, 80539 München.

Dr. Martin Kröger, Historiker, Referent im Politischen Archiv des Auswärtigen Amts.

Dr. Jörg Ludwig, Sächsisches Staatsarchiv, Hauptstaatsarchiv Dresden.

Prof. Dr. Gregor Schöllgen ist Ordentlicher Professor für Neuere und Neueste Geschichte an der Universität Erlangen und leitet dort auch das von ihm gegründete Zentrum für Angewandte Geschichte (ZAG). Schöllgen ist unter anderem Mitherausgeber des Nachlasses von Willy Brandt und der Akten des Auswärtigen Amts sowie Autor zahlreicher Monographien zur Neueren Geschichte. Zu den Schwerpunkten seiner publizistischen Tätigkeit zählen die internationalen Beziehungen im 19. und 20. Jahrhundert.

Abkürzungen

ADAP	Akten zur Deutschen Auswärtigen Politik. Aus dem Archiv des Auswärtigen Amts, 62 Bde., Frankfurt/M./Baden-Baden/Göttingen 1950–1995.
ADB	Allgemeine Deutsche Biographie, 56 Bde., München 1875–1912.
AHL	Archiv der Hansestadt Lübeck
BayHStA	Bayerisches Hauptstaatsarchiv, München
BGBl.	Bundes-Gesetzblatt des Norddeutschen Bundes/des Deutschen Bundes, Berlin 1867–1871
GP	Johannes Lepsius/Albrecht Mendelssohn Bartholdy/Friedrich Thimme (Hrsg.), Die Große Politik der Europäischen Kabinette 1871–1914. Sammlung der Diplomatischen Akten des Auswärtigen Amtes, 40 Bde., Berlin 1922–1927.
HStAD	Sächsisches Staatsarchiv/Hauptstaatsarchiv Dresden
HStAS	Landesarchiv Baden-Württemberg/Hauptstaatsarchiv Stuttgart
Huber	Ernst Rudolf Huber (Hrsg.), Dokumente zur deutschen Verfassungsgeschichte, Bd. 2, ³Stuttgart u. a. 1986.
MAE	Minstère des affaires étrangères et européennes, Archives diplomatiques, La Courneuve
NDB	Neue Deutsche Biographie, bislang 24 Bde., Berlin 1953 ff.
PA AA	Politisches Archiv des Auswärtigen Amts, Berlin

Abbildungsverzeichnis

Beitrag Schöllgen

Abb. 1   PA AA, Bildersammlung
Abb. 2   PA AA, BILAT R, RUS 12
Abb. 3   PA AA, Bildersammlung
Abb. 4   PA AA, Bildersammlung
Abb. 5   PA AA, Bildersammlung

Beitrag Hetzer

Abb. 1   Stadtarchiv München, Historisches Bildarchiv, Chronik, C 1901043
Abb. 2   Hugo Graf Lerchenfeld-Koefering: Erinnerungen und Denkwür-
           digkeiten, 2. Aufl. Berlin 1935

Beitrag Ludwig

Abb. 1   Illustrirte Zeitung, 24. Oktober 1907, S. 695, Foto: Max Fischer
Abb. 2   Staatshandbuch für das Königreich Sachsen 1878, Dresden 1878,
           S. 497; Staatshandbuch für das Königreich Sachsen 1914, Dresden
           1914, S. 433
Abb. 3   HStAD, 10719 Sächsische Gesandtschaft für Preußen beim Deut-
           schen Reich, Berlin, Nr. 784, Teil 1
Abb. 4   HStAD, 10717 Ministerium der Auswärtigen Angelegenheiten, Nr.
           3493
Abb. 5   HStAD, Foto: Herbert Boswank

Beitrag Graßmann

Abb. 1   AHL, Urkunden Hanseatica 30, Foto: Stubenrauch
Abb. 2   Entwurf: Dr. Ortwin Pelc, Hamburg
Abb. 3   Entwurf: Dr. Ortwin Pelc, Hamburg
Abb. 4   AHL, NB/DR IV A1, Foto: Stubenrauch
Abb. 5   AHL, Hanseatische Gesandtschaft in Berlin, Alte Registratur O1f,
           Foto: Stubenrauch
Abb. 6   AHL NB/DR A1, Foto: Stubenrauch

Beitrag Damm

Beitrag Kröger

Anhang

Register

Personenregister

Frhr. = Freiherr, Gf. = Graf.

Ortsregister

Staatennamen wurden nicht aufgenommen. Auslandsvertretungen sind unter dem Stichwort ihres Sitzes aufgeführt.
G. = Gesandtschaft, K. = Konsulat, M. = Ministerresidentur.

www.ingramcontent.com/pod-product-compliance
Lightning Source LLC
Chambersburg PA
CBHW040422110426

42814CB00008B/330